Inhalt

Gerhard Liedke · Im Bauch des Fisches

»Die vorliegende Schrift will sich aus der Sicht eines Theologen um die ›Bewußtseinsveränderung in unserem Verhältnis zur Natur‹ bemühen. Sie stimmt dabei der Ansicht derer zu, die in der abendländischen Ausprägung des Christentums eine der Wurzeln unseres gegenwärtigen Verhältnisses zur Natur sehen und deshalb überzeugt sind, daß Theologie und Kirche eine Revision ihres eigenen Bewußtseins in dieser Sache vornehmen müssen – bevor sie anderen Umweltschutz empfehlen.«

Gerhard Liedke

In ebenso eindeutiger wie verständlicher Sprache zeigt der Verfasser, wie das gegenwärtige Mißverhältnis zwischen Mensch und Natur entstanden ist, und weist den nüchternen aber gangbaren Weg, die Natur als Partner ernst zu nehmen und sie weniger zu manipulieren als bisher.

Seidel

Vorwort

Seit der Rede des australischen Biologen Charles Birch auf der Vollversammlung des Ökumenischen Rates der Kirchen 1975 in Nairobi kann sich die Christenheit der ökologischen Herausforderung nicht mehr verschließen. Die Naturzerstörungen, die wir Menschen auf der Erde zunehmend anrichten, schreien nach einer Umkehr in unserem Verhalten zur Natur. Aber »Natur«, was ist das? Ökologischeres Verhalten, was wäre das? Die Antworten sind nicht leicht, und sie sind nicht wohlfeil zu haben, zumal sich immer deutlicher zeigt, daß eine von ökologischer Voraussicht geprägte Umorientierung die Hierarchie vom Fachmann zum Laien zerbricht. Die Einsicht, daß der Mensch ein Teil der Natur ist und entweder *gegen* sie untergeht oder *mit* ihr lebt, hat Konsequenzen, durch welche sich jede heutige Einzeldisziplin überfordert sieht. Unser Expertenstatus versetzt uns dann nicht mehr in die gewohnte (und vom Politiker erwartete) Überlegenheit, sondern in Ratlosigkeit. Eine neue vor- und transwissenschaftliche Solidarität ist gefordert, und sie muß mit einer Klarheit, Einfachheit und Deutlichkeit der Sprache beginnen, wie sie in akademischen Debatten nicht üblich ist.

Der Theologe Gerhard Liedke gehört zu denen, die komplizierte Sachverhalte adäquat in eine einfache Sprache zu übersetzen vermögen. Jahrelang hat er an interdisziplinären Gesprächen und Forschungsprojekten teilgenommen, die im Umkreis von Friedensforschung, naturwissenschaftlicher Grundlagenproblematik und theologischer Besinnung ein neues, weiterführendes Verhältnis zur Weltwirklichkeit in den Blick zu bekommen suchen. Jetzt teilt er seine Einsichten und die Forschungsergebnisse der neueren Bibelauslegung einer größeren Öffentlichkeit mit. Das Buch füllt damit eine Lücke. Nicht seichte Bestsellerei in Sachen Ökologie und Theologie wird hier geboten, sondern die notwendige und – vielleicht – Not wendende Unterrichtung über Zusammenhänge, die erst in den letzten Jahren ins Blickfeld der Theologie getreten sind.

Liedkes zentrale Formel findet sich bereits auf (S. 25): »Die Manipulation der Schöpfung reduzieren.« Damit ist das ökologische Thema der Theologie angesprochen: Das Verhältnis von Schöpfung und Natur ist umfassend und differenziert auszulegen. In Liedkes Formel (»reduzieren«) klingt die Nüchternheit an, die es ihm verbietet, sich weder dem schrankenlosen Scientismus noch dem schrankenlosen Utopismus auszuliefern. Deshalb spielen in seiner Darstellung auch die Elemente einer Konflikttheorie eine erhellende Rolle (S. 166). Biblisch entspricht das der erneuerten Einsicht, daß wir uns das Paradies nicht gegen Gott auf technischem Wege zurückertrotzen können, sondern daß es des verheißenen Endgeschehens bedarf, um radikale Utopie durch Gott Wirklichkeit werden zu lassen.

In den theologischen Abschnitten wird deshalb das Verhältnis von »Grundgeschehen«, »Rettungsgeschehen« und »Endgeschehen« ausführlich erläutert. Bisherige Auslegung hat das Rettungsgeschehen zu einseitig in den Mittelpunkt gerückt. Seit uns das Überleben der Natur brennend interessieren muß, weil auch das Schicksal unserer eigenen Natur davon abhängt, ob menschliches Eingreifen den Tieren, Pflanzen und selbst den »toten« Dingen einen eigenen Wert zuerkennt oder nicht, tritt das Grundgeschehen vor allem des Alten Testaments, das von der »Natur« handelt, stärker in sein Recht. Ökologische Auslegung ist nach Liedke eine Auslegung, die die zentralen Elemente des Grundgeschehens mit den Elementen des Rettungsgeschehens zu einem von Gott gestifteten Auftrag an den Menschen verbunden sieht. »Das bedeutet nicht ... Sakralisierung, sondern *Sakramentalisierung* der Natur. Sie gibt der Welt ihren Wert« (S. 108). So wird ein Auseinanderbrechen der Weltwirklichkeit nach »Schöpfung« und »Natur« vermieden – ein Auseinanderbrechen, das den Weg freigab für die neuzeitlichen Mißverständnisse einer vermeintlich heilsamen Weltveränderung.

Liedkes Buch wird so zur Herausforderung für alle, die in heutiger Weltgestaltung engagiert sind, sei es auf der politischen oder der naturwissenschaftlich-technischen Seite, sei es in der Auslegung von Geschichte und Gesellschaft. »Die Natur ist mehr und mehr von der Natur der Dinge auf die Dinge der Natur heruntergekommen« (Klaus M. Meyer-Abich). Falls dies eine zutreffende Diagnose der abendländischen Tendenz von der Antike bis zur industriellen Gegenwart sein sollte – und ich halte sie für zutreffend –, bedeutet »Natur« unendlich viel mehr als die Naturwissenschaft uns bisher wahrnehmen läßt. Dann wirft aber die Rettung der Natur auch ein neues Licht auf die Natur der Rettung, und nur wenn wir »Natur« so umfassend buchstabieren lernen, daß beide Bedeutungen von »Natur« sich gegenseitig auslegen und darin die eine Schöpfung offenbar werden lassen, verstehen wir den Sinn des heute oft gescholtenen *dominium terrae,* des Schöpfungsbefehls »Macht euch die Erde untertan« (S. 63).

Im letzten Teil seines Buches stößt Liedke bis zu ganz konkreten Anregungen vor, so etwa, wenn er darstellt, wie eine »einfache Mahlzeit« ökologisches Symbol und eschatologisches Symbol in eins ist (S. 203) und wie ihre »Feier« ein »ökologisches Klima« schaffen könnte, durch das gerade auch Christen »zu der Suche nach einem neuen Umgang mit der Erde beitragen könnten« (S. 207).

Mit Gerhard Liedke kommt eine wichtige Stimme im Dialog derer zu Wort, die sich heute ökologisch herausgefordert sehen. Es gibt keinen Bereich, der nicht von den hier präsentierten Einsichten über unsere Zukunft betroffen wäre! Ob wir es schon wissen oder nicht: wir sind auf eine tiefere Verbindung von Weltgestaltung und Hoffnung angewiesen als das neuzeitliche Denken sie zugelassen hat. Davon handelt dieses Buch.

A. M. K. Müller

Braunschweig, im Dezember 1978

Zu meinem Buch

Man nehme das Bild, mit dem dieses Buch unsere ökologische Lage beschreiben will – »Im Bauch des Fisches« –, einmal wörtlich: dann mag man sich fragen, ob Bücherschreiben im Bauch des Fisches angemessen ist. Man sollte vielleicht eher auf die Straße gehen oder sich politisch betätigen.

Daß dieses Buch doch geschrieben worden ist, hängt damit zusammen, daß die Referate und Vorträge, die ich seit 1972 gehalten habe, öfter den Wunsch auslösten, man möchte das alles doch ausführlich nachlesen können.

Zu danken habe ich vor allem Günter Howe, der mich in den sechziger Jahren in naturwissenschaftliches Denken eingeführt hat, und Claus Westermann, bei dem ich gelernt habe, was biblische Theologie für die Kirche sein kann. Ich hoffe, daß ich auf beiden Fundamenten etwas weiterbauen konnte. Danken möchte ich allen Freunden und ehemaligen Kollegen der Forschungsstätte der Evangelischen Studiengemeinschaft (FEST), die vor allem durch Gespräche, aber auch sonst vielfältig geholfen haben. Nicht zuletzt ist Rosa Kluge zu danken, die das Manuskript technisch betreut hat.

Gerhard Liedke

6. November 1978

Zur Lage

1. Die ökologische Krise

Einige meiner Freunde und Kollegen wollten im Sommer 1978 Ferien an der Atlantikküste Frankreichs, in der Bretagne, machen. Sie haben es nicht getan; denn in den Tagen, in denen diese Zeilen geschrieben wurden, waren die Zeitungen voll von Meldungen über den verzweifelten Kampf der Franzosen gegen das Öl des geborstenen Tankers Amoco Cadiz.

Bretagne-Gäste blieben aus 9.9.78

Das Fremdenverkehrsgewerbe in der Bretagne hat nach der Tanker-Katastrophe vom März schwere Einbußen erlitten. Vor allem Touristen aus der Bundesrepublik Deutschland sagten ihre Besuche ab. Insgesamt ging die Zahl der Übernachtungen nach einer vom zuständigen Ministerium in Paris veröffentlichten Schätzung um 65 bis 70 Prozent zurück. In den ersten beiden Juli-Wochen wurden nur 5000 deutsche Touristen in der Bretagne registriert. Im Vorjahr waren es zur gleichen Zeit etwa 40000. Reuter

---

Und niemand glaubt, daß dieser Kampf gewonnen werden kann. Erinnerungen an das Jahr 1967, an die Torrey-Canyon-Katastrophe und die Ölpest in England und Frankreich sind wach – und an die vielen »kleinen« Unfälle in den elf Jahren dazwischen.

Dieses Streiflicht bezeichnet einen Sachverhalt: Vor zehn oder fünfzehn Jahren hätte ich in der Einleitung eines Buches über die Umweltkrise Einzelsymptome schildern müssen; ich hätte versuchen müssen, die Leser davon zu überzeugen, daß es ökologische Probleme überhaupt gibt und daß sie gefährlich sind. Diesen Nachweis kann ich mir heute sparen. Nachdem Rachel Carsons »*Der stumme Frühling*«, ein Buch, das in den USA Untersuchungsausschüsse provoziert hat, 1968 ins Deutsche übersetzt worden ist; nachdem Paul und Anne Ehrlichs »Population, Resources, Environment; Issues in Human Ecology« unter dem Titel »*Bevölkerungswachstum und Umweltkrise*« 1972 uns zugänglich geworden ist; nachdem die Welle der Club-of-Rome-Studien über uns hinweggerollt ist; nachdem Barry Commoners »The Closing Circle – Nature, Man and Technology« als »*Wachstumswahn und Umweltkrise*« und Gordon Rattray Taylors »*Selbstmordprogramm*« (»The Doomsdaybook«) uns aufgeschreckt haben; nachdem . . . die Liste ließe sich beliebig fortsetzen und müßte auch um solche Beiträge ergänzt werden, für welche die »Schrecken des Jahres 2000« gar nicht so schrecklich sind.

Jedenfalls: Die Existenz der ökologischen Krise wird heute von kaum jemandem ernsthaft bestritten, über das Ausmaß der Krise gehen die Ansichten natürlich auseinander. Da haben wir auf der einen Seite die Vision des Journalisten Don *Widener* von den Folgen der »Langsamen Guillotine«:

»*Wir werden eines Tages aufwachen und feststellen, daß Camping, Wandern, Fischen und Jagen unmöglich geworden sind . . . Natur wird für den Konsumenten schwer erreichbar sein. Man muß Schlange stehen und sein 6-Dollar-Ticket fest in der Hand halten, will man Teilnehmer einer organisierten Tour durch die Wildnis sein. Ich kann jetzt schon die Stimme des Führers hören: Auf geht's Leute. Bitte die nächste Gruppe! Sie sehen linker Hand einen originalen, garantiert lebendigen Hirsch, und vor sich die Nachbildung eines Weißkopf-Seeadlers. Kinder, die Münzen sammeln, kennen das Tier noch, nicht wahr, Kleiner? Brav! Und werfen Sie einen Blick auf den*

lebenden Alligator . . . wir haben ihn mit großen Kosten impor-
tiert, seit es die Everglades nicht mehr gibt. Keine Angst vor
Ungeziefer, Madame, der Platz wurde vor 30 Jahren mit DDT
behandelt, da lebt kein Floh mehr. Und Sie dürfen, ja, Sie dürfen auf den Rasen treten, es schadet unserem garantiert tritt-
festen Astro-Turf nichts! Der Spaziergang dauert genau 8 Minu-
ten. Leute, und wenn ihr auf den Parkplatz drüben rauskommt,
vergeßt nicht, ein Kunststoffmodell der Ponderosa-Pinie mitzu-
nehmen. Diese Bäume haben hier wirklich einmal gestan-
den . . .«

Auf der anderen Seite haben wir die Urteile von Biologen wie
Kenneth Mellanby, Direktor der Zeitschrift »Environmental pol-
lution«:

». . . ein Wandel der Technologie kann die ganze Lage ändern . . . es braucht kein Zusammenhang mehr zwischen dem
Industriewachstum und zunehmender Umweltverschmutzung
zu bestehen . . . Mithin hat es den Anschein, daß die Gefähr-
dung der Umwelt durch Schädlingsbekämpfungsmittel stark
überschätzt wurde . . . Zum Glück gibt es im Hinblick auf die
Beseitigung von Abfallstoffen in den Ozeanen umfangreiche
internationale Abkommen, bei deren allgemeiner Beachtung
sich ausgedehnte Schäden vermeiden ließen . . . sichtbar, daß
meine allgemeine Folgerung im Hinblick auf physikalische und
chemische Umweltverschmutzung auf einen gemäßigten Optimismus hinausläuft . . .« (in: Cavannah)

(Ich erspare den Lesern und mir hier die Zitierung anderer
Stimmen, die über den »gemäßigten Optimismus« Mellanbys
weit hinausgehen.)

Angesichts so auseinanderlaufender Vorstellungen über das
Ausmaß der ökologischen Krise werden wir gut daran tun,
einerseits damit zu rechnen, daß der *Zustand* wirklich *ernst* ist
und jedes Verharmlosen mehr als gefährlich; andererseits, daß
Rettung noch möglich ist, je eher uns ein Umsteuern gelingt.

Dabei ist es wichtig, eine weitere – inzwischen fast allseits
anerkannte – Tatsache zu berücksichtigen: Unser Umweltpro-
blem ist nicht ein rein naturwissenschaftlich-technisches Pro-

blem; es stellt sich auf mindestens drei vielfach miteinander
verflochtenen Ebenen:
a) auf der naturwissenschaftlich-technischen Ebene
b) auf der politisch-gesellschaftlich-ökonomischen Ebene
c) auf der Ebene des kollektiven und individuellen menschlichen Bewußtseins.

Rein technische Umweltschutzmaßnahmen, wie sie seit Erkenntnis des Problems dankenswerterweise in großer Zahl in
Angriff genommen worden sind – »Umwelt. Information des
Bundesministers des Innern« berichtet umfassend darüber –,
werden das Problem allein nicht lösen. Schon deshalb nicht,
weil die notwendigen Mittel und die personellen Kräfte nicht
zur Verfügung gestellt werden, wenn das politisch-gesellschaftlich-ökonomische System sich weigert. Und dieses System wird – jedenfalls in demokratischen Staaten – nur dann zu
»Opfern« und zum Umsteuern bereit sein, wenn es unter hinrei-
chendem Druck einer breiten Öffentlichkeit steht, die so etwas
wie ein »Umweltbewußtsein« entwickelt hat. Andererseits nützt
die Entwicklung solchen Bewußtseins auch nur dann etwas,
wenn auf der naturwissenschaftlich-technischen Ebene (a) und
auf der politisch-gesellschaftlich-ökonomischen Ebene (b)
Möglichkeiten vorhanden sind, unsere Umwelt zu schützen. So
greifen die drei Ebenen ineinander. Ernst von Weizsäcker ist
zuzustimmen, wenn er sagt: »Mit dem Fortschritt im Umweltschutz muß eine breite Bewußtseinsveränderung in unserem
Verhältnis zur Natur und zum Mitmenschen einhergehen.«

Die vorliegende Schrift will sich aus der Sicht eines Theologen um die »Bewußtseinsveränderung in unserem Verhältnis
zur Natur« bemühen. Sie stimmt dabei der Ansicht derer zu, die
in der abendländischen Ausprägung des Christentums eine der
Wurzeln unseres gegenwärtigen Verhältnisses zur Natur sehen
und deshalb überzeugt sind, daß Theologie und Kirche eine Revision ihres eigenen Bewußtseins in dieser Sache vornehmen
müssen, bevor sie anderen Umweltschutz empfehlen! Die fäl-
lige Revision ist nur möglich, wenn Ursprünge und Geschichte
des gegenwärtig dominierenden Mensch-Natur-Verhältnisses
einigermaßen klar analysiert sind. Von den Psychoanalytikern
lernen wir, daß oft aus der Anamnese ein Beitrag zur Heilung

der Krankheit kommt. Vielleicht zeigt die historische Anamnese unseres modernen Natur-Bewußtseins ebenfalls Wege zu seiner fälligen Veränderung auf.

Selbstverständlich dürfen über der Betonung bestimmter Aspekte der Ebene (c) die naturwissenschaftlich-technische (a) und die politisch-gesellschaftlich-ökonomische Seite (b) nicht vernachlässigt werden. Sie werden immer wieder – obwohl der Autor hier nur entliehene Sachkompetenz hat – berührt werden. Dabei begegnet die Ebene (a) vor allem in der Form von »Ökologie«, weil Ökologie der Titel ist, unter dem die verschiedenen naturwissenschaftlichen Einzeldisziplinen angesichts des Umweltproblems kooperieren. (Ich verstehe Ökologie also nicht nur als Unterabteilung der Biologie.)

»Ökologie« – die Wissenschaft von den Häusern (oikos = Haus), vom Lebensraum – hat es mit der lebenden und nichtlebenden Umgebung von Lebewesen zu tun, oder präziser mit Barry Commoner: Die Wissenschaft, welche die Beziehungen und Prozesse, die jedes Lebewesen mit seiner Umwelt verketten, untersucht, heißt Ökologie. Commoner nennt – Einzelergebnisse der Ökologie verallgemeinernd – vier »Gesetze der Ökologie«, die den Vorzug haben, auch dem Laien verständlich zu sein.

Das erste Gesetz der Ökologie: *Jedes Ding steht mit jedem anderen in Beziehung.* – Belegt wird dieses Gesetz zum Beispiel durch die ungeheure Verbreitung des Pestizids DDT auf unserer Erde. Wissenschaftler waren entsetzt, als sie DDT im Fett antarktischer Seehunde und Pinguine fanden. Man muß annehmen, daß Tausende Tonnen von DDT im antarktischen Schnee enthalten sind; sie gelangten auf dem Luftweg dorthin. DDT konnte ebenso in der Luft über Barbados wie auch in Indien bis in eine Höhe von 7000 Metern nachgewiesen werden (Taylor).

Das zweite Gesetz der Ökologie: *Alles muß irgendwo bleiben.* – Das ist nichts anderes als die Anwendung des physikalischen Satzes von der Erhaltung der Energie auf die Ökologie: Es gibt in der Natur keinen »Abfall«. Ökologische Wege sehen so aus: Ein Mensch wirft eine leere, quecksilberhaltige Trockenbatterie weg. Sie landet in einer Mülltonne, dann in einer

Müllverbrennungsanlage. Dort entweicht der entstehende Quecksilberdampf durch den Schornstein des Ofens. Im Regen und Schnee gelangt der Giftstoff wieder auf die Erde zurück, zum Beispiel in einen Gebirgssee. Er kondensiert, sinkt ab, wird zu Methylquecksilber und so von den Fischen aufgenommen. Er reichert sich in deren Organen und Geweben an. Menschen essen die gefangenen Fische und speichern das Quecksilber in ihren Organen – und so weiter. Alles muß irgendwo bleiben (Commoner, 44).

Aus: Löwensteiner Materialdienst: Die Zukunft der Welt und die Hoffnung der Christen. Hrsg. von der Ev. Tagungsstätte Löwenstein, Okt. 1973.

Das dritte Gesetz der Ökologie: *Die Natur weiß es besser.* – Natürlich besser als der Mensch. Commoner veranschaulicht das so: Man öffne eine Armbanduhr, schließe die Augen und steche mit einem Bleistift in das offene Uhrwerk. Mit an Sicherheit grenzender Wahrscheinlichkeit beschädigt man dabei die Uhr. Daß man sie verbessert, ist extrem unwahrscheinlich. Warum? – Weil die Uhr das Endprodukt von Jahrhunderten von »Forschung und Entwicklung« ist und jede Zufallsänderung sie kaum verbessern kann. In jedem Lebewesen stecken nun aber ungefähr zwei bis drei Milliarden Jahre »Forschung und Entwicklung«; jede künstliche Einführung zum Beispiel einer organischen Verbindung, die in der Natur nicht vorkommt, gleicht daher jener Bleistiftstecherei und ist mit aller Wahrscheinlichkeit schädlich. Deshalb weiß die Natur es besser.

Das vierte Gesetz der Ökologie: *So etwas wie »Freibier« gibt es nicht.* – Dieses aus der Ökonomie stammende »Gesetz« besagt: Jeder Gewinn hat seinen Preis. Damit sind die drei anderen Gesetze zusammengefaßt. Da das erdumspannende Ökosystem ein Ganzes darstellt, in dem nichts hinzugewonnen werden oder verlorengehen kann und das bei einer Veränderung im Detail nicht zu einer Gesamtverbesserung neigt, muß alles, was der Mensch diesem System entzieht, irgendwie wieder ersetzt werden. Die Zahlung kann aufgeschoben, aber der Preis muß entrichtet werden (Commoner, 38 ff.).

Diese vier Punkte sind ins Auge gefaßt, wenn im folgenden von »Ökologie« die Rede ist. Das Lebewesen Mensch kann aus solch ökologischer Betrachtung nicht ausgenommen werden – das scheint klar. Aber genau dieser Sachverhalt ist in der neuzeitlichen Entwicklung des Mensch-Natur-Verhältnisses nicht beachtet worden. Auch Theologien und Kirchen haben hier nicht klar gesehen.

2. Die Kirchen und die Schöpfung

Man muß natürlich fragen: *Wieso* hätten Theologien und Kirchen klarer sehen sollen, daß auch der Mensch ein Teil der Natur ist und ökologisch betrachtet werden muß? – Sie hätten in der Tat einen *speziellen Grund* gehabt, den andere so nicht haben: Für sie mußte die Natur mehr als Natur, sie mußte Schöpfung sein. Und geschaffen von Gott sind Mensch und außermenschliche Schöpfung gleichermaßen; der Mensch ist Teil der Schöpfung.

Daß dieser Grund praktisch keine Folgen hatte, wird erklärlich, wenn man sich die Konflikt- und Gesprächssituation, in der sich Kirche und Naturwissenschaft jahrhundertelang befanden, vergegenwärtigt. Polemik kennzeichnete das Verhältnis von Theologie/Kirchen und Naturwissenschaft/Technik. *Naturwissenschaftler* sahen – häufig zu Recht – in der kirchlich verordneten Weltsicht das große Hindernis, das beseitigt werden mußte, damit der Mensch durch den Nebel der Spekulation zu den Realitäten vorstoßen konnte. *Theologen* machten – häufig nicht zu Unrecht – geltend, daß die neuen Wissenschaften von der Natur nicht nur ihre Tradition zerstörten, sondern auch weite Bereiche der Wirklichkeit ignorierten und eliminierten.

Während man sich in der ersten Phase dieses Konfliktes heftig stritt – man denke an den Fall Galilei oder die Auseinandersetzung mit Darwin –, trat später eine Situation ein, die auf eine schiedlich-friedliche Arbeitsteilung hinauslief.

Die Arbeitsteilung sah so aus:

☐ Die Naturwissenschaftler machen keine Übergriffe in den Bereich der »Metaphysik«, sondern beschränken sich auf den Bereich der Natur.

☐ Die Theologie und die Kirchen machen keine Übergriffe in den Bereich der Natur, sondern beschränken sich auf »Religion«, die sich zwischen Gott und den Menschen abspielt.

Diese Situation wurde dadurch möglich, daß beide Parteien ihre Totalaussagen nicht aufrechterhalten konnten. Die *Naturwissenschaftler* lernten in der Physik der Elementarteilchen, daß die Vorstellung einer vollständig determinierten Wirklichkeit nicht durchzuhalten war; die *Theologen* mußten einsehen, daß ein antikes Weltbild sowohl in physikalischer (Erde als Mitte des Kosmos) als auch in biologischer Hinsicht (Konstanz der Arten) nicht in die Neuzeit verpflanzt werden konnte. Insofern war die schiedlich-friedliche Arbeitsteilung seit Anfang unseres Jahrhunderts sicherlich besser als die Polemik in der Zeit davor.

Aber im Blick auf unser Thema war die Arbeitsteilung verhängnisvoll. Sie schaltete nämlich die Natur als Thema der Theologie und der Kirchen aus – auf dieser Ausschaltung beruhte ja gerade die Arbeitsteilung.

Natürlich wurde in den Kirchen weiter der erste Artikel des apostolischen Glaubensbekenntnisses gesprochen, gelernt und ausgelegt; natürlich enthielt jede ausgeführte Theologie nach wie vor ein Kapitel »Schöpfung«; aber in diesen Darlegungen wurde vermieden, die Schöpfung der Theologie und die Natur der Naturwissenschaft in einen inhaltlichen Zusammenhang zu bringen. Klassische Formel für diesen Sachverhalt bei Karl Barth: »Die Naturwissenschaft hat freien Raum jenseits dessen, was die Theologie als Werk des Schöpfers zu beschreiben hat« (Vorwort zur »Lehre von der Schöpfung«, 1945).

So war der Gegenstand der Theologie auf das Verhältnis Gottes zum Menschen *eingeengt.* Daß dieser Mensch Teil der Natur der Naturwissenschaftler ist, insofern er aus der Materie der Physik besteht und Teil der Evolution ist, ist der Theologie sowenig wichtig geworden wie die Natur insgesamt. Deshalb konnten auch Theologien und Kirchen nicht klarer sehen als andere. Die ökologische Krise trifft daher Theologie und Kirche so unvorbereitet wie viele andere. Geschichtlich bedingte Fehlwahrnehmungen sind nicht in wenigen Jahren korrigierbar.

Dieses Buch will die heute immerhin vorhandenen Ansätze zu einer ökologischen Theologie und einer kirchlichen Wahrnehmung ökologischer Verantwortung aufnehmen und vielleicht ein wenig weiterführen. *Ansätze,* die Natur als Schöpfung wieder zu einem Thema von Theologie und Kirche zu machen, finden sich vor allem an zwei Stellen:

a) In der Arbeit des *Ökumenischen Rates der Kirchen* erreichte unser Thema auf der Vollversammlung 1975 in Nairobi einen Durchbruch in der Rede des australischen Biologen Charles Birch über »Schöpfung, Technologie und menschliches Überleben«. Birch verstand es, die Not der sogenannten Entwicklungsländer mit der Not der Natur zu verbinden und die weltweit herbeigesehnte Befreiungsbewegung als eine einzige Bewegung darzustellen, die die Befreiung der Frau, des Mannes, der Wissenschaft und Technik, der Tiere, der Pflanzen und auch die Befreiung der Luft und der Ozeane, der Wälder, Wüsten, Berge und Täler einschließt. Als Voraussetzung dafür forderte er ein »sakramentales« Naturverständnis, das den Eigenwert der Geschöpfe und die Interdependenz aller Wesen kennt, dem die Natur nicht nur eine Sache ist, die man benutzt – und nichts weiter.

Das vielbeachtete Signal von Charles Birch kam nicht aus heiterem Himmel. Die Abteilung »Kirche und Gesellschaft« des Ökumenischen Rates hatte mit mehreren Konsultationen und Konferenzen seit 1966 Vorarbeiten geleistet in einer Studie »Die Zukunft von Mensch und Gesellschaft in einer wissenschaftlich-technischen Welt«. Herausragend waren dabei eine Konsultation in Nemi/Italien 1971 »Die Umwelt des Menschen und verantwortungsbewußte Entscheidungsbildung«, bei der die Kirchen erstmals mit den Thesen des Club of Rome konfrontiert wurden, und die Weltkonferenz zum Thema »Die Bedeutung von Wissenschaft und Technik für die Entwicklung des Menschen« 1974 in Bukarest.

Die Vollversammlung in *Nairobi* reagierte auf Birchs Rede:

»Die Menschheit ist jetzt aufgerufen, sich auf den Weg zu einer lebensfähigen Weltgemeinschaft zu machen, in der Wissenschaft und Technik dazu dienen, die materiellen und spirituellen Grundbedürfnisse der Menschen zu verwirklichen, der menschlichen Not entgegenzuwirken und eine Umwelt zu schaffen, die allen Menschen unbefristet eine angemessene Lebensqualität garantiert. Hierzu gehört, daß wir unsere Zivilisation grundlegend verändern, neue Techniken entwickeln, neue Einsatzbereiche für die Technik entdecken und eine neue

*internationale Wirtschaftsordnung sowie neue politische Syste-
me verwirklichen . . . Die Welt steht am Ende einer Epoche des
Triumphalismus in Gebrauch und Entfaltung von Wissenschaft
und Technik.«*

Diese Erklärung bildet die Ausgangsbasis eines derzeit lau-
fenden ökumenischen Studien- und Aktionsprojektes zum Thema »Der Beitrag von Glaube, Wissenschaft und Technik zum
Kampf um eine gerechte, partizipatorische und lebensfähige
Gesellschaft«. Wichtigstes Ereignis dieses Vorhabens ist im Juli
1979 in den USA eine Weltkonferenz über »Glauben, Wissenschaft und die Zukunft«, die rund 400 Personen aus aller Welt
versammeln wird. In den Vorbereitungstexten der Konferenz
wird unter anderem gefordert:

*»Die heutige Lage zwingt die Kirche, eine theologische und
biblische Konzeption der Beziehung von Gott, Mensch und Natur wieder zu erarbeiten und in neue Begriffe zu fassen. Die
Schöpfungslehre, die Lehre vom dominium (der Herrschaft
über die Erde) und der Haushalterschaft sowie die Lehre vom
Reich Gottes müssen unter neuen Aspekten gesehen werden.«*

Wenn man so will, kann man das vorliegende Buch als den
Beitrag eines deutschen Theologen, der seit 1971 an diesen
Fragen arbeitet, zu dieser Aufgabenstellung sehen.

b) Im Bereich der Evangelischen Kirche in Deutschland wurde
unser Thema in den verschiedenen Gesprächsrunden behandelt, die sich unter dem Stichwort »Physiker-Theologen-
Gespräch« und später »*Naturwissenschaftler-Theologen-Gespräch*« vollzogen. Sie sind alle irgendwie mit dem Namen, dem
Leben und der Arbeit des Mathematikers und Laientheologen
Günter Howe verbunden und mit dem Institut, das er mitbe-
gründet hat, der Forschungsstätte der Evangelischen Studiengemeinschaft (FEST) in Heidelberg.

Diese Gespräche hatten viele Facetten. Sie begannen in den
fünfziger Jahren in Göttingen mit hochtheoretischen Fragen
der Interpretation der Quantentheorie; sie gewannen praktische Bedeutung durch die Anwendung der physikalischen

Formel der Komplementarität auf das Verhältnis von Wehr-
dienst und Kriegsdienstverweigerung; sie bekamen technische
Inhalte durch die Gespräche über Großtechnik im Kernforschungszentrum in Karlsruhe Mitte der sechziger Jahre; sie
stießen auf das Thema Ökologie mit dem Band »Humanökologie und Umweltschutz« im Jahre 1972, dem viele Arbeiten –
study and action – zu Umweltfragen folgten bis hin zum Gutachten der FEST über »Alternative Möglichkeiten für die Energiepolitik« 1977.

Der Verfasser des vorliegenden Buches hat seit einer »Gast-
arbeiterzeit« 1969–1971 im Kernforschungszentrum in Karlsruhe an diesen Gesprächen teilgenommen und schreibt aus
diesem Fundus heraus.

3. Die Richtung der Therapie

Nicht nur ist die ökologische Situation als Krisensituation
heute jedem bekannt (1) und nicht nur sehen wir die Versäum-
nisse von Kirche und Theologie und bescheidene Ansätze der
Neuorientierung (2), wir kennen auch die prinzipielle Lösung
des Problems, die Richtung der Therapie. Auf eine knappe
Formel gebracht könnte man sagen: Die Richtung der Therapie
heißt

> ### DIE MANIPULATION DER
> ### SCHÖPFUNG REDUZIEREN

Diese Formel ist zu erläutern im Blick auf das, was sie sagt,
und vor allem auf das, was sie nicht sagt.

Sie sagt *nicht:* die Manipulation der Schöpfung sei zu *beenden.* Manche Umweltschützer werden der Formel vorwerfen,
sie wolle zuwenig, sei zuwenig radikal angesichts der Härte
unserer Situation. Das Argument zur Verteidigung der Formel
gegen diesen Vorwurf ist: Manipulation der Schöpfung ist eine
der Grundeigenschaften des Menschen, seit es uns Menschen

auf der Erde gibt. Wenn sich die Anthropologen in einem einig sind, dann darin, daß der Mensch aus dem Tier-Mensch-Übergangsfeld heraus sich durch den Gebrauch und die Herstellung von Werkzeugen (»tool-maker«) von seinen Vorfahren unterscheidet. Das heißt: Er manipuliert Umwelt; er fertigt einfache Steinwerkzeuge, richtet Hölzer als Wühlstöcke oder Lanzen zu; entzündet, zähmt und bewahrt das Feuer; jagt Tiere; baut Wasserfahrzeuge und fährt damit. Später greift der Mensch durch Viehzucht und Pflanzenanbau aktiv in den Prozeß des Aufwachsens und der Vermehrung von Tieren und Pflanzen ein; damit ist der Weg zu den Hochkulturen bis hin zu unserer wissenschaftlich-technisch-industriellen Welt gewiesen (Narr, 63).

Die verschiedenen Phasen der Manipulation der Umwelt durch den Menschen in der Geschichte der Menschheit lassen sich aber nicht nur anhand der sich entfaltenden technischen Errungenschaften markieren. Für uns ebenso wichtig: Jede Errungenschaft verändert den Lebensraum (oikos) des Menschen. Mit der (Er-)Findung der ersten Werkzeuge und Waffen war es möglich, auch weniger einladende Verhältnisse zu meistern, neue Erdräume wie die Kältesteppen oder die kargen Tundren in Besitz zu nehmen.

Dieser erste Schritt einer Umweltbeherrschung bedeutet nur in geringem Umfang eine Veränderung des Lebensraumes, etwa durch intensiveres Jagen bestimmter Tiere. Im wesentlichen bleibt er eine *Anpassung* an die Umwelt: Die von der Natur gebotenen Mittel zur Ernährung werden besser genutzt. Die nächste große Stufe – nach der Eiszeit – mit ihren Errungenschaften Viehzucht und Ackerbau läuft schon auf *aktive Veränderung* der Umwelt hinaus, überschreitet die Anpassung der ersten Stufe. Die Schwelle zu den Hochkulturen wird überschritten durch die Inbesitznahme der großen Stromtäler. Töpferscheibe, Rad, Wagen und Pflug, künstliche Bewässerung sind die prägenden Technologien. Der Horizont, der mit dem Übergang des Menschen vom Jäger und Sammler zum Ackerbauer und Viehzüchter eröffnet worden ist (»neolithische Revolution«), bleibt gleich bis zum Hereinbrechen der »technischen Revolution« in der Neuzeit.

Für ökologische Betrachtung ist folgendes Schema nützlich:

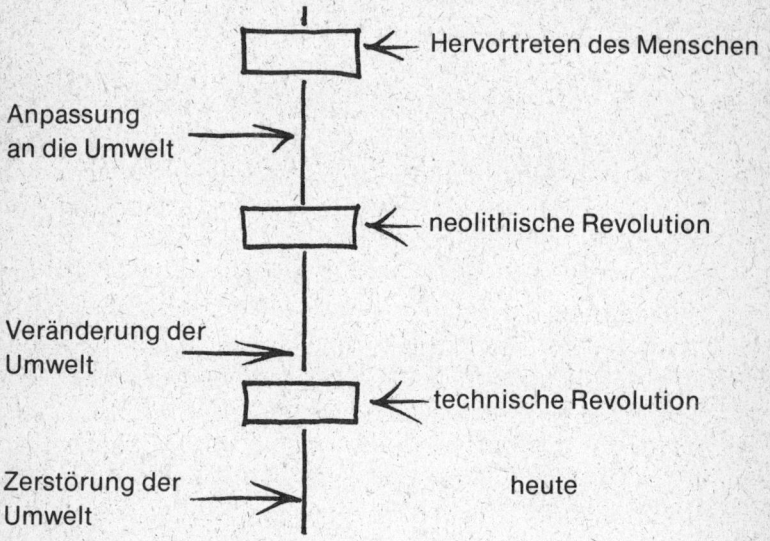

Anpassung an die Umwelt →

Hervortreten des Menschen ←

neolithische Revolution ←

Veränderung der Umwelt →

technische Revolution ←

Zerstörung der Umwelt →

heute

Über die Unterschiede der Zeit vor und nach der technischen Revolution ist später ausführlich zu sprechen. Im jetzigen Zusammenhang ist nur wichtig, die Zerstörung der Umwelt in denjenigen Zusammenhang einzuordnen, der zeigt: Die *Beendigung* der Manipulation der Natur ist *nicht* die geeignete Therapie. Sie würde den Menschen eines wesentlichen Elementes seines Menschseins berauben. Der Mensch hat – seit er existiert – immer die Schöpfung manipuliert. Daß er dies zuerst lange Zeit in der Weise der Anpassung und erst später in der Weise der aktiven Veränderung getan hat, ändert nichts am Sachverhalt: Im ersten künstlich geformten Werkzeug ist der Weg zur Dampfmaschine, zum Hochofen, zum Computer und zum Düsenflugzeug angelegt.

Diesen Sachverhalt haben wir übrigens nicht erst in der neuesten Zeit entdeckt. Er wird bestätigt durch die ältesten Zeugnisse der Menschheit: Die sogenannten primitiven Mythen, wie zum Beispiel die sumerischen Mythen, berichten über die Erschaffung des Menschen immer in Zusammenhang mit der Erschaffung von Werkzeugen. So erschafft der Gott Enlil zusammen mit der menschlichen Arbeit die Spitzhacke. Diese Tradition findet sich in der biblischen Urgeschichte wieder: Ackerbau (1. Mose 2, 15; 1, 28); Tierzucht (2, 20a), Städtebau (4, 17; 11, 1–9), Erzbearbeitung (4, 22). Ebenso finden wir dieses Wissen aber im griechischen Mythos von Prometheus, der dem Menschen das Feuer bringt und ihn damit erst zu dem Menschen macht, den wir kennen. Die moderne Anthropologie bestätigt hier das Wissen der alten Mythen.

Die kurze Gesamtbetrachtung des Werdegangs der Gattung Mensch ergibt also: Beendigung der Manipulation der Schöpfung ist keine reale Möglichkeit.

Damit werden die Differenzierungen innerhalb der Geschichte der Umweltmanipulation wichtig, denn sowohl in der Zeit der Anpassung des Menschen an die Umwelt als auch in der ersten Phase der aktiven Veränderung der Umwelt gab es offensichtlich das Problem der ökologischen Krise im heutigen Sinn nicht.

Es soll allerdings nicht geleugnet werden, daß es auch in diesen Zeiten ökologische Katastrophen gab – etwa die Abholzung der Wälder in verschiedenen Mittelmeerländern. Die Erinnerung daran zeigt, daß die Veränderung der Umwelt seit jeher die Möglichkeit ökologischer Krisen in sich trägt. Die ökologische Krise von heute unterscheidet sich von jenen Krisen jedoch dadurch, daß sie allgegenwärtig ist, während jene Krisen begrenzt waren. Wenn man so will, ist der Unterschied »nur quantitativ«; allerdings eine Quantitätssteigerung von der Art, daß neue Qualitäten auftreten.

Wenn wir den Zusammenhang, für den die oben skizzierten ökologischen Gesetze gelten, einmal mit einem *Löschblatt* vergleichen, so saugte dieses Löschblatt einzelne Tintentropfen spielend auf. Die ökologischen Gesetze wirkten sich so aus, daß der Gesamtzusammenhang keinen Schaden litt. Heute aber überschütten wir Menschen – im Bild – das Löschblatt an vielen Stellen und mit großer Geschwindigkeit mit Tintentropfen. Die weißen, saugfähigen Stellen werden immer kleiner, die Absorptions- und Verarbeitungsfähigkeit läßt insgesamt nach. So schlägt heute Quantität in Qualität um. Die ökologischen Gesetze wirken sich von einem bestimmten Punkt an eher nachteilig aus, sind aber nicht veränderbar.

Wir kommen später darauf zu sprechen, daß die enorme Quantitätssteigerung in der Veränderung der Umwelt seit der technischen Revolution grundlegende Veränderungen in allen drei Ebenen (S. 17), besonders in der Ebene des kollektiven und individuellen Bewußtseins zur Voraussetzung gehabt hat und insofern auch nur durch Wandlungen auf allen drei Ebenen wieder zu ändern ist. Dennoch ist zunächst festzuhalten, daß unser Ziel nichts anderes sein kann, als die Manipulation der Schöpfung zu *reduzieren,* nicht sie zu beenden.

Soweit die wichtigste Erläuterung der Formel. Die Frage ist nun: *Wie* kann die Manipulation der Schöpfung reduziert werden?

Während die Formel und die gegebene Interpretation der Formel wahrscheinlich breite Zustimmung finden kann, teilen sich die Meinungen, wenn es um das Wie geht. Robert Jungk hat in seinem Buch »Der Jahrtausendmensch« die Vorschläge für das Wie in vier Kategorien eingeteilt:

☐ Die erste Richtung – bisher am stärksten entwickelt – will die Technik starker Kontrolle unterwerfen *(Technikkontrolleure);*

☐ die zweite will die Technik so weit wie möglich zurückdrängen, verkleinern und auf ein Mindestmaß beschränken *(Technikasketen);*

☐ die dritte – die phantasievollste – geht dahin, Wesen und Funktionsweise der Technik grundsätzlich zu verwandeln, sie lebensähnlicher zu machen *(Technikverwandler);*

☐ die vierte Tendenz: Umsteuerung der Technik auf andere menschen- und umweltfreundlichere Ziele hin *(Techniksteuerer).*

Es ist derzeit nicht nötig, diese vier Kategorien untereinander mit Prioritäten zu versehen. Wichtiger ist zu sehen, daß alle vier Tendenzen in die Richtung gehen, die Manipulation der Natur zu reduzieren. Will man diese Richtung zusammenfassend bezeichnen, so kann man – in Aufnahme unserer Ausführungen über die Geschichte des Menschen – sagen: Die Manipulation der Natur wird reduziert, wenn die umweltverändernden Techniken wieder an die Umwelt *angepaßt* werden. Das heißt: Unsere Technik muß sich jene Eigenschaften (wieder) erwerben, die das Hauptkennzeichen der allerersten Phase der Menschheitsgeschichte waren. Nicht Verzicht auf Technik heißt das Heilmittel – so wichtig auch der Verzicht auf einzelne Techniken sein kann –, sondern Anpassung der Technik an die ökologischen Gegebenheiten auf unserem Planeten, an die vier Gesetze der Ökologie.

In der Entwicklungsländerdebatte spricht man heute von »angepaßten Technologien« und meint damit Technologien, die der sozialen Stufe der Bevölkerung eines Landes der Dritten Welt angemessen sind. Übertragen auf unser Problem könnte man sagen: »*Angepaßte Technik*«, die der außermenschlichen Schöpfung eher angepaßt ist als die heutige »harte, ausbeutende« Technik, führt zur Reduzierung der Manipulation der Schöpfung.

Konkret am Beispiel der Rohstoffausbeutung: Wir können die Rohstoffe gescheiter einteilen und einsetzen, die Verschwendung stoppen; wir können Techniken erfinden und anwenden, die überwiegend erneuerbare Rohstoffe benützen; wir können mehr und mehr nur natürliche, unerschöpfliche Rohstoffe, wie zum Beispiel die Energie der Sonne, verwenden, und wir können – aber dies ist nicht das einzige – auf die Verwendung mancher Rohstoffe zunehmend verzichten, wobei »wir« zuerst und vor allem die Bewohner der Industrieländer meint. Damit würden wir die Manipulation der Natur an einem Punkt reduzieren.

Die Tabelle Seite 32f. faßt eine im Alternativkatalog 2 der »Dezentrale« wiedergegebene Diskussion über die verschiedenen Aspekte und Variationen von Alternativen zusammen.

Noch einmal: Daß die Therapie der ökologischen Krankheit in diese Richtung gehen muß, findet heute sicher breite Zustimmung. Ähnlich wie in der Entwicklungsländerdebatte kaum jemand noch glaubt, daß die Formel »Die Reichen müssen noch reicher werden, damit die Armen etwas weniger arm werden« richtig ist, so hat sich heute in bezug auf die ökologische Krise herumgesprochen, daß allein der geradlinige Fortschritt auf der Linie ausbeutend-manipulierender Technik (und

sei es als Umweltschutztechnik) nicht die Lösung des Problems
bringt, sondern ein Abbiegen vom Pfad der bisherigen Entwicklung notwendig ist, ein Abbiegen in die neue Richtung: Reduk-
tion der Manipulation.

Die Frage heute heißt deshalb: Wenn wir das Ziel prinzipiell
kennen, welches sind die *Voraussetzungen* dafür, in seine
Richtung zu gehen? – Hier erinnere ich an die drei Ebenen: Es
gibt wissenschaftlich-technische Voraussetzungen – eine der
Ökologie angepaßte Technik muß entwickelt werden; es gibt
ökonomisch-sozial-politische Voraussetzungen (über sie wird
in diesem Buch mangels Sachverstand des Autors nicht sehr
viel gesagt werden; das müssen Berufenere tun); es gibt Voraussetzungen des kollektiven und individuellen Bewußtseins
und Verhaltens.

In der dritten Ebene muß der Beitrag von Theologie und Kirche einsetzen, und zwar nicht zuerst mit Ermahnungen an die
Adresse anderer, sondern vor der eigenen Haustür und im
eigenen Hause (auch eine Art Ökologie!). In der Therapiefor-
mel, die wir noch immer auslegen, kommt dies darin zum
Ausdruck, daß relativ naiv von »Schöpfung« die Rede ist, wo
man sonst allenfalls von »Natur« sprechen würde. Dabei ist vor-
ausgesetzt, daß »Schöpfung« nicht nur gleichsam eine Fabrik-
Marke ist, die der Natur aufgeklebt ist, damit einige, die das
wollen, sich erinnern können, daß die Natur von einem Schöpfergott hergestellt worden ist. Der Titel Schöpfung soll vielmehr
zum Ausdruck bringen, daß nichts in der Natur, in der Welt, unabhängig vom Schöpfer sein und gedacht werden kann.

Daß eine naturwissenschaftlich gültige Erfahrung der Natur
als »Schöpfung« nicht gemacht werden kann, ist nicht weiter
verwunderlich, denn einerseits hat die entschlossene Nega-
tion des Schöpfungsglaubens die Naturwissenschaft der Neuzeit erst möglich gemacht, und andererseits geht das Verhältnis der Schöpfung zu Gott aller möglichen Erfahrung voraus
und kann daher allenfalls indirekt wahrgenommen werden. Es
ist eine heute wieder neu anzupackende Aufgabe theologischen Nachdenkens, von der Basis dieser Feststellungen aus
die theoretisch-theologische Berechtigung des Redens von

Lösungsmodelle für eine gefährdete Umwelt

Technische »Probleme«	Preis-Antwort: Das ist der Preis für den Fortschritt	Flickt-es-Antwort	»Alternative« Antwort	Weg-Damit-Antwort	Radikal-politische Antwort
1. Umweltverschmutzung	Umweltverschmutzung ist unvermeidbar, ist aber die vielen Nutzen wert	Umweltverschmutzung mit Umweltschutztechnologie bekämpfen	Nicht verschmutzende Technik erfinden	Unvermeidbare Auswirkung der Technik, also weniger Technik gebrauchen	Umweltverschmutzung ist eine Krankheitserscheinung des Kapitalismus und nicht der Technik
2. Kapitalabhängigkeit	Technik wird immer Geld kosten	Kapital beschaffen, Technik verbilligen	Arbeitsintensive Techniken entwickeln	Technik kostet immer mehr als sie einbringt, also weniger anwenden	Kapital ist nur in einer kapitalistischen Gesellschaft ein Problem
3. Rohstoffausbeutung	Nichts hält ewig	Rohstoffe gescheiter einteilen und einsetzen	Techniken erfinden, die nur erneuerbare Rohstoffe benützen	Nur natürliche, unerschöpfliche Rohstoffe verwenden	Falsches Problem: Daß Menschen Menschen ausbeuten ist das wahre Problem
4. Möglichkeiten des Mißbrauches	Unvermeidlich, aber es lohnt sich trotzdem	Gesetze gegen Mißbrauch schaffen	Techniken erfinden, die man nicht mißbrauchen kann	Mißbrauch ist so häufig und gefährlich, daß man besser gar keine Technik gebraucht	Mißbrauch ist ein sozio-politisches Problem, nicht ein technisches

5. Unverträglichkeit mit der örtlichen Kultur	Materieller Fortschritt ist mehr als Traditionen	Soziologische Untersuchungen durchführen, bevor eine Technik eingeführt wird	Angepaßte Techniken schaffen	Örtliche Kulturen kommen ohne Technik besser aus	Örtliche Kulturen werden auf jeden Fall durch Revolutionäre verändert
6. Notwendigkeit einer technisch geschulten Spezialisten-Elite	Pläne für Technik-Schulung aufstellen	Wissenschaftliche und technische Ausbildung auf allen Stufen verbessern	Erfindung und Anwendung von Techniken, die von allen kontrolliert werden können	Menschen sollen ohne das, was sie nicht verstehen, leben	Jedem die gleiche Möglichkeit geben, ein technischer Spezialist zu werden
7. Von Zentralisation abhängig	Na und?	Kein Problem, wenn ein gutes Management vorhanden ist	Sich auf dezentralisierte Techniken konzentrieren	Dezentralisierung durch Ablehnung der Technik	Zentralisation ist von Vorteil in einem gerechten Gesellschaftssystem
8. Loslösung von Tradition	Gerade deshalb ist die Technik so durchschlagend	Tradition mit technischem Wissen vereinen	Aus schon lange vorhandenen Techniken weiterentwickeln	Tradition ist wichtiger als technische Spielzeuge	Tradition steht im Wege des echten Fortschrittes
9. Entfremdung	Arbeiter verdienen mehr; was spielt da Entfremdung schon für eine Rolle?	Mehr Automation ist notwendig	Dezentralisieren unter Vorbehalt von Massenproduktion in Ausnahmefällen	Entfremdung vermeiden durch Vermeiden der Technik	Entfremdung hat gesellschaftliche, nicht technische Gründe

Aus: Alternativkatalog Heft 2 der Dezentrale 1976, Postfach 223, CH-3098 Köniz.

Schöpfung zu erweisen – und Christian Link hat in seinem Buch »Die Welt als Gleichnis« gerade einen ausgezeichneten Beitrag dazu vorgelegt. Weil wir aber nicht warten können, bis die theoretisch-theologische Frage gelöst ist, werden wir es jetzt schon riskieren müssen, »relativ naiv« von Schöpfung zu reden – in praktischer Absicht, um klarzustellen, daß Natur und Mensch insofern gleich sind, in denselben (ökologischen) Zusammenhang gehören, als sie beide derselben Schöpfung Gottes angehören. Wir werden dies als Christen tun und damit einen ersten, terminologischen Beitrag zur Reduzierung der Manipulation der Schöpfung leisten. Wir werden natürlich niemanden davon abhalten wollen und können, weiterhin nur von Natur zu reden und dennoch in die gleiche Richtung zu gehen wie wir – wenn wir betont von Schöpfung reden.

Anders gesagt: Wir können nicht warten, bis die komplizierten Probleme des Gesprächs zwischen der Naturwissenschaft und der Theologie befriedigend gelöst sind und dann praktische Konsequenzen gezogen werden können. Die Christen müssen im Vorgriff auf mögliche Ergebnisse solcher Gespräche *»relativ naiv« von Schöpfung sprechen,* und sie können dies tun in der praktischen Absicht, jenen Gesprächen ihren Gegenstand, die Natur, noch einige Zeit zu erhalten.

Die außermenschliche Schöpfung als untermenschliches Material des Menschen

In diesem Kapitel soll gezeigt werden, wie es geschichtlich gekommen ist, daß unser Verhältnis als Menschen zur Natur so ist, wie es heute ist. Die folgenden Sätze Georg Pichts aus dem Jahre 1959 mögen den Sinn einer solchen geschichtlichen Aufklärung erläutern:

»Die Technik wirkt nur darum wie ein Fatum, dem sich alle Bereiche des menschlichen Lebens unterwerfen müssen, weil wir vergessen haben, daß sie als ein Produkt der Geschichte aus geistigen Entscheidungen hervorgegangen ist, die unserer Prüfung offenstehen. Gewiß, es ist ein unverbrüchliches Gesetz, daß nichts, was einmal geschehen ist, nachträglich wieder aufgehoben werden kann. Wir können die Geschichte nicht revozieren, und niemand, der ehrlich ist, könnte heute herbeiführen wollen, daß die Menschheit in das vortechnische Zeitalter zurückkehrt. Trotzdem gibt es auch gegenüber der Geschichte für den Menschen die große Möglichkeit der Freiheit . . . Der Weg zur Freiheit von der Technik setzt voraus, daß der Mensch sich mit der in ihr eingefrorenen Überlieferung auseinandersetzt. Dazu muß unsere geistige Überlieferung wieder entfaltet werden. Deshalb ist die Entfaltung unserer geistigen Überlieferung der Weg zur Freiheit des Menschen in der technischen Welt.«

»Auseinandersetzung mit der in der Technik eingefrorenen Überlieferung« – das soll auf den folgenden Seiten versucht werden. Dabei erinnern wir uns an das Schema S. 27 und bezeichnen genauer, daß es uns um den Punkt geht, der dort »technische Revolution« heißt. Mit ihr tritt die Umweltveränderung des Menschen in die Phase ein, an deren Ende – so oder so – wir heute stehen. Es kommt deshalb darauf an, zu verstehen, was bei diesem Übergang eigentlich geschehen ist.

Soll ein Datum genannt werden, so würde sich das Jahr 1776 anbieten, als James Watt die erste fabrikmäßige *Dampfmaschine* herstellte. Diesem Datum gehen aber Entscheidungen und Verwandlungen in der Bewußtseinsebene voraus, für die der Name René Descartes (1586–1650) stehen mag, sowie die weiter zurückliegende »Mechanisierung des Weltbildes« (Dijksterhuis), die nicht ohne die christliche Entsakralisierung der Welt möglich gewesen ist.

Um die Veränderung zu erfassen, müssen wir uns ein Bild über das Verhältnis des Menschen zur Natur *vor* jenen zur technischen Revolution führenden Ereignissen machen. Wir greifen zweckmäßigerweise jene Gestalt der Tradition heraus, die historisch unmittelbar vorausgeht, und fragen nach dem Naturverständnis der Griechen und Römer, das ja über den wiederentdeckten Aristoteles mächtig ins Mittelalter hineinspielt.

1. Natur als Physis – vortechnisch

Für uns moderne Menschen klingt bei dem Begriff »Natur« immer primär eine Gegenüberstellung mit wie Natur-Geist (vgl. *Natur*wissenschaft-*Geistes*wissenschaften) oder Natur-Kultur (vgl. *Natur*völker-*Kultur*völker). Das griechische Wort *physis,* das ins Lateinische mit *natura* übersetzt worden ist, läßt nicht an solche Gegensatzpaare denken; physis bezeichnet fast im Gegensatz dazu ein Einheitsprinzip, dem das gesamte Universum unterliegt: Das Prinzip der Bewegung (kinesis) ist das Wesen der griechischen »Natur«; zur physis der Griechen gehört »alles, was sich bewegt«. Bewegung wird aber nicht wie in der neuzeitlichen Physik als Bewegung von einem Ort zum anderen verstanden, sondern vor allem als Veränderung. Die Ortsbewegung ist dann eine spezielle Weise der Veränderung. Daß Bewegung bei den Griechen Veränderung ist, wird im Werk des Aristoteles deutlich, dessen gesamte Philosophie nichts anderes als »Bewegungslehre« ist und deshalb auch konsequent in der Lehre von Gott als dem unbewegten Beweger gipfelt.

Dieselbe Bestimmung der Bewegung zeigt sich bereits in der griechischen Dichtung, dort plastischer und leichter zugänglich. Georg Picht demonstriert dies häufig an einem Vers aus dem Aias-Monolog des Sophokles:

> »Alles läßt die lange und unzählbare Zeit wachsen (phyei),
> das Verborgene, und das Erschienene verbirgt sie.«

Die Bewegung, die physis (Wachstum) heißt, bringt also bisher Verborgenes in die Erscheinung, umfaßt aber auch das Wiederverbergen des Erschienenen. Das Erscheinen des Verborgenen trägt bei den Griechen den Namen *genesis* = das »Entstehen«. Das Sich-wieder-Verbergen des Erschienenen heißt *phtora* = das »Vergehen«.

Die Gesamtheit alles dessen, wovon wir und die Griechen sagen, daß es »ist«, trägt den Namen physis, weil die »Natur« die Sphäre alles dessen ist, was entsteht und vergeht und in diesem Sinne sich bewegt.

Natur als Physis verstanden ist also nicht wie bei uns *ein* Teil der Wirklichkeit, dem andere Teile gegenübergestellt werden können, sondern »das Ganze«, das Universum. Alle Dinge, alle Gedanken, alle Worte, unsere außermenschliche »Natur« genau wie der Mensch, die Seele als Urheber der Bewegung, ja auch die Götter gehören zur physis – kurz: alles, was in der Zeit ist. Die Zeit ist ja in dem Sophoklesvers das Subjekt des Wachsenlassens und Wiederverbergens.

Der physis »gegenüber« stehen nur solche Wirklichkeiten, die der Entstehens- und Vergehensmacht der Zeit entzogen sind: der unbewegte Beweger des Aristoteles, die moira, das Schicksal, dem auch die Götter unterworfen sind. Alles aber, was »ist«, ist in der Zeit, durch die Zeit und deshalb als Werden und Vergehen physis.

Kein Gedanke, daß der Mensch in irgendeiner Weise außerhalb der »Natur« stehen könne. Der *Mensch* war *eingeordnet* und eingebunden in die physis; seine Seele war Abbild der Seele des Kosmos, der Weltseele, aber natürlich innerhalb des physis-Kosmos.

Die Grundfigur der physis

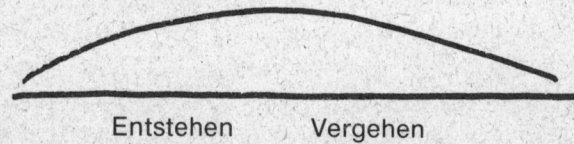

Entstehen   Vergehen

wurde bereits bei der Übersetzung von physis mit dem lateinischen natura verändert. Wie es bei Übersetzungsvorgängen häufig geschieht, hebt das Wort »*natura*« einseitig einen der beiden Aspekte von physis hervor. Nasci – geboren werden, natura – die Geburt, das *Entstehen* deckt eben nur einen Teil der Bewegung ab, die physis heißt. Wir kennen das Datum dieses Übersetzungsvorgangs genau: Der Dichter Lukrez hat in der Zeit Ciceros seinem Lehrgedicht den Titel »De rerum natura« gegeben und damit im Lateinischen den griechischen Titel »peri physeos« aufgenommen, den das entsprechende Lehrgedicht des Empedokles trägt. Interessant ist der Zusatz »rerum«, denn damit dringt ein ganz neuer Zug in das Naturverständnis ein: die »*res*«, die Sache. Res ist – der Grundstimmung der Römer entsprechend – ein juristischer Begriff (vgl. heute noch »Sachenrecht«). Res publica heißt ursprünglich »Gemeinbesitz« im Gegensatz zum Familienbesitz, res familiaris. Besitz, res, ist alles, worüber man *verfügen* kann, worüber man Macht hat. »De rerum natura« heißt demnach: *über die Entstehung dessen, worüber man verfügen kann.*

Georg Picht, dem wir diese Einsichten verdanken, interpretiert diesen Vorgang: »Die Römer hatten ein Weltverständnis, das es nicht zuließ, das Vorhandensein dessen, worüber Menschen verfügen können, in Frage zu stellen. Es lag ihnen fern, sich einen Naturbegriff zumuten zu lassen, aus dem sich ergibt, daß die Zeit alles, was ans Licht getreten ist, wieder entschwinden läßt. Deswegen haben sich die Römer bei der Übersetzung des Wortes physis an das Entstehen gehalten und *das Vergehen ausgeblendet.* Für das neuzeitliche Naturverständnis ist die römische Einstellung zur Welt bestimmend gewesen.«

2. Physis und Schöpfung

Aber noch einmal zu den Griechen zurück. Ihr Nachdenken
über die physis blieb natürlich nicht dabei stehen, daß physis
alles das sei, was entsteht und vergeht. Natürlich fragte das
griechische Denken nach dem verborgenen Wesen dessen, das
im Entstehen ans Licht tritt und sich im Vergehen wieder
entzieht. Bei der Betrachtung des organischen Lebens sieht
man nun, daß in den verschiedenen (entstehenden und verge-
henden) Gestalten einer jedes Jahr wieder aufblühenden Pflan-
ze immer *die gleichen Strukturen* hervortreten. Nur weil es
diese immer gleichen Strukturen gibt, können wir einen bestimmten Baum als Buche und ein bestimmtes Tier als Hund
identifizieren. Deshalb haben die Griechen das in der Zeit Entstehende und Vergehende von dem unveränderlichen Sein
dessen unterschieden, das sich im Entstehenden und Ver-
gehenden manifestiert. Dieses Unveränderliche haben sie
»göttlich« genannt. Das göttliche, beständige Sein gehört auch
zur physis, denn es erscheint ja in ihr. Deshalb gehören – wie
oben schon gesagt – auch die Götter zur physis.

Wir akzentuieren diesen Punkt noch einmal besonders, weil
sich an dieser Stelle der griechische *physis*-Begriff fundamental vom christlichen Begriff der *Schöpfung* unterscheidet:

Der jüdisch-christliche Schöpfungsglaube schließt von Anfang an den Gedanken aus, daß Gott in irgendeiner Weise in
der Natur enthalten sein könne – und sei es in den unveränderlichen Strukturen. In diesem Sinn ist der Naturbegriff des Alten
und Neuen Testamentes, der Begriff der Schöpfung »gottlos«.
Nicht von ungefähr wurden Juden und Christen unter der An-
klage verfolgt, sie seien »Atheisten«.

Es ist häufig beschrieben worden, wie besonders die Schöpfungstexte des Alten Testamentes die Natur entgöttern, entmy-
thologisieren. Die Gestirne sind in 1. Mose 1 keine Gestirn-
götter mehr wie in Babylon und in Ägypten; sie sind von Gott
geschaffen wie Pflanzen, Bäume, Fische und Menschen. Das
Neue Testament verstärkt diese Entgötterungstendenz, indem
es Jesus als den Weltherrn herausstellt, der alle Mächte und
Gewalten unterwirft und bedeutungslos macht. Damit wird die

Welt profan, der Prozeß der Säkularisierung kann beginnen, weil die Welt jetzt »gottlos« geworden ist.

Jeder Baum, jede Quelle, jeder Bach und Berg hatte in der Antike seinen eigenen genius loci, seinen Schutzgott. Ehe man einen Baum fällte oder einen Bach aufstaute, war es notwendig, den dafür zuständigen Gott zu besänftigen. Indem das Christentum diese *Gottheiten austrieb,* hat es eine wichtige Voraussetzung für die Ausbeutung der Natur geschaffen.

Man ist nun geneigt, die christliche Entgötterung der Natur als die einzige Wurzel neuzeitlicher Technik und Naturwissenschaft anzusehen – sowohl polemisch als Schuldvorwurf wie bei Carl Améry als auch mit dem Pathos des Stolzes auf den christlichen Beitrag zum technischen Fortschritt. Dabei macht man sich die Sache zu einfach. Geschichtliche Entwicklungen sind nie monokausal erklärbar, und schon der Hinweis darauf, daß die Römer mit ihrer Auffassung der Natur als natura gegenüber der physis der Griechen das Muster des Besitzes über die Natur entwickeln konnten – ohne christlichen Schöpfungsglauben –, sollte uns vorsichtig machen. Auch die Geschichte der Technikentwicklung paßt nicht ins einfache Bild. Ihr wenden wir uns deshalb jetzt zu.

3. Vorneuzeitliche Technik und Arbeit

Studiert man die Klassiker der Technikgeschichtsschreibung wie etwa Franz Maria Feldhaus »Die Technik der Antike und des Mittelalters«, so ist man immer aufs neue über die Vielfalt der vorneuzeitlichen Technik überrascht. Es gibt Steinwerkzeuge, Metallschmelzen, Drehbewegung, Zahnrad, Schraube, Töpferbrand, Spinnen, Weben, Wirken, Glas, Plankenschiff und Tausende anderer Dinge und Fertigkeiten. Die technischen Standards waren zeitweise sehr hoch – Pyramiden- und Obeliskenbau sind Beispiele –, gerieten wieder in Vergessenheit und wurden wieder entdeckt.

Der Unterschied zur neuzeitlichen Technik besteht darin, daß *planvolle* Erfindung und *planvoller* Einsatz technischer Geräte kaum vorhanden war – abgesehen von der Übergangsphase des späten Mittelalters. Es gab vor allem kein planvoll kombiniertes Vorgehen zwischen Naturwissenschaft und Technik.

Dies fällt besonders bei den Griechen auf. Der hochentwickelten Naturwissenschaft – hochentwickelt auch nach neuzeitlichen Standards – entsprach keine Technik desselben Niveaus. Das mag mit der Göttlichkeit der physis zusammenhängen, die man zwar erforschen, aber nur wenig verändern konnte. Es hängt sicher noch enger damit zusammen, daß die Ausübung und Erfindung technischer Verrichtungen *Arbeit* war. »Handarbeit aber war für die Griechen Sklavenarbeit; ein freier Mann beschmutzte seine Hände nicht. Er widmete sich der Muße. Arbeit war nur Mittel zum Erwerb des Lebensunterhaltes, sie konnte von Sklaven und Lohnarbeitern mit den bekannten Geräten durchgeführt werden. Für einen freien Bürger gab es daher keinen Anlaß, für Verbesserungen technischer Geräte zu sorgen oder gar neue zu erfinden. Laut Plutarch soll Archimedes sich der von ihm gebauten Maschinen geschämt haben; sie waren Abfallprodukte seines Forschens« (Krolzik, 61 f.).

Diese durch das Vorhandensein von Sklaven mögliche *Abwertung der Handarbeit* findet sich ebenso bei den Römern. Daß sie dennoch auf manchen Gebieten der Technik die Griechen überflügelten, liegt an der Wandlung der Naturauffassung, die wir oben geschildert haben. Die Natur wurde nicht mehr länger als göttlich empfunden. Vor allem die Wasserbautechnik entwickelte sich stürmisch. Bis zum Jahre 49 n. Chr. hatten die Römer allein in Rom 400 km Wasserleitungen gebaut, davon 47 km auf Arkaden. Von den Wasserschlössern, in denen das Wasser aus den Fernleitungen ankam, wurde es in bleiernen Leitungen bis in die Häuser geführt. Frontinus, von 97 n. Chr. an Vorsteher der römischen Wasserleitungen, sagt nicht zu Unrecht: »Kann man mit diesen Wunderbauten der Wasserleitungen, die so vielen Bedürfnissen der Menschen dienen, die müßigen Pyramiden oder sonstige unnütze, obwohl durch Ruf gefeierte Werke der Griechen vergleichen?« (Feldhaus).

Das klingt uns neuzeitlich vertraut: »den Bedürfnissen der Menschen dienen«! Man sieht auch sehr plastisch, wie hier ein Element der Natur, das Wasser, als res (Sache) in Besitz genommen wird. Die Gottheit des Wassers erhebt keinen Einspruch mehr. Auf solchem Boden konnte die Naturentgötterung des christlichen Schöpfungsglaubens leicht akzeptiert werden. Daß es dennoch nicht zu einer naturausbeutenden Technik wie in der Neuzeit kam, muß an der Wertung der technischen Verrichtungen als unwürdige Arbeit gelegen haben, die die Römer mit den Griechen teilten.

Die beiden Tendenzen, die wir bisher als neuzeitträchtig erkannt haben – Natur als Besitz und Natur als »gottlose« Schöpfung –, reichten aber als Voraussetzungen nicht aus. Hinzukommen mußte offensichtlich der im späten Mittelalter erfolgte ungeheure *Schub in der Entwicklung der Technik*. Wir haben uns diese historische Tatsache durch die hartnäckig beibehaltene These vom »finsteren« Mittelalter immer wieder verdeckt. Tatsächlich sind in diesem Mittelalter jene technischen Fortschritte erzielt worden, welche die Theoretiker der Neuzeit wie Francis Bacon und Descartes erst zu ihren Programmen veranlassen konnten.

Der erste entscheidende technische Fortschritt ist ein Umschwung in der *Landwirtschaft* des frühen Mittelalters. Der technische Angelpunkt dieser Revolution war die Ersetzung des alten Hakenpflugs durch den schweren zweirädrigen Pflug mit senkrechtem Messer, waagrechter Pflugschar und einem Streichblech. Der Pflug ist seit Vorzeiten zentral für die Landwirtschaft, weil er die Anwendung nichtmenschlicher, tierischer Kraft in der Landwirtschaft ermöglicht. Der antike Pflug ist wesentlich ein vergrößerter Grabstock, der von *einem* Paar Ochsen gezogen wird. In relativ trockenen Ländern paßt er gut zu Boden und Klima. Er wendet den Boden nicht und läßt zwischen zwei Furchen unberührten Boden stehen. Dadurch wird ein Querpflügen nach dem ersten Pflügen nötig, was quadratische Felder zur Folge hat.

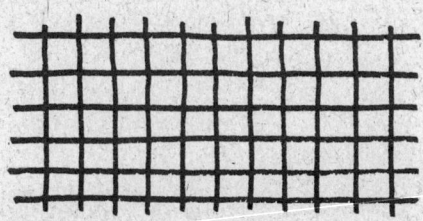

Das Querpflügen zerstäubt den Boden, verhütet damit eine im trockenen Klima unerwünschte Verdampfung von Bodenfeuchtigkeit und begünstigt durch Heraufholen von Mineralien aus der tieferen Bodenschicht die Fruchtbarkeit (White, 42).

Für die nassen Sommer und die schweren Böden Nordeuropas war dieser Pflug nicht sehr geeignet. Deshalb wurde hier seit dem 6. Jahrhundert – wahrscheinlich aus slawischen Gebieten – der schwere Pflug eingeführt.

Er muß statt von zwei von *acht* Ochsen gezogen werden. Sein senkrecht stehendes Messer führt einen tiefen Schnitt in den Boden, die flache Pflugschar schneidet den Boden in Höhe der Wurzelspitzen waagrecht ab, das Streichblech schließlich wirft die abgeschnittene Bodenscholle zur Seite. Lynn White urteilt: »Das ist eine weit gefährlichere Waffe gegen den Boden als der alte Pflug« (43, Krolzik, 49).

Aber das Querpflügen wurde durch diese gewaltsame Bodenbehandlung überflüssig, das sparte Arbeit. Dadurch brauchte der Acker auch nicht mehr quadratisch zu sein, er wurde länglich-schmal mit einer halbrunden Wendefläche an jedem Ende des Ackerstreifens.

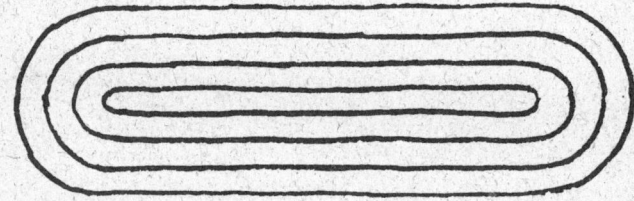

Die Bodenaustrocknung der nassen, schweren Böden war wesentlich verbessert, und damit wurde die Bodenfruchtbarkeit erreicht, die der zunehmenden Menschenanzahl des Europa nördlich der Alpen zur Ernährung angemessen war. Das Ansammeln von Nahrungsüberschüssen ermöglichte eine Zunahme der Bevölkerung, ermöglichte Arbeitsteilung und Städtebildung und einen Gewinn an frei verfügbarer Zeit.

Zunächst hatte die Einführung des schweren Pfluges eine Veränderung in der Sozialstruktur zur Folge: Nur wenige Bauern besaßen acht Ochsen; wenn sie also den neuen Pflug einsetzen wollten, mußten sie ihre kleineren Gespanne zusammenlegen. Es war dann auch günstiger, näher beieinander zu wohnen. So entstanden die Markgenossenschaften Nordeuropas. Die Aufteilung der Felder wurde neu organisiert, weil länglich-schmale Feldstücke – möglichst große – gewonnen werden mußten. Das ergab »offene Felder« mit einzelnen Streifen, die insgesamt gegen die Weideflächen abgegrenzt wurden. Zuvor hatte jedes einzelne Feld seine Grenze zur Weide hin. Jedem Bauer gehörten nun anteilig so viele Streifen, wie die Höhe seines Beitrages zur Pflugbespannung war (White, 45).

Damit wurde die *Haltung dieser Menschen zur Natur* tief verändert. Seit unvordenklichen Zeiten hatte der Boden den Bauern in Stücken gehört, deren Größe so bestimmt war, daß ihr Ertrag zum *Unterhalt* einer Familie ausreichte. Obwohl viele Bauern Pächter waren, lag dem ganzen System die Vorstellung einer Unterhaltswirtschaft zugrunde. Jetzt aber bestimmte die Zahl der Ochsen, die einer besaß, die Größe der Felder. So trat für die Bodenverteilung an die Stelle des Bedarfs einer Familie die *Leistungsfähigkeit einer Kraftmaschine* für Bodenbearbeitung. Dieser Wandel war weitreichend, ein neues Verhältnis des Menschen zur Erde entstand. »Einst war der Mensch ein Stück Natur gewesen. Jetzt wurde er ihr Ausbeuter« (White 52, Krolzik, 50f.).

Die karolingischen Kalender, die für das ganze Mittelalter bestimmend sind, zeigen in ihren Bildern das neue Ausnutzungsverhalten gegenüber den Kraftquellen der Natur. Wir sehen Darstellungen des Pflügens, des Erntens, des Holzhackens, des Dreschens, des Schweineschlachtens – in den alten römischen Kalendern dominierten Ölzweige und Früchte.

Die weitreichende Umstellung in der Landwirtschaft des frühen Mittelalters war natürlich *flankiert* von anderen Errungenschaften. Genannt seien nur die Einführung des modernen Zuggeschirrs (Kummetgeschirr) und des mit Nägeln befestigten Hufeisens, durch das nun Pferde in der Landwirtschaft eingesetzt werden konnten. Auch die rationelle Dreifelderwirtschaft kam in der Zeit Karls des Großen auf (White, 54; Krolzik, 50).

Das späte Mittelalter, etwa die Zeit vom Ende des 10. bis ins 15. Jahrhundert, hat in der Ausbeutung der Natur – auf der Basis der entscheidenden neuen Bodentechnik – weitere wichtige Fortschritte gemacht. Die Wassermühle, die schon lange Zeit zum Mahlen von Korn benutzt wurde, diente nun dazu, eine Art früher Textilindustrie aufzubauen. Hanfmühlen, Walkmühlen, Schmiedemühlen finden sich. Diese gewerbsmäßigen Mühlen verdrängten die alten Handmühlen. Es ist deutlich; daß damit der Weg der Ausbeutung des Natur-Elementes *Wasser* einen Schritt weitergegangen worden ist: die numinose Scheu der Griechen vor den Göttern des Wassers – der römische Wasserleitungsbau – die mittelalterliche Wassermühlenindustrie (Krolzik, 51).

Ähnlich wie das Wasser wird die *Luft* nun genutzt. Im 12. Jahrhundert taucht in Westeuropa die erste Windmühle mit horizontaler Achse auf. Ihre Erfindung ist wahrscheinlich durch die Wassermühle angeregt. Die Windmühle aber konnte unabhängig von Wasser ohne teure Wasserbauten betrieben werden. Der Frost legte sie im Winter nicht still. Gerade dieser letzte Vorteil bewirkte eine rasche Verbreitung der Windmühlen in den nordeuropäischen Ebenen. Im 13. Jahrhundert sind in der Umgebung von Ypern 120 Windmühlen gebaut worden. Das gesamte Landschaftsbild war durch diese Erfindung umgestaltet (White, 76; Krolzik, 51).

Für uns sind die Wasser- und Windmühlen, die es heute noch gibt, kaum mehr als Fremdenverkehrsattraktionen: die Mühle im Schwarzwäldertal und die holländische Windmühle. Deshalb fällt es uns schwer, uns vorzustellen, daß mit ihrer Einführung und Verbreitung ein technischer Sprung gemacht war, der kaum zu überschätzen ist. Ende des Mittelalters wurden in ganz Europa Mühlen eingesetzt: zum Gerben und Waschen, zum Sägen, zum Zerquetschen von vielerlei Dingen, von Ölfrüchten bis zu Eisenerz, zum Antreiben der Blasebälge von Schmelzöfen, der Hämmer für Schmieden, der Steine zum Schleifen und Polieren von Waffen und Rüstungen, zum Rühren von Farbstoffen für Anstriche, von Brei für Papier, von Maische für Bier. Alle diese Techniken beruhten nur auf der Benutzung von Wasser und Wind (White, 77; Krolzik, 51).

Die Luft wurde auf noch andere Weise genutzt: als Heißluft und Druckluft. Das Arbeitsvermögen gespannter Gase und Dämpfe interessierte vor allem in der Kriegstechnik. Es wurde

In Luftgewehren und Geschützen aller Art verwendet (White, 84).

Für die Entwicklung des »Maschinenbaus« war das Eindringen der *Kurbel* ins Abendland entscheidend. Pleuelstange und gekröpfte Wellen folgten. Diese Errungenschaften veränderten nicht nur die Spinnräder, sie stimulierten jede Art von mechanischer Kunst außerordentlich. Symbol dafür ist die Entwicklung der mechanischen *Uhr.* Als das technische Problem der »Hemmung«, das heißt einer Vorrichtung, die das Herabsinken des Zuggewichtes durch Zerhacken in zahllose Schritte kleinsten Ausmaßes gleichmäßig über einen Tag hinzieht, gelöst war, verbreitete sich die mechanische Uhr mit großer Geschwindigkeit – und mit ihr das entsprechende Zeitgefühl. »Die Verbreitung der Uhr ließ auch die Zahl der ›Mechaniker‹ rasch ansteigen« (White 87, 97; Krolzik, 52 f.).

Damit befinden wir uns schon in der Welt der Renaissance-*Werkstätten,* für die Namen wie Filippo Brunelleschi, Lorenzo Ghiberti, Niccolo Tartaglia, Giovanni Battista Benedetti und auch Leonardo da Vinci stehen. Sie sind Ingenieure, Büchsenmeister, Architekten, Schiffs-, Kanonen- und Befestigungsbauer, aber auch Künstler und Gelehrte. Aus dieser Tradition geht *Galileo Galilei* unmittelbar hervor (Mittelstraß). Und mit ihm beginnt – nach allgemeiner Übereinkunft – die neuzeitliche Naturwissenschaft und Technik.

Warum haben wir uns so lange bei der vorneuzeitlichen Technik aufgehalten? – Weil die lange Zeit gängige Überzeugung, daß die Technik der Neuzeit einfach eine Folge der naturwissenschaftlichen Entwicklung gewesen sei, so nicht richtig ist. Die abendländische *Technik* geht *der Naturwissenschaft* (und Technik) der Neuzeit *voraus.* Und das bedeutet – wie wir gesehen haben –, »daß in der abendländischen Kombination von Wissenschaft und Technik ein so in der Antike nicht vorhandener Macht- und Herrschaftwille am Werk war« (Howe). Lynn White urteilt, von der Mitte des 13. Jahrhunderts an seien viele Menschen »*technikbesessen* gewesen bis zur Verzückung«, und er kann es belegen mit den Worten des *Roger Bacon* um 1260:

»*Es werden Maschinen gebaut werden, mit denen die größ-*

ten Schiffe, von einem einzigen Menschen gesteuert, schneller fahren werden, als wenn sie mit Ruderern vollgestopft wären; es werden Wagen gebaut, die sich ohne die Hilfe von Zugtieren mit unglaublicher Geschwindigkeit bewegen werden; Flugmaschinen werden gebaut werden, mit denen ein Mensch die Luft beherrschen wird wie ein Vogel; Maschinen werden es erlauben, auf den Grund von Meeren und Flüssen zu gelangen« (White, 107).

Wir Menschen des 20. Jahrhunderts haben die Erfüllung dieses Programms erlebt: Ozeandampfer, Autos, Flugzeuge und U-Boote.

Wir haben gesehen, daß sich das Naturverhältnis des Menschen von der Natur als physis bei den Griechen zur natura als Besitz des Menschen bei den Römern und zur Natur als »gottloser« Schöpfung in der Christenheit veränderte. Diese Veränderungen erklären aber nicht allein die Differenz zwischen antiker und mittelalterlicher technischer Naturbearbeitung, die wir uns vor Augen geführt haben. Im Mittelalter wirkt sich eine Veränderung in derjenigen Komponente aus, die von den Griechen zu den Römern gleichgeblieben war: Das Christentum (und hier noch einmal besonders das westlich-lateinische Mönchtum) bewertete die *Handarbeit* weithin anders als die Antike. Diese *Änderung des Arbeitsethos* zusammen mit dem Begriff einer Natur als Schöpfung ergab das Klima, das zur Rasanz des technischen Fortschritts bis hin zum Spätmittelalter führte (Krolzik, 61 ff., 55).

Nach dem Alten Testament wurde schon im »Paradies« gearbeitet (1. Mose 2, 15). Der Dekalog bestimmt: »Sechs Tage sollst du arbeiten und all dein Werk tun« (2. Mose 20, 9). Das Neue Testament steht ganz in dieser alttestamentlich-jüdischen Tradition. Paulus war Handwerker und verdiente sich durch Handarbeit seinen Lebensunterhalt (1. Korinther 4, 12; Apostelgeschichte 18, 3). Insbesondere die lateinischen Mönche nahmen diese positive Bewertung der Arbeit in ihrer Lebensgestaltung auf. Sie konnten sich dafür auf Augustin berufen, der die menschliche Arbeit als Fortsetzung des göttlichen Schöpfungswerkes betrachtete. Das »ora et labora« (bete und arbeite) des Benedikt von Nursia begründete die ungeheure Kulturarbeit der Benediktiner. Die dargestellte Revolution in der Landwirtschaft hängt eng mit den Klöstern zusammen. Später trugen die Zisterzienser die Arbeitstradition weiter (Krolzik, 63 ff.).

Von den Klöstern drang sie über Bauern und Handwerker in die Zünfte der Städte ein. Die sich ausweitende Technik spielt dabei ihre Rolle. Die uns erhaltenen Beschreibungen des Wiederaufbaus von Clairvaux im Jahre 1136 ergehen sich in technischen Details und unterdrücken keinesfalls ihre Begeisterung über die *technische Arbeit* als *Mitarbeit an der Schöpfung* (Krolzik, 68).

Im Rahmen dieser Kombination von christlichem Schöpfungsverständnis und christlichem Arbeitsethos wirkt es fast selbstverständlich, daß wir bei einem Mönch, bei Hugo von St. Viktor (1097–1141), zum ersten Mal in der abendländischen Theologietradition den Gedanken finden: Mit den Errungenschaften der Technik können wir Menschen – endlich – das »Macht euch die Erde untertan« (Dominium terrae) von 1. Mose 1 erfüllen (Krolzik, 77 ff.). Diese Figur wird später von Francis Bacon und René Descartes aufgenommen.

Fassen wir die bisher betrachtete Entwicklung des Naturverständnisses zusammen, so ergibt sich folgendes Schema:

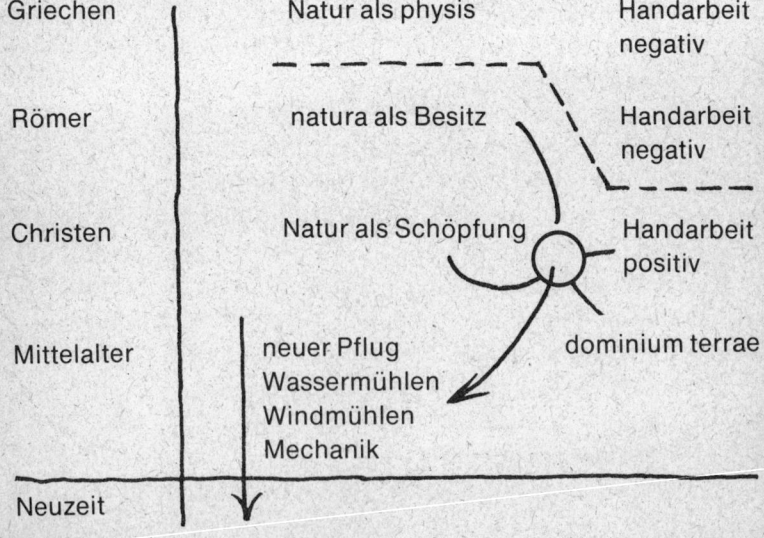

Griechen	Natur als physis	Handarbeit negativ
Römer	natura als Besitz	Handarbeit negativ
Christen	Natur als Schöpfung	Handarbeit positiv
Mittelalter	neuer Pflug Wassermühlen Windmühlen Mechanik	dominium terrae
Neuzeit		

4. Neuzeitliches Naturverständnis – anthropozentrisch verengt

Indem wir uns Descartes zuwenden, betreten wir die Neuzeit. Descartes ist an seiner (berechtigten) Stilisierung zur Gründerfigur der Neuzeit selbst beteiligt, indem er ständig den Eindruck zu erwecken versucht, daß er gleichsam mit einem Streich die Tradition beseitigt und ganz neu angefangen habe. »Sobald ich mir aber einige allgemeine Grundbegriffe der Physik verschafft hatte, diese bei verschiedenen Einzelproblemen zu erproben begann und dabei bemerkte, wohin sie führen können und wie weit sie sich von den Prinzipien unterscheiden, deren man sich bis heute bedient, so glaubte ich sie nicht verbergen zu dürfen, ohne sehr gegen das Gesetz zu verstoßen, das uns verpflichtet, soviel an uns liegt, das allgemeine Beste aller Menschen zu fördern. Denn sie haben mir gezeigt, daß es möglich ist, zu Kenntnissen zu kommen, die von großem Nutzen für das Leben sind, und statt jener spekulativen Philosophie, die in den Schulen gelehrt wird, eine praktische zu finden, die uns die Kraft und Wirkungsweise des *Feuers,* des *Wassers,* der *Luft,* der Sterne, der Himmelsmaterie und aller anderen Körper, die uns umgeben, ebenso genau kennen lehrt, wie wir die verschiedenen Techniken unserer Handwerker kennen, so daß wir sie auf ebendieselbe Weise zu allen Zwecken, für die sie geeignet sind, verwenden und uns so zu *Herren* und *Besitzern der Natur* machen könnten.«

Diese berühmte Passage am Ende des Discours de la Méthode (1637) ist nichts anderes als eine programmatische Zusammenfassung der vorausgehenden technischen Leistungen. Herren und Besitzer der Natur wären wir, »wenn wir die Kraft und die Wirkung des *Feuers,* des *Wassers,* der *Luft,* der *Gestirne,* der *Himmel* und *aller* anderen Körper, die uns umgeben, ebenso genau kennen würden, wie wir die verschiedenen Künste unserer Handwerker (artisans) kennen«. Die verschiedenen Künste unserer Handwerker – das ist die mittelalterliche Technik, die also als Maßstab für die neue Naturwissenschaft genommen wird. Und entgegen einer beliebten Behauptung auch heutiger Naturwissenschaftler ist die neue Naturwissenschaft keineswegs zweckfrei-theoretisch, sondern sie soll uns instand setzen, die Natur »für alle Zwecke (usages) zu benutzen, zu denen sie geeignet ist«.

Die Naturauffassung, die diesem Grundsatz neuzeitlicher Naturwissenschaft/Technik entspricht, ist ebensowenig voraussetzungslos. Sie beruht auf jenem Auseinandertreten von Mensch und Natur, das mit der Einführung des Hakenpfluges sinnenfällig wird. Gemeint ist die berühmte Unterscheidung von *res cogitans* und *res extensa* bei Descartes, die nun zu erläutern ist.

Aus dem Menschen wird jetzt eine »denkende Sache«; aus der außermenschlichen Natur (zu der allerdings auch der Leib des Menschen gehört) wird eine »ausgedehnte Sache«. Der Dual res cogitans – res extensa ist das Ergebnis der »Meditationes«, die mit dem radikalen *Zweifel* beginnen. Radikal ist der Zweifel des Descartes deshalb, weil er mehr bezweifelt als in der mittelalterlichen Diskussion um die Realität seit dem Universalienstreit bezweifelt worden war. In dieser Diskussion ging es – vereinfacht – darum: Besitzen die Allgemeinbegriffe (wie zum Beispiel die mathematischen Begriffe) eine Realität außerhalb der Einzeldinge (wie zum Beispiel der Tiere, Pflanzen, Häuser), oder handelt es sich bei den Allgemeinbegriffen um reine nomina (Namen), denen keine Realität zugrunde liegt? – Descartes zweifelt – gut nominalistisch – ebenfalls an der Realität der »generalia«, der Allgemeinbegriffe wie Körper, Figur, Ausdehnung, Bewegung, Ort usw. (Drittes Argument der Meditatio I). Darüber hinaus bezweifelt er aber auch die Existenz der Sinneswahrnehmung und der Wahrnehmung der »particularia«. Das heißt: *Alles* wird in Zweifel gezogen. Gründe des Zweifels sind bei der Sinneswahrnehmung die Sinnestäuschung, bei der Wahrnehmung der Einzeldinge die Ununterscheidbarkeit von Träumen und Wachsein, bei den Allgemeinbegriffen die Möglichkeit, daß Gott der Schöpfer uns durchgängig täuschen könnte.

Aber selbst wenn wir uns diesen Gott als einen bösen Dämon (genius malignus) vorstellen, nehmen wir damit doch an, daß es Menschen geben muß, die getäuscht werden; Menschen, in deren Köpfen solche cogitationes wie die Zweifelsstufen entstehen. »Nun, wenn er mich täuscht, so ist es unzweifelhaft, daß *ich* bin. Er täusche mich, soviel er kann, niemals wird er doch fertigbringen, daß ich nichts bin, solange ich denke, daß ich etwas sei.« Deshalb gilt: Ego sum, ego existo (ich bin, ich existiere). »Wie lange aber bin ich? – Nun, solange ich denke. Ich bin also genau nur eine *res cogitans,* ein denkendes Ding« (Meditatio II).

Damit ist das fundamentum inconcussum, das unerschütterliche *Fundament* des neuzeitlichen Denkens über Mensch und Welt (Natur) erreicht. Die Existenz des Menschen ist über jeden Zweifel erhaben, weil ich logischerweise nicht daran zweifeln kann, daß ich (denkend) zweifle. Dieser *Existenzbeweis für den Menschen* gelingt – und das trennt Descartes von all seinen Vorgängern – ohne Rückgriff auf Gott und ohne Rückgriff auf eine Natur. Die Sache mit dem als genius malignus auftauchenden Schöpfergott ist nur ein Hilfsmittel der Argumentation.

Damit ist das aufgebaut, was später bei Kant das »logische Ich«, das »transzendentale Subjekt« und – trivialisiert in der Denkgeschichte – das »Subjekt« genannt wird. Die Welt, auch die Natur, bekommt ihre Realität als »Objekt« durch das denkende Ich; Realität unter Umgehung dieser Instanz gibt es fortan nicht mehr.

Denn nun – so der Fortgang der Meditationes – wird zunächst die Realität *Gottes* (Meditatio III und V) und danach die Realität der Außenwelt, der Natur (Meditatio VI) vom Fundament des ego cogito aus bewiesen. Genauer: Nur über den Gottesbeweis ist es möglich, die Realität der Außenwelt zu sichern. Der Gottesbeweis – es ist der bekannte ontologische – sichert, daß Gott kein betrügerischer Dämon ist, der uns die Allgemeinbegriffe nur vortäuscht. Gott ist, weil er höher als alles uns sonst Denkbare sein muß, ein wahrhaftiger Gott, der nicht täuscht. Damit sind die generalia gesichert, und nun kann gezeigt werden, daß diesen Allgemeinbegriffen auch einzelne Dinge entsprechen. Dieser letzte Schritt bekommt seine Folgerichtigkeit durch die Tatsache, daß ich die generalia als klar und deutlich unterschieden von meinem denkenden Ich fassen kann. Da ich hierin nicht getäuscht werde, muß es neben meiner res cogitans andere res, die *res extensae,* geben (Meditatio VI). Was ich aber da als verschieden von mir als denkendem Ich erkenne, ist die quantitas, das heißt die Ausdehnung (extensio) in Länge, Breite und Höhe. Deshalb ist alles außerhalb der res cogitans nichts anderes als res extensa.

Wieso ist ausgerechnet die *Ausdehnung* das Attribut der Natur, der Materie (wie es später heißt)? – Hier ist Descartes ein Schüler Galileis, obwohl er selbst es leugnet. In Galileis Physik wird alles auf die Messung geometrischer Größen (Länge, Breite usw.) zurückgeführt, das heißt, es wird mit Hilfe der *Geometrie* – etwa durch Zeigerstellungen auf einer Skala oder durch Wege auf dem Zifferblatt einer Uhr – auch das gemessen, was selbst nicht geometrisch ist wie zum Beispiel die Bewegung. Die Natur ist damit einem bestimmten Verfahren untergeordnet, und nur das, was im Sinne dieses Verfahrens als eine geometrische Größe auftritt, ist noch Natur. Während Galilei aber aus praktischen Gründen so vorging, macht Descartes aus diesem Vorgehen die These, daß die Natur selbst durch die geometrische Eigenschaft der Ausdehnung hinreichend bestimmt sei: res extensa.

Im geometrischen Geist der neuen Naturwissenschaft und Technik ist das begründet, was für viele nicht mit den Naturwissenschaften vertraute Menschen und auch für manche Naturwissenschaftler immer wieder so schwer zu verstehen ist: Die moderne Naturwissenschaft, die nur mit dem Cartesischen Naturbegriff funktioniert, *sagt nicht einfach, wie die Natur ist,* sondern *sagt nur, wie die Natur* sich unter bestimmten von Menschen gesetzten Bedingungen (Versuchsanordnungen) *verhält.* Die *Naturgesetze,* die dabei entdeckt werden, sind Hypothesen, deren Falsifikation nicht der Natur, sondern der experimentellen Prüfung unterliegt.

Die griechische Naturwissenschaft wollte »die Phänomene retten«, sie so sehen, wie sie erscheinen und sind; deshalb war sie an Technik wenig interessiert. Die neue Naturwissenschaft »stellt« die Natur (Heidegger), legt sie sich zurecht, präpariert sie, um das zu Gesicht zu bekommen, was der Mensch sehen will. Descartes' dualistische Metaphysik von der nur als Ausdehnung bestimmten Natur und dem sie betrachtenden ausdehnungslosen Geist ist die Theorie zu dieser neuen naturwissenschaftlichen Praxis.

Hier schließt sich nun ein Kreis unserer Darlegungen: Die *Distanzierung* des Menschen von der Natur, die im römischen Naturbegriff (natura als res) zuerst auftauchte und im Fortschritt der mittelalterlichen Technik praktische Dimensionen annahm, ist jetzt *vollendet*. Der Mensch ist nicht mehr Teil der Natur – nur sein bedeutungsloser Leib gehört noch zur Natur; das, was den Menschen zum Menschen macht, die res cogitans, gehört, weil ohne Ausdehnung, nicht zur Natur. Wenn der Mensch – gewaltsam wie seit den Tagen des schweren Pfluges – in die Natur eingreift, so greift er in etwas ihm Fremdes ein. Hemmungen für solche Eingriffe kann es nicht geben.

Die völlige Trennung von Mensch und Natur ist aber nur die eine Seite der neuen Situation. Die andere ist: Die Natur, die im neuzeitlichen Naturbegriff allein zugelassen wird, *verdankt sich* in ihrer Realität letztlich dem denkenden Menschen. Etwas pointiert: Der Mensch ist der Schöpfer dieser Natur. Also kann er sie nach Belieben beherrschen, sie für seine Zwecke ausnutzen, ihr »maître et possesseur« sein.

5. Die anthropozentrische Aufspaltung der Wirklichkeit

Wollten wir nun die Geschichte des Naturbegriffs weiter skizzieren, so müßten wir einen Abriß der Philosophiegeschichte der Neuzeit geben. Das ist hier nicht möglich, es ist aber auch nicht nötig, denn die Leitfiguren dieser Philosophiegeschichte – Kant, Fichte, Hegel, Schelling – sind alle als *Ausleger* der Descartesschen Grundentscheidung zu verstehen, wenn auch die Akzente wechseln, wenn auch die Begriffe wechseln.

Kants Grundsatz: »Die Bedingungen der Möglichkeit der Erfahrung überhaupt sind zugleich die Bedingungen der Möglichkeit der Gegenstände der Erfahrung« (Kritik der reinen Vernunft, B 197) verbessert natürlich die Grundfigur Descartes', indem offenbleibt, ob die menschliche Erfahrung oder die Gegenstände der Erfahrung (= die Natur) Vorrang haben. Indem aber die Natur wieder wie bei Galilei und Descartes als »Inbegriff der möglichen Gegenstände der Erfahrung« begegnet, liegt dieselbe *anthropozentrische* Sicht der Welt vor wie bei jenen. Und so weiter bis heute.

Nun wird man allerdings den Einfluß jener Philosophen, die sich mit dem Zusammenhang von Menschen und außermenschlicher Natur befaßt haben, nicht überschätzen dürfen. In der *Alltagspraxis* sah es eher so aus:

»Der Botaniker, der in irgendeinem Winkel der Welt nach neuen Arten forschte, kümmerte sich wenig um die Frage, ob es, wie Descartes meinte, angeborene Ideen gäbe, welche die Fülle der Eindrücke ordneten, oder ob, wie Locke behauptete, alle Ideen der sinnlichen Erfahrung entstammten und durch diese geprägt würden. Ihn beschäftigte das von Berkeley aufgeworfene Problem, ob die Gegenstände an sich oder bloß in der Wahrnehmung existierten, nicht; ihm genügte es, daß er, was er wahrnahm, aufzeichnen, vermessen und an den Ergebnissen anderer Beobachter verifizieren konnte« (Bitterli, 228).

Damit ist auf ganz unpathetische Weise der Spaltungszustand geschildert, den wir bis heute haben: Die Welt ist zerbrochen in eine »geistlose Natur« (res extensa) auf der einen und einen »naturlosen Geist« (res cogitans) auf der anderen Seite; Natur- und Geisteswissenschaft gingen jede ihren eigenen Weg und sahen nur auf diesen eigenen Weg.

Wie es zu diesem Auseinandertreten der beiden Descartesschen Grundprinzipien kam, ist leicht zu sehen. Schon Descartes konnte die Realität der außermenschlichen Welt nur mit Hilfe des Gottesbeweises festhalten. Nachdem unter den Hammerschlägen Kants der ontologische Gottesbeweis und damit jeder Gottesbeweis als Beweis gefallen war, wurde folgerichtig die *Realität der Außenwelt problematisch.* Allerdings nur für diejenigen – die »Geistes«wissenschaftler« –, die sich noch an die Begründung der nichtmenschlichen Welt auf das denkende Subjekt erinnerten; die anderen – die »Natur«wissenschaftler – leisteten es sich mehr und mehr, den ursprünglichen Begründungszusammenhang zu vergessen und naiv-schlicht die von ihnen vermessenen res extensae als *die Wirklichkeit schlechthin* zu deklarieren. Sie fühlten sich darin bestärkt, wenn sie per Gelegenheit einen Blick über den Zaun warfen und zufällig sahen, daß der schon erwähnte Berkeley – ein irischer Bischof – die Gleichung aufstellte: esse = percipi, Sein ist nichts anderes als Wahrgenommenwerden, was nach der Widerlegung der Gottesbeweise ganz in der Linie Descartes' lag, waren doch die res extensae nun nur noch Sinnesdaten, Bewußtseinsinhalte, über deren Verankerung in einer Realität außerhalb des ego cogito es keine genaue Auskunft geben konnte.

Dem Naturforscher mußten solche Denkergebnisse absurd erscheinen, ging er doch täglich mit den res extensae um, die für ihn höchst wirklich außerhalb seines Bewußtseins waren. Und der »gesunde Menschenverstand« wird ihm beipflichten müssen. Wobei der gesunde Menschenverstand wie der durchschnittliche Naturwissenschaftler, Techniker und Ingenieur bis heute sich aber nicht klarmacht, daß die »Natur«, die er zu Gesicht bekommt, tatsächlich nur das Meßbare, der extensio-Aspekt dessen ist, was die Griechen mit physis bezeichneten. Und der Messende, Experimentierende, technisch Produzierende ist allemal der Mensch. Insofern ist zwar die Konsequenz, der Mensch begründe die Existenz der Natur, absurd für die physis, nicht so völlig sinnlos aber für den neuzeitlichen Begriff der Natur, die in der Tat *eine Natur von Gnaden des Menschen* ist, genauer: das an der Natur, was dem Zugriff des Menschen erreichbar ist.

Die Spaltung wird dort vollendet, wo auf der Basis der Naturwissenschaften vielleicht in berechtigter Reaktion auf Positionen wie die Berkeleys erklärt wird: Die res extensae, die Objekte, sind die *einzige Realität,* die es überhaupt geben kann. Das Subjekt läßt sich – wenn die Wissenschaft genügend fortgeschritten ist – auch als ein Objekt erklären; der Überschuß der physis über die objektive Natur der Moderne ist ein Hirngespinst.

Damit waren nun unversöhnliche Gegenstellungen erreicht. Die einen begründeten die Welt allein auf das denkende Subjekt (*»Subjektivismus«*), die anderen auf das ausgedehnte Objekt (*»Objektivismus«*).

Wer sich wie wir den Ursprung dieser Kontroverse klargemacht hat, sieht leicht das Recht jeder Position gegen die andere und ebenso das Unrecht der Verabsolutierung jeweils eines der Descartesschen Pole, die doch – wenn überhaupt – nur zusammen einen Sinn ergeben. Aber das ist – abgesehen von einigen Außenseitern – erst eine Einsicht unseres Jahrhunderts, und sie ist bisher gerade unter den praktizierenden Naturwissenschaftlern, Technikern und Ingenieuren ohne große Verbreitung geblieben. So dramatisch sich die Spaltung besonders im letzten Jahrhundert und bis heute darstellt – C. P. Snow spricht von »two cultures«, die sich nichts mehr zu sagen haben –, so *irrelevant* ist der Unterschied für die *ökologische* Betrachtung. Denn beiden Positionen war die totale Überlegenheit des Menschen über die Natur selbstverständliche Voraussetzung. Darin sind *beide Positionen cartesisch.* Der Unterschied liegt nur darin, daß die totale Naturdistanz des Menschen bei den »Subjektivisten« theoretisch ist, bei den »Objektivisten« hingegen praktisch. Das letztere hatte die verheerenden Folgen, die wir heute *ökologische Krise* nennen. Daß die res extensa – in ihrer Realität angezweifelt oder naiv behauptet – dem unbeschränkten Zugriff des Menschen zu Recht offenstand, als Objekt beliebig manipulierbar war, darin waren und sind sich beide einig. Lag das Objekt doch auf jeden Fall *unterhalb* des Manipulateurs, Meisters und Besitzers.

Hätte der Objektivist sich wirklich ernst genommen, hätte er allerdings dem Menschen dieselbe Minderwertigkeit zukommen lassen müssen. Das hätte dann das Recht des Menschen zur Ausbeutung der Natur in Frage gestellt. Daran dachte aber – soweit ich sehe – niemand; auch nicht die Evolutionsbiologen, die den Menschen immerhin in das Tierreich einordneten.

Ob also subjektivistische Theorie oder objektivistische Praxis, die Natur im umfassenden Sinn kam beide Male in die
Mühle des schutzlosen Ausgeliefertseins an den Menschen –
und nun an einen Menschen, der auf objektivistischer Basis
seine *Macht*möglichkeit gegenüber der Natur drastisch vermehrt hatte. Alle *Schutzvorrichtungen* waren *gefallen:* jedes
archaische Tabu, jede numinose Scheu vor den Göttern der
physis, jeder Gedanke, daß die Natur nicht allein dem Menschen gehört, und zuletzt auch der Charakter der Natur als
Schöpfung Gottes. *Natur* – das ist jetzt *das untermenschliche
Material des Menschen,* mit dem er schalten und walten kann,
soviel Naturwissenschaft und Technik ihn instand setzen. Und
das taten und tun sie reichlich.

6. Natur als Ausgedehntes – und sonst nichts

Zuletzt muß noch die Frage berührt werden: Warum *funktioniert* eigentlich diese Behandlung der Natur durch uns Menschen, und wie funktioniert sie?

Antwort: Sie funktioniert auf der Basis des extensio-Charak-
ters der Natur und ihrer einzelnen Ausfächerungen. Eine steno-
graphische Erinnerung an die *Grundzüge unserer heutigen
Naturwissenschaft/Technik* soll zeigen, wie sich der extensio-
Charakter der modernen Natur im einzelnen ausprägt.

a) Ausblendung

Die moderne Naturwissenschaft erfaßt nur den Aspekt des
Ausgedehnten an der Natur, alles andere blendet sie aus,
indem sie es zur »Randbedingung« erklärt. Unter der Fiktion,
daß solche Randbedingungen für die Zeit einer Beobachtung,
eines Experimentes, einer Manipulation konstant gehalten werden können, wird dann in den durch solche Ausblendung ent-
standenen Räumen erfolgreich gearbeitet. Die Umwelt ist lange
Zeit für die Technik insgesamt als eine solche »Randbedingung« betrachtet worden, bis die Rasanz der Geschwindigkeit
ihrer Veränderung den Mythos zerstört hat.

b) Partikularisierung

Die Ausblendung brachte eine (Ein-)Teilung der Gesamt-wirklichkeit der Natur in Einzelgebiete mit sich, die immer kleiner wurden, so daß heute der ironische Satz zutrifft: Ein Experte ist einer, der von ganz wenig sehr viel versteht (im Extrem: alles von nichts). Faktisch sind die Einzeldisziplinen der Naturwissenschaft so auseinandergefallen und spezialisiert, daß schon eine Zusammenarbeit innerhalb der verschiedenen Disziplinen der Naturwissenschaft außerordentlich schwierig ist. Beispiel: das weitgehende Unverständnis zwischen Physi-kern und Biologen in den Fragen der Kernenergie.

Das Prinzip der Partikularisierung ist alt und stammt aus dem politischen Bereich: Teile und herrsche! Je intimer ich über einen kleinen Gegenstandsbereich Bescheid weiß, desto besser kann ich ihn beeinflussen. Der Zusammenhang wird dabei zum unlösbaren Problem. Deshalb fallen uns ökologi-sche Lösungen so schwer. Ökologie lebt von Zusammen-hängen.

Partikularisierung, Trennung von Teilen ist nur möglich, wenn der Gegenstand eine Ausdehnung hat. So ist der extensio-Charakter der neuzeitlichen Natur die Ermöglichung der Partikularisierung.

c) Determiniertheit

Wenn ich mich nur für den Aspekt der Ausdehnung interes-siere und überall in der Natur – »natürlich« – Ausdehnungen, Größen, Meßbares finde, entsteht leicht der Gedanke, daß auf der Basis des Ausgedehntseins in der Natur durchgängig *unverrückbare* Zusammenhänge und Festlegungen zu finden sind. Damit ist die Bahn frei, bestimmte Attribute des mittel-alterlichen Gottesbildes auf die moderne Natur zu übertragen: Aus dem Vorauswissen und der Vorausbestimmung Gottes wird die durchgehende Determiniertheit der Natur. Daß sie empi-risch nicht aufgezeigt werden kann, stört nicht. Man erklärt dieses Nicht-Wissen als ein Phänomen menschlicher Unzu-länglichkeit, die – je nach dem Grad des Optimismus – bald überwunden werden kann.

Es ist wahr, daß diese weltanschauliche Überhöhung der klassischen Physik in unserem Jahrhundert in Frage gestellt worden ist. Aber noch immer wird in der Praxis mit der durchgehenden Vorhersagbarkeit der Reaktionen der Natur gearbeitet, obwohl gerade die ökologische Krise eine (empirische) teilweise Widerlegung dieser Annahme ist.

d) Verräumlichung der Zeit

Erinnern wir uns, daß bei den Griechen die *Zeit* das Subjekt des Geschehens physis war! Davon kann in der modernen Naturwissenschaft nichts übrigbleiben, weil ihre Grundgröße ja der *Raum,* das Ausgedehnte ist. Die Zeit kann damit nur noch als (gemessene) Uhrzeit auftauchen, als die Strecke, die der Zeiger der Uhr zurücklegt; als eine ungerichtete Gerade, bei der es keinen prinzipiellen Unterschied zwischen Vorher und Nachher gibt. Vergangenheit, Gegenwart und Zukunft werden damit gleichgeschaltet, obwohl wir alle täglich erfahren, daß die Unterschiede zwischen den drei Weisen der Zeit für unser Leben entscheidend sind. Wir müßten ohne Hoffnung in der ökologischen Krise bleiben, wenn wir annehmen müßten, daß die Vergangenheit die Zukunft völlig festlegt.

e) Quantitatives Wachstum

Wachstum – ein unbestreitbares Phänomen der Natur, wie immer man sie definiert – konnte im modernen, von der Ausdehnung bestimmten Naturbegriff nur als quantitatives Wachstum vorkommen. Dem entspricht auch die oft beobachtete Tatsache, daß das naturwissenschaftliche Wissen kumulativ (anhäufend) ist. In den *Geisteswissenschaften* werden zum Beispiel alte Interpretationen von Texten durch neue bessere ersetzt, die Zahl der Interpretationen erhöht sich nicht ständig. Neues Wissen in den *Naturwissenschaften* verdrängt altes gültiges Wissen dagegen nicht. Die Quantenphysik hat die klassische Physik nicht ungültig gemacht, sich nicht an ihre Stelle gesetzt, sondern sie kam als Wissen hinzu. Die Weltraumfahrt vermehrt unser Wissen, macht aber wenig altes Wissen überflüssig. Das erzeugte bis vor ganz kurzer Zeit bei den Naturwissenschaftlern eine Art *Landnahmementalität,* die Naturwisschenschaft und Technik zu einem Unternehmen machte wie die Eroberung des amerikanischen Westens durch die Weißen, mit Pioniergeist. Wie im amerikanischen Westen die Indianer ausgerottet wurden, so wurde durch Naturwisschaft und Technik die Natur »ausgerottet«. Der Wachstumsdrang der Ökonomie kam dazu. Der Gedanke der Griechen, daß Wachsen (= physis) auch Abnehmen und Vergehen umfassen könne, war ganz fern gerückt.

f) Machbarkeit

Das Ausgedehnte ist—anders als das »Subjektive« — zugänglich, anfaßbar, beeinflußbar. Moderne Naturwissenschaft »rettet« nicht mehr »die Phänomene«, sondern manipuliert sie, ja stellt sie wie etwa in der Teilchenphysik im gewissen Sinn erst her. Carl Friedrich von Weizsäcker sagt, daß »das Denken unserer Wissenschaft sich erst im Handeln bewährt, im geglückten Experiment«. Im Experiment wird wie in der Technik Natur »gestellt«, *präpariert,* nach Belieben *reproduziert.* Naturwissenschaft und Technik unterscheiden sich gerade an diesem entscheidenden Punkt nicht. Schließlich ist die moderne Naturwissenschaft die Tochter der mittelalterlichen und die Mutter der neuzeitlichen Technik und Industrie.

»Was in den Naturwissenschaften Erfahrung heißt, ist machtförmige Erfahrung. Es ist die auf isolierbare Fakten gestützte Prognose für die Wahrscheinlichkeit des Ausfalls isolierbarer Alternativfragen an das Geschehene, technisch gesagt von Experimenten. Unsere naturwissenschaftliche Urteilsform ist machtförmig« (C. F. von Weizsäcker).

Mit dem allem dürfte deutlich geworden sein, wie weittragend die Descartessche Unterscheidung von res extensa und res cogitans war und wie die ökologische Krise von heute mit dieser Grundunterscheidung der Neuzeit zusammenhängt. Es ist die Aufgabe insbesondere einer Philosophie, die sich naturwissenschaftlichem Denken stellt, die Möglichkeit einer Revision zu untersuchen. Unsere Hoffnung muß hier auf Gestalten wie C. F. von Weizsäcker, Georg Picht, Klaus Müller und alle jene gehen, die mit ihnen – bei gleicher Intention – streiten. Die Theologie wird diese Bemühungen aufmerksam verfolgen und sie in jeder Weise fördern müssen. Indessen wird sie im eigenen Haus einiges verändern müssen, weshalb nun unserer Darstellung ein weiterer Aspekt hinzuzufügen ist.

Die Machbarkeit der Welt und der göttliche Herrschaftsauftrag an den Menschen

Hat Lynn White recht, wenn er für die geschilderte Entwicklung des menschlichen Naturverhältnisses das Christentum verantwortlich macht? – Hat Carl Améry recht, wenn er das dominium terrae der Bibel (»Macht euch die Erde untertan«) zum Hauptschuldigen dieser Entwicklung erklärt?

Unsere Skizze von den Griechen bis heute hat schon eine erste Antwort ergeben: In ihrer Einlinigkeit sind die Thesen Whites und Amérys nicht haltbar. Mehrere Faktoren, darunter auch solche, die vom Christentum nicht zu verantworten sind, trieben die Entwicklung voran.

Aber nun soll der *christliche Anteil,* der ja mit dem Verständnis der Natur als Schöpfung schon berücksichtigt worden ist, speziell am Punkt des dominium terrae detailliert beleuchtet werden. Denn dies ist für eine Reaktion auf White und Améry der neuralgische Punkt.

1. Die Auslegung des dominium terrae

(Krolzik, 70 ff.)

Offensichtlich hängt die Wirkung solcher biblischer Passagen wie 1. Mose 1, 28 »Macht euch die Erde untertan« von den zu einer bestimmten Zeit gegebenen technischen Möglichkeiten ab, ebenso wie der Fortschritt technischer Art von einer Beflügelung durch bestimmte Auslegungen solcher Worte abhängt. Aufschlußreich ist jedenfalls, daß es im Urchristentum keinerlei Erwähnung unseres Bibelwortes zu geben scheint. Jakobus 3, 7: »Denn jede Kreatur, wilde Tiere wie Vögel, kriechende wie Meertiere, wird gezähmt von der menschlichen Kreatur« könnte eine Reminiszenz an 1. Mose 1, 28 (besser: 26 und 28b) sein (Krolzik, 72); die Ausleger sind sich aber einig, daß es sich in dieser Passage des Jakobusbriefes um ein Bild aus der stoischen Philosophie handelt, in dem die Herrschaft des Menschen über seine Triebe mit der Herrschaft des Menschen über die Tiere veranschaulicht wird.

Diese allegorische Auslegung des dominium terrae taucht nicht selten bei den *Kirchenvätern* auf. Ambrosius von Mailand legt in seinen Schöpfungspredigten die Gottesebenbildlichkeit des Menschen (1. Mose 1, 26f.) als Ebenbildlichkeit der rein geistigen Vernunftseele aus. Dieser untergeordnet sind der Körper und besonders die Affekte. Dieselbe Interpretation findet sich auch in einer frühen Schrift Augustins (De moribus ecclesiae catholicae) (Liedke, 47).

Sonst ist die altkirchliche Exegese von 1. Mose 1, 28 aber mehr mit der Frage beschäftigt, ob das dominium dem Menschen im Sündenfall erhalten geblieben oder durch den Sündenfall verlorengegangen ist.

Die Verbindung von Ebenbildlichkeit und dominium terrae betrachten wir auch in der heutigen Auslegung von 1. Mose 1 als wichtig: Die Erdherrschaft ist dem Menschen nur auf der Basis seiner Gottesebenbildlichkeit übertragen. Anders sehen wir heute den Zusammenhang zwischen »Sündenfall« und Ebenbildlichkeit. Zu beidem siehe unten S. 109ff. Zum Folgenden Krolzik, 73ff.

Für diejenigen Theologen, die keine Beeinträchtigung der Erdherrschaft des Menschen durch den Sündenfall erkennen können, dient das dominium dazu, die *Überlegenheit,* die königliche Herrschaft des Menschen über die Natur herauszustellen. Mit zum Teil interessanten Folgeargumenten: Gregor von Nyssa »wendet sich aufgrund des dominium terrae gegen die Sklaverei; die Herrschaft sei dem Menschen nur über die vernunftlosen Wesen gegeben, nicht über andere Menschen!« (Krolzik).

Für die andere Gruppe von Auslegern, für die das dominium

den Sündenfall nicht unbeschädigt überstanden hat, ergibt sich zunächst nicht mehr als eine Beschreibung des jetzt unvollkommenen Weltzustandes. Die Wiedererlangung des dominium terrae wird – im Rahmen heilsgeschichtlicher Betrachtung – erst für das künftige messianische Reich erwartet.

Dieser Gedankengang wird später die Einbruchstelle für das neuzeitliche Verständnis des »Macht euch die Erde untertan« sein.

Selten wird das dominium terrae mit der Bearbeitung der Natur durch den Menschen in Verbindung gebracht. Es herrscht eine eher statische Sicht: Der Mensch hat die Herrschaft erhalten – oder er hatte sie erhalten, und sie ist ihm wieder verlorengegangen. Udo Krolzik (74) formuliert zutreffend: Aus dem *Imperativ* (»Macht untertan!«) wird ein *Indikativ*. Das erklärt, weshalb an den wenigen Stellen, an denen das dominium terrae und die Kulturleistungen des Menschen in Zusammenhang gebracht werden, meist Folgerungen gezogen werden, die auf eine Begrenzung der menschlichen Eingriffe in die Natur hinauslaufen. So schreibt *Origenes:*

»*Und wenn nun gesagt wird, daß der Mensch Herrschaft über die Fische des Meeres besitzt, so herrscht Schweigen über die Gruppe der Seeungeheuer und der wilden Tiere. Wir müssen annehmen, daß diese nicht ohne Grund ausgefallen sind, denn es wäre durchaus möglich zu schreiben:* ›*Und sie sollen herrschen über die Fische und über die Seeungeheuer und über die wilden Tiere der Erde und über die Vögel der Luft und über das Vieh.*‹ *So frage ich, ob man nicht aus dem Schweigen folgern muß, daß nicht alles Lebendige für den Menschen gemacht wurde, sondern nur das, über das ihm die Herrschaft zugeteilt wurde: die Fische des Meeres, die Vögel der Luft und das Vieh der Erde und wahrscheinlich auch die Reptilien der Erde wegen der Notwendigkeit der Medizin, die von ihnen gewonnen werden kann*« (Übersetzung Krolzik, 75).

Einen Schritt aus der altkirchlichen Statik der dominium-terrae-Interpretation heraus beobachten wir erst im 11./12. Jahrhundert. Er muß mit der Revolutionierung des Ackerbaues in Nordeuropa und dem technischen Fortschritt des Mittelalters zusammenhängen. Kronzeuge für diesen Wendepunkt ist der Mönch Hugo – genau: *Hugo von St. Viktor,* weil er der Pariser Abtei St. Viktor angehörte. Sein um 1120 geschriebenes Didascalion war in ganz Europa verbreitet, von Irland bis Italien, von Polen bis Portugal. *In ihm werden erstmals die technischen Neuerungen mit der Idee der Wiederherstellung des dominium terrae verknüpft.* In 1. Mose 1 sieht Hugo eine Norm des Menschen niedergelegt, zu der der Mensch zurückkehren kann; die Gottesebenbildlichkeit kann wiedererlangt werden. Alles menschliche Wissen dient dazu, »daß als Resultat die menschliche Wiedereinsetzung zur Seligkeit im Wissen und der Liebe Gottes herauskommt«. Damit war der Imperativ von 1. Mose 1, 28 wieder als *Imperativ* erkannt, was der Dynamik der technischen Entwicklung dieser Zeit aufs beste entsprach (Krolzik, 77 f.).

Die Wiedereinsetzung in die Gottesebenbildlichkeit und damit in die Erdherrschaft war allerdings nicht allein durch menschliches Tun gedacht, sondern war ein Datum eschatologischen Gotteshandelns. Dabei mag die Erwartung der Franziskaner-Spiritualen, das Reich des Geistes, das »Dritte Reich«, breche bald an oder sei schon angebrochen, eine Rolle gespielt haben. Jedenfalls gewinnt die *Technik* hier sowohl einen »*Prozeßcharakter*« als auch »*eschatologische Bedeutung*« (Krolzik, 80). Und diese neue Dynamik führt geradewegs zu den Gründervätern der Neuzeit, genau wie die mittelalterliche Technik in Galileis und Descartes Praxis und Theorie mündet. Hugos Gedanken tauchen – vielleicht vermittelt durch das Speculum des Vincent von Beauvais – bei Francis Bacon wieder auf (Krolzik, 79).

Und *Francis Bacon* ist – vor Descartes – der große Programmatiker der neuzeitlichen Naturwissenschaft und Technik, der mit seiner Utopie »Nova Atlantis« die neuen Horizonte absteckt, in denen wir heute leben. In einem 1603 verfaßten Fragment »Valerius Terminus or The Interpretation of Nature« führt er aus, daß durch den Sündenfall sowohl die *Herrschaft* über die Mitkreaturen als auch die *Erkenntnis* der Natur dem Menschen verlorengegangen ist. Der Mensch soll (Imperativ) und kann aber beides aus eigener Kraft wiedergewinnen »with labour, as well in inventing as in executing« (durch Anstrengung, sowohl im Erfinden als auch in der Ausführung). Das wahre Ziel der Naturerkenntnis ist nämlich: »restitution and reinvesting of man to the sovereignty and power ... which he had in his first state of creation« (Wiederherstellung und Wiedereinsetzung des Menschen in die Herrschaft und Macht ..., die er im ersten Stadium der Schöpfung hatte), die Wiederherstellung des Paradieses.

Der Unterschied zu Hugo von St. Viktor liegt darin, daß bei ihm die Wiedereinsetzung in die volle Erdherrschaft mit dem Empfang der durch Christus eschatologisch erneuerten Gottesebenbildlichkeit des Menschen begründet wurde. Das entspricht auch 1. Mose 1, 26−28, wo die Ebenbildlichkeit Voraussetzung des dominium ist. Bei Bacon wird diese Reihenfolge (*Ebenbild* → *dominium* terrae) auf den Kopf gestellt: Der Mensch wird sich aus eigener Kraft wieder zum Ebenbild Gottes machen durch die Erringung der Erdherrschaft, also: *dominium* terrae → *Ebenbild*. Nicht mehr ist also die (durch Christus erneuerte) Gottesebenbildlichkeit die Bedingung des dominium terrae, sondern die Wiedergewinnung der verlorengegangenen Beherrschung der Erde durch menschliche Anstrengung ist das Mittel, mit dem die Menschheit die Gottesebenbildlichkeit des Paradieses wiederherstellt. Die endlich mögliche Naturwissenschaft wird die Herrschaft des Menschen über die Natur wiederbringen.

Das ist der theologische Zusammenhang, in den das berühmte Baconsche Motto »Wissen ist Macht« hineingehört: die (theologisch illegitime) Vertauschung der Reihenfolge von Gottesebenbildlichkeit und dominium terrae. Das ist auch der − bei Descartes so nicht ausgesprochene − Zusammenhang der Auslegung von 1. Mose 1, 28 im Discours de la Méthode: »und uns so zu Meistern und Besitzern der Natur machen« (s. o. S. 49). Ganz parallel zu Bacons »reinvesting of man to sovereignty and power« geht es hier um die *Aufforderung,* maîtres et possesseurs de la nature zu werden. Diese *künftige* Herrschaft muß *erkämpft* werden, sie ist *nicht* − wie das biblische dominium − mit dem Menschsein *gegeben.*

Aus dieser Differenz zur Tradition erklärt sich der aggressive

Zug der neuzeitlichen Herrschaft über die Natur. Bis dahin mußte Gegebenes ausgefüllt und verwaltet werden, jetzt geht es um *Eroberung* von Neuland, um »Ausbeutung« der Schätze der Erde – parallel zur wenige Jahrzehnte vorher eröffneten Eroberung der »Neuen Welt« durch Spanier und Portugiesen, später durch Engländer und Franzosen.

Die Aggressivität beider Phänomene kommt am deutlichsten da zur Darstellung, wo die neue Einstellung zur Natur und die Eroberung fremder Welten sich überschneiden: in der *Behandlung der »Wilden«* durch die Europäer. Die Geschichte des Sklavenhandels – Westafrika hat zwischen 1441 und 1860 gegen 20 Millionen Menschen verloren – und die Geschichte der Ausrottung der Indianer in den beiden Amerikas ist nur unter der Voraussetzung irgendwie erklärbar, daß die Weißen *Schwarze* und *Indianer* nicht als Menschen, sondern *als Tiere* betrachteten. Die Spanier hätten die Indianer darum unterjocht und bedrückt, schreibt ein Chronist, weil sie der Meinung gewesen seien, es handle sich bei ihnen nicht um Menschen und sie besäßen über die Dinge nicht mehr Herrschaft als die Tiere über Grund und Boden (Bitterli, 136). Und ein moderner Historiker schreibt: »Im Frontier, im Bereich der harten Auseinandersetzungen, stellten die Pioniere den roten Mann auf dieselbe Stufe wie die ungebärdige Natur und die wilden Tiere. In manchen Regionen glaubten die Siedler eine gute Tat zu vollbringen, wenn sie einen Indianer umbrachten. Zur Rechtfertigung war ein oft zitiertes Sprichwort zur Hand: Die Knochen der Indianer müßten den Boden düngen, ehe der Pflug der Weißen ihn öffnen kann« (Bitterli, 142). Deshalb war nur ein toter Indianer ein guter Indianer (US-General Sheridan 1868 zu dem Comanchen Towasi, Brown, 172).

Der Zusammenhang ist deutlich: Wenn die Indianer und Schwarzen eine Art Tiere waren, gehörten sie zur Natur, zur res extensa – schon Descartes hatte gelehrt, daß die Tiere Automaten, Maschinen seien. Natur aber kannte die Neuzeit nur als tote Ausgedehntheit. So war es denn konsequent, daß »nur ein toter Indianer ein guter Indianer war«; denn war er tot, war man ganz sicher, daß er Natur und nicht Mensch (res cogitans) war.

Leider wurden solche Zusammenhänge nur selten sichtbar, so daß der aggressive Charakter der modernen Naturwissenschaft und Technik bis in die Tage der ökologischen Krise vielen verborgen blieb und noch heute vielen verborgen ist.

Die *Theologen bilden keine Ausnahme*. Es gab keine Proteste gegen die Vertauschung der Reihenfolge Ebenbild–dominium terrae bei Francis Bacon, es gab keine Proteste gegen Descartes' Interpretation von 1. Mose 1, 28. Wohl kämpften die Kirchen gegen das neue Weltbild, das mit Galileis und Kopernikus' Namen verbunden wurde. Aber gegen die neue Sicht der Erdherrschaft gab es keine Einwände. Im Gegenteil. Einige Zeugen mögen das allgemeine theologische Einverständnis deutlich machen.

Friedrich *Schleiermacher* (1799): »Jetzt seufzen Millionen von Menschen beider Geschlechter und aller Stände unter dem Druck mechanischer und unwürdiger Arbeiten . . . Es gibt kein größeres Hindernis der Religion als dieses, daß wir unsere eigenen Sklaven sein müssen; denn ein Sklave ist jeder, der etwas verrichten muß, was durch tote Kräfte sollte bewirkt werden können. Das hoffen wir von der Vollendung der Wisschaften und Künste, daß sie uns diese *toten* Kräfte werden dienstbar machen, daß sie die körperliche Welt und alles von der geistigen, was sich regieren läßt, in einen Feenpalast verwandeln werden, wo der *Gott der Erde* nur ein Zauberwort auszusprechen, nur eine Feder zu drücken braucht, wenn geschehen soll, was er *gebeut*.«

Albrecht *Ritschl* (1874): »Alle Religion entspringt aus dem Kontrast, in welchen sich die Menschen ursprünglich hineingestellt sehen, daß sie gemäß ihrer natürlichen Ausstattung unselbständige Teile der Welt sind, abhängig und gehemmt von anderen Wesen, welche auch nur Teile der Welt sind, und daß sie gemäß ihrer geistigen Kraftausstattung sich von aller Natur unterscheiden, und sich zu einer übernatürlichen Bestimmung angelegt fühlen. Mehr oder weniger deutlich wird diese Bestimmung in der Herrschaft über die Natur begriffen, indem man die Welt durch die Gottesidee beleuchtete und den menschlichen Geist in die nächste Verwandtschaft zu Gott stellte. Denn eben die Gottesidee und die nach ihr bemessene

Weltanschauung hat überall die Bedeutung, dem Menschen über den Kontrast zwischen seiner natürlichen Lage und seinem geistigen Selbstgefühl hinweg zu helfen, und ihm eine Erhabenheit oder Freiheit über der Welt und dem gewöhnlichen Verkehr mit ihr zu sichern.«

Friedrich *Naumann* (1894): »Die Maschine ist nichts Unchristliches, denn Gott will sie. Gott redet zu uns durch die Tatsache der Geschichte. In Tatsachen hat er seit Jahrzehnten lauter und lauter zum Christenvolk gesprochen: Ich will die Maschine. Wer konnte sie aufhalten, da Gott sie wollte? Alle Seufzer der Christen haben den Fortschritt nicht hemmen können. Sie kommt, sie kommt, die neue Zeit, sie kommt von Gott. Das ist die Hauptwahrheit, die wir uns heute einprägen wollen.«

Paul *Tillich* (1927): »Alle Technik ist nicht nur Setzung, sondern auch Beherrschung von Gestalten und durch sie Beherrschung der Natur. Das altmythische Wort: Macht Euch die Erde untertan! – wird von der Technik erfüllt. Mehr erfüllt als Magier und Märchenerzähler es je geträumt hätten.«

Hanns *Lilje* (1928): »Jenes alte Bibelwort ›Machet Euch die Erde untertan!‹, der Befehl Gottes an die ersten Menschen, der aller menschlichen Tätigkeit ihre hohe Würde und Gottähnlichkeit verleiht, wird nirgends wörtlicher erfüllt, als in der Technik. Darum liegt, wie auf aller menschlichen Arbeit, so auf der Technik im Besonderen ein Glanz des ersten Schöpfungsmorgens, und je bewußter dieser Zusammenhang mit der Schöpfungstat und Ordnung Gottes gesehen wird, um so strahlender und verheißender wird das Licht, das über diesem menschlichen Tun liegt. Technische Arbeit hat daher ihre unauslöschliche Würde, daß sie Anteil an der Schöpfungstätigkeit Gottes und Fortsetzung seines Tuns ist.«

Solch eine Zitatenauswahl ist immer ungerecht. Tatsächlich aber gelingt es mir nicht, theologische Stimmen beizubringen, die zum dominium terrae etwas anderes zu sagen haben als die hier dokumentierte Tendenz.

2. Der Rahmen der Auslegung: Natur und Geschichte

Die Geschichte der Auslegung des »Macht euch die Erde untertan!« steht in einem zweifachen Rahmen. Der erste Rahmen ist die im vorigen Kapitel dargestellte Entwicklung des Mensch-Natur-Verhältnisses mit der Entfaltung von Naturwissenschaft und Technik; der zweite Rahmen ist das sich wandelnde *theologische Verständnis von Schöpfung (Natur),* das jetzt kurz skizziert werden soll.

Man kann (mit André Dumas) vier große Perioden des christlichen Schöpfungsverständnisses unterscheiden:
a) die *biblische* Periode; in ihr mußte Schöpfung ausgelegt werden im Kampf gegen die Mythologisierung des Kosmos als göttlich. Wir haben diese Vergötterung der Natur bei den Griechen betrachtet (s. oben S. 36ff.), für die altorientalischen Gesprächspartner der Bibel gilt sie verstärkt. Deshalb ist insbesondere das Alte Testament an Unterscheidung interessiert. Die Sterne sollen nicht als astrale Gottheiten verstanden werden; die fruchtbare Erde soll nicht mit dem Chaos vermischt werden, das Licht nicht mit der Finsternis. Schöpfung ist fundamental Scheidung, Unterscheidung von Gott und Welt. Die Werke des ersten, zweiten und vierten Schöpfungstages sind Werke der Scheidung (1. Mose 1, 4.7.14.17).
b) die Periode der *alten Kirche;* in ihr mußte Schöpfung ausgelegt werden in zwei Fronten – gegen den Gedanken der Ewigkeit der Welt und gegen den ewigen Dualismus von Gut und Böse in der Welt. In der ersten Frontstellung wurde gegen die Philosophie der Spätantike die Schöpfung vor allem als Schöpfung aus dem Nichts (creatio ex nihilo) entfaltet. Damit wurde betont, daß die Welt wie einen Anfang, so auch ein Ende habe. In der zweiten Frontstellung wurde gegen die Manichäer das wesentliche Gutsein der Schöpfung erläutert; das Böse wurde als Zwischenzeitphänomen zwischen Sündenfall und Ende der Welt und damit als sekundär herausgestellt. Letztendlich war die Welt dem Urteil Gottes entsprechend »sehr gut« (1. Mose 1, 3.10.12.18.21.25 und 31!).

c) die *scholastisch-klassische* Periode, vom Mittelalter bis in das 17./18. Jahrhundert; in ihr wurde – in Entsprechung zu Umgebungen, die nach Ursachen suchten – Gott der Schöpfer vor allem als »erste Ursache«, als prima causa ausgelegt. Dies geschah in den Gottesbeweisen von Thomas von Aquin bis Kant. Das große Problem dieser Schöpfungstheologie war die Existenz eines Bösen in der Welt, die Theodizee-Frage: Gott mußte angesichts der sichtlich unbefriedigenden Schöpfung gerechtfertigt werden, wenn er die erste Ursache von allem war. Die Unlösbarkeit dieses Problems (das die Theologie sich selbst eingebrockt hatte mit dem Gottesbegriff der prima causa) führte – neben der schon genannten Schwierigkeit mit den Naturwissenschaften – schließlich im 19. und 20. Jahrhundert zur vierten Periode des Schöpfungsverständnisses:

d) »*Schöpfung ohne Natur*«. In dieser Phase, in der wir noch stehen, wurde unter dem Eindruck des Trommelfeuers naturwissenschaftlicher Kritik eine Art Flucht nach vorn angetreten. »Schöpfung« sollte mit dem Realitätsbegriff der neuzeitlichen Naturwissenschaft, mit dem Bereich der res extensae praktisch nichts mehr zu tun haben. »Schöpfung« war ein Interpretationsdatum der Geschichte.

Um diesen Schritt der Theologie verstehen zu können, muß man sich das Grundschema der Unterscheidung von *Natur und Geschichte* vor Augen führen, das für die Theologie des Westens im 19. und 20. Jahrhundert bis heute eine Art nullter Glaubensartikel war und ist, die Voraussetzung, unter der die Theologie erst zu arbeiten anfing.

Lassen wir einen der großen Theologen unseres Jahrhunderts selbst zu Wort kommen. *Rudolf Bultmann* charakterisiert 1962 den Unterschied zwischen dem Geschichtsverständnis des Griechentums und dem des Christentums so:

»*Das eben ist das Typische des griechischen Geschichtsverständnisses: die Geschichte ist nach Analogie der Natur verstanden . . . Die Geschichte ist nicht als ein eigener Lebensbereich neben der Natur gesehen worden . . .*

Wie in der Natur, im Kosmos, immer nur das Gleiche in neuen Konstellationen geschieht, so auch in der Geschich-

te...« Das Christentum aber sieht, »daß die Menschheitsgeschichte grundsätzlich vom Naturgeschehen unterschieden ist, daß in ihr im Laufe der Zeit nicht immer das Gleiche im ewigen Kreislauf geschieht, sondern stets Neues und Entscheidendes. Denn die Geschichte ist die Geschichte des Menschen. Der Mensch aber ist nicht ... ein Glied des Kosmos, sondern er ist grundsätzlich von der Welt unterschieden« (IV, 94. 101f.).

»Wir unterscheiden üblicherweise Geschichte und Natur. Beide ... spielen sich in der Zeit ab. Aber von Geschichte im eigentlichen Sinn reden wir nur, wo das Subjekt des Geschehens die Menschen sind, die sich als bewußte und wollende Wesen von der Natur unterscheiden. Die Geschichte wird konstituiert durch menschliche Handlungen. Sie sind es, die der Geschichte ihre Bewegung geben« (Eschatologie und Geschichte, 165).

»Nun kann Wirklichkeit in einem doppelten Sinne verstanden werden. Gemeinhin versteht man unter Wirklichkeit die im objektivierenden Sehen vorgestellte Wirklichkeit der Welt, innerhalb derer sich der Mensch vorfindet, ... mit deren Zusammenhang er rechnet und den er berechnet, um sie zu beherrschen und dadurch sein Leben zu sichern. Diese Weise, die Wirklichkeit zu sehen, ist in der Naturwissenschaft und in der durch sie ermöglichten Technik ausgebildet ... daß im modernen Geschichts-Verständnis die Wirklichkeit in anderer Weise verstanden ist als in der Weise des objektivierenden Sehens, nämlich als die Wirklichkeit des geschichtlich existierenden Menschen. Menschliches Sein ist von dem im objektivierenden Sehen wahrgenommenen Sein der Natur grundsätzlich unterschieden ... Der Mensch ist nicht wie ein Naturwesen dem kausalen Zusammenhang des Naturgeschehens eingeordnet, sondern hat sein Selbst zu übernehmen, ist für sich selbst verantwortlich. Das bedeutet: das menschliche Leben ist Geschichte« (IV, 128f.).

In diesen Passagen, denen ähnliche anderer neuzeitlicher Theologen an die Seite gestellt werden können, wird deutlich, daß die neuzeitliche Theologie sich auf die Descartessche *Trennung* von Mensch und Natur *voll eingelassen* hat.

Die Konsequenz für die Schöpfungslehre wird von Bultmann prägnant formuliert:

»*Der Satz von Gottes Schöpfer- und Herrschertum hat seinen legitimen Grund nur im existentiellen Selbstverständnis des Menschen*« (IV, 135).

Mag der Wortlaut dieser Formulierung mit Bultmanns Existentialtheologie zusammenhängen – in der Sache läuft es darauf hinaus, die Schöpfung zu einem Teil der Geschichte zu erklären. Das heißt: Die »*Schöpfung ohne Natur*« unserer vierten Phase des Schöpfungsverständnisses ist eine »*Schöpfung in der Geschichte*«, eine »Vergeschichtlichung der Schöpfung«.

Der andere große deutschsprachige Theologe unseres Jahrhunderts, *Karl Barth,* teilt diese Tendenz zur Vergeschichtlichung der Schöpfung. Im dritten Band der Kirchlichen Dogmatik, der Lehre von der Schöpfung, wird die Schöpfung als »*äußerer* Grund« des (geschichtlichen) Bundes (§ 41, 2) und der geschichtliche Bund als »*innerer* Grund« der Schöpfung (§ 41, 3) verstanden. »Innen« ist das Wesentliche, »außen« der Rand. Die Schöpfung ist der Anfang der Geschichte des Bundes, also ein Teil der Geschichte, wenn auch natürlich nicht so greifbar wie andere historische Ereignisse. Erfahren werden kann die Schöpfung nur durch den Bund, also von der Geschichte aus.

Man wird nicht ungerecht urteilen dürfen: Die Vereinnahmung der Schöpfung in die Geschichte ist nicht nur die Preisgabe des Naturcharakters der Schöpfung, sie war in der Streitsituation mit den Naturwissenschaften die einzige Möglichkeit, überhaupt noch von Schöpfung sprechen zu können. Und was da gesagt wurde, kann man ja nicht einfach als falsch bezeichnen. Man muß aber festhalten, daß der Preis für diesen Befreiungsschlag in Sachen Schöpfung die totale Distanzierung der Schöpfung von der Natur der modernen Naturwissenschaften war und ist. Und das ist ökologisch betrachtet das Problem.

Die bei Bultmann und Barth eingeschlagene Lösung der Schöpfungsfrage wird auch in der alttestamentlichen Wissenschaft – zum Teil bewußt von Karl Barth inspiriert – vertreten.

Seit *Martin Noth* und *Gerhard von Rad* ist dort die These kanonisch: Die Schöpfung ist *soteriologisch,* das heißt von der (geschichtlichen) Rettung her zu verstehen. Die Schöpfung gehört nicht zu den zentralen Ereignissen der Rettungsgeschichte Israels, sie ist der »Vorbau« des Rettungsgeschehens.

Der Kern des israelitischen Glaubensbekenntnisses ist die *Rettung* des Volkes aus der Sklaverei in Ägypten (2. Mose 1–15):

> Kern-Credo (Exodus):
> »Gott hat uns herausgerettet aus Ägypten«

Wie der 2. Artikel des Apostolischen Glaubensbekenntnisses der Christen der Kern ist, an den der 3. und 1. Artikel sich anlagern, so entsteht auch dem israelitischen Credo ein »dritter Artikel«: die *Hineinführung* des Volkes in das Kulturland Palästina nach der langen Wanderung durch die Wüste (2. Mose 16 – Richterbuch). Außerdem mußte in einem ersten »Vorbau« erläutert werden, wie es eigentlich gekommen war, daß das Volk sich in der Sklaverei in Ägypten vorfand. Die Geschichte von Joseph erklärt das. Joseph aber ist der Sohn Isaaks, der Abrahams Sohn ist (1. Mose 12–50). Der Gott Israels hatte den »*Erzvätern*« Israels schon das Kulturland verheißen – so spannt sich der Bogen vom Vorbau zum dritten Artikel. Damit war folgendes Stadium erreicht:

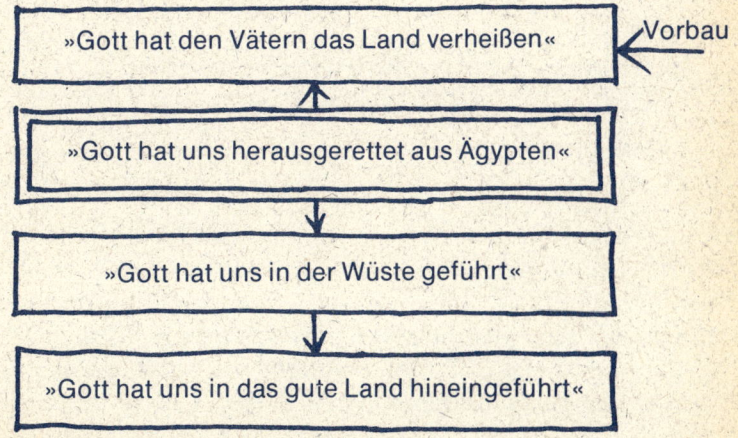

»Gott hat den Vätern das Land verheißen« ← Vorbau

»Gott hat uns herausgerettet aus Ägypten«

»Gott hat uns in der Wüste geführt«

»Gott hat uns in das gute Land hineingeführt«

Dieses Stadium der Entwicklung finden wir in 5. Mose 26, 5ff.:

»*Ein umherirrender Aramäer war mein Vater; der zog hinab mit wenig Leuten nach Ägypten und blieb daselbst als Fremdling und ward daselbst zu einem großen, starken und zahlreichen Volk. Aber die Ägypter mißhandelten uns und bedrückten uns und legten uns harte Arbeit auf. Da schrien wir zu dem Herrn, dem Gott unserer Väter, und der Herr erhörte uns und sah unser Elend, unsere Mühsal und Bedrückung; und der Herr führte uns heraus aus Ägypten mit starker Hand und ausgerecktem Arm, unter großen Schrecknissen, unter Zeichen und Wundern, und brachte uns an diesen Ort und gab uns dieses Land, ein Land, das von Milch und Honig fließt.*«*

In einem weiteren Ausbau des Credo wird dann die sogenannte *Urgeschichte* mit der *Schöpfung* von Welt und Mensch an der Spitze hinzugefügt (1. Mose 1–11):

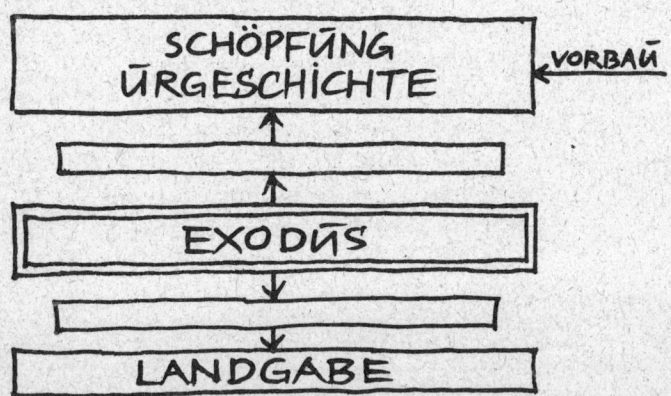

Dieses Stadium finden wir in etwa in einem Text wie Nehemia 9, 6ff.:

»*Du allein bist der Herr: du hast den Himmel und aller Himmel Himmel und ihr ganzes Heer gemacht, die Erde und alles, was darauf ist, das Meer und alles, was darin ist. Du erhältst alles lebendig, und das himmlische Heer betet dich an.*

Du, o Herr, bist Gott, der du Abraham erwählt und aus Ur in Chaldäa herausgeführt und mit dem Namen Abraham benannt hast. Du hast sein Herz treu gegen dich befunden und mit ihm den Bund geschlossen, seinen Nachkommen das Land der Kanaaniter, Hethiter . . . zu geben, und hast deine Verheißung erfüllt; denn du bist gerecht.

Du hast das Elend unserer Väter in Ägypten angesehen und ihr Schreien am Schilfmeer erhört und Zeichen und Wunder getan am Pharao, an allen seinen Knechten und allem Volk seines Landes; denn du wußtest, daß sie vermessen an ihnen gehandelt. So hast du dir einen Namen gemacht, wie es heute offenbar ist.

Du hast das Meer vor ihnen zerteilt, daß sie auf dem Trocknen mitten hindurchgehen konnten; ihre Verfolger aber warfst du in die Tiefe, wie einen Stein in mächtige Wasser. Durch eine Wolkensäule hast du sie geleitet am Tage, durch eine Feuersäule des Nachts, ihnen den Weg zu erhellen, den sie gehen sollten.

Du fuhrst herab auf den Berg Sinai und redetest mit ihnen vom Himmel her und gabst ihnen richtiges Recht, zuverlässige Weisungen, gute Satzungen und Gebote. Du machtest ihnen deinen heiligen Sabbat kund und gabst ihnen Gebote, Satzungen und Weisungen durch deinen Knecht Mose. Brot vom Himmel gabst du ihnen für ihren Hunger, und Wasser aus dem Felsen ließest du ihnen strömen für ihren Durst, und du wiesest sie an, hineinzuziehen und das Land einzunehmen, das du ihnen zu geben geschworen hattest. Sie aber, unsre Väter, handelten vermessen und wurden halsstarrig, so daß sie nicht auf deine Gebote hörten . . .

Aber du bist ein Gott der Vergebung, gnädig und barmherzig, langmütig und reich an Huld . . .

Du gabst ihnen Königreiche und Völker zu eigen und verteiltest sie nach allen Seiten hin; sie nahmen das Land . . . Du machtest ihre Kinder zahlreich wie die Sterne am Himmel und brachtest sie in das Land, von dem du ihren Vätern verheißen hattest, sie würden in dasselbe einziehen und es in Besitz nehmen.«

Diese hier »Credo-These« genannte Vorstellung über den Aufbau der israelitischen Heilsgeschichte war so zündend, daß man in der Entwicklung der Psalmenformen und -themen alsbald eine Parallele fand. *Claus Westermann* hat die Vielfalt der Redeformen in den Lobpsalmen aus der *Keimzelle* des »*berichtenden Lobes*« erwachsen sehen.

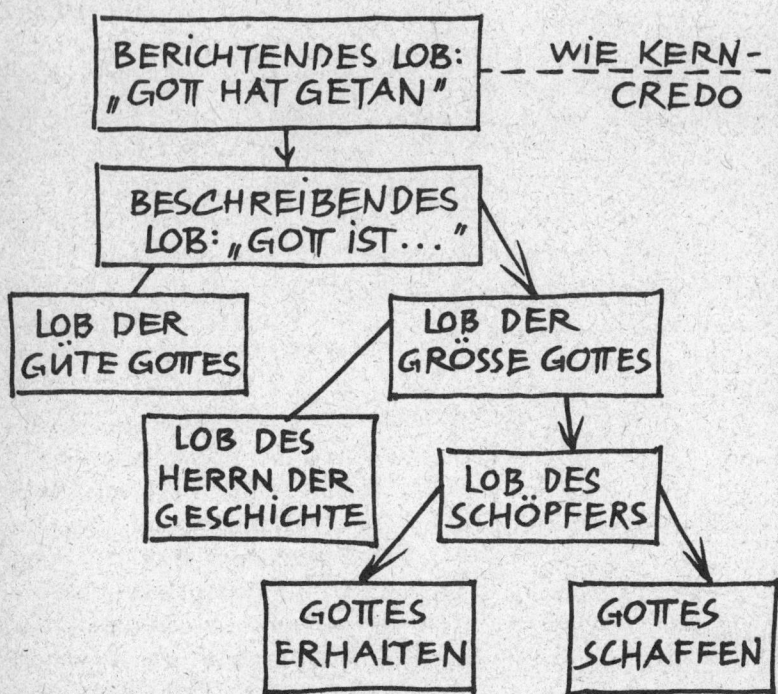

Interessant ist, daß das berichtende Lob genau die Sprachform des Kern-Credos hat: »Gott *hat gerettet*« – »Gott *hat getan*«. Die mehrfache Erfahrung solcher Taten Gottes verdichtet sich dann zu Aussagen in der Form »*Gott ist . . .*«, besonders zwei Aussagen tauchen auf: »Gott ist *gut*« – »Gott ist *groß*«. Gottes Größe wird mit zwei Themen verdeutlicht: Er ist der Herr der *Geschichte,* er ist der *Schöpfer,* und als Schöpfer *erhält* er die Welt, die er *geschaffen* hat.

Auch hier sind demnach die Schöpfungsaussagen sekundär, spät, abgeleitet. Von der Schöpfung ist nur um des Schöpfers willen die Rede, wie im Credo die Schöpfung nur als Vorbau der Heilsgeschichte zum Thema wurde. Westermann stellt

immerhin fest, daß in der Spätgeschichte der Schöpfungs-
psalmen das Lob des Schöpfers übergehe in das Lob des
Geschaffenen. Zu Jesus Sirach 39, 12ff. sagt er – fast tadelnd:

»*Hier wird aus dem Preis Gottes des Schöpfers etwas
anderes. Es vollzieht sich eine Blickwendung von Gott fort zu
dem Geschaffenen hin. Was hier gepriesen wird, ist im Grunde
nicht mehr die Schöpfung, sondern die Natur. Sie wird deutlich
um ihrer selbst willen beschrieben, nicht mehr in dem Hinge-
wandtsein zum Schöpfer, das in solch beschreibendem Lob
nur Gott erhöhen will*« (105).

Das Credoschema wie das Psalmenschema zeigen klar: Zur
Schöpfung kommt man nur *über die Rettungsgeschichte;* be-
schreitet man einen anderen Weg, so landet man allenfalls bei
der *Natur,* die aber theologisch kein Thema sein darf. Pointiert
gesagt: Die Geschichte schiebt sich zwischen Gott/Mensch
einerseits und Natur/Schöpfung andererseits.

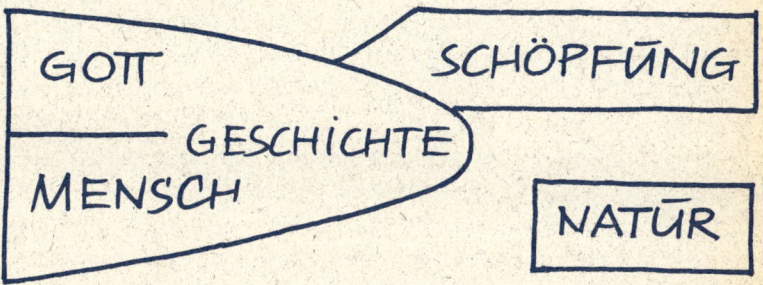

Der Amerikaner J. Muilenburg aus der von-Rad-Schule bestätigt unsere Beobachtung ausdrücklich: »Die biblische Lehre
von der Schöpfung ist *abgeleitet* (derivative) von der Geschichte, der Heilsgeschichte des erwählten Volkes.« Und deshalb gilt
für ihn auch: »Die Natur hat *keinen selbständigen Status* . . .
Die Welt der Natur lebt wie das erwählte Volk im Rahmen des
Bundes.«
Damit wird nun theologischerseits genau jene Sicht und
Wertung der Natur bestätigt, die in der Entwicklung der neuzeitlichen Naturwissenschaft und Technik erreicht worden ist
(s. oben).

Das bedeutet, daß auch die Wissenschaft vom Alten Testament, der von den Texten her die Schöpfung vor allem ans Herz gelegt ist, sich eingefügt hat in das allgemeine Verständnis des Verhältnisses von Mensch und Natur.

Solch ein Urteil klingt heute leicht als Tadel. Man darf aber natürlich nicht verkennen, daß es zwei gute Gründe für diese Position gab:

a) Bei uns in Deutschland operierte die Theologie der Deutschen Christen mit »Schöpfungsordnungen«, die angeblich den Vorrang der arischen Rasse beweisen sollten. Es ist bezeichnend, daß die Arbeit Gerhard von Rads, die grundlegend für die von uns genannte Position wurde, »Das theologische Problem des alttestamentlichen Schöpfungsglaubens« (1936), gegen das Buch »Schöpfung und Offenbarung« von Wilhelm Lütgert gerichtet ist.

b) Die dargestellte Vergeschichtlichung der Schöpfung brachte auf dem Hintergrund, daß »Geschichte« ein unbestrittenes Feld des Glaubens war, »Natur« schon lange nicht mehr, eine ungeheure Entlastung in der Auseinandersetzung zwischen Theologie und Naturwissenschaft. Die Naturwissenschaft hatte ja den Zugang zur »Natur« so normiert, daß Natur nur in dem Maße erfahrbar war, in dem sich Erfahrungen physikalisch-naturwissenschaftlich formulieren lassen. Und diese objektivierende Erfahrung war zur einzig möglichen Erfahrung von Welt erklärt worden – für eine direkte Erfahrung der Welt als Schöpfung gab es keinen Raum. Die Theologie, unterlegen im ohnehin zaghaften Protest gegen diesen Naturbegriff, räumte das Feld, stellte überhaupt keine Forderungen mehr, verzichtete auf den Aufweis einer Verbindung zwischen Schöpfung und Natur und erreichte so den friedlich-schiedlichen Zustand, der heute herrscht.

3. Das Daß der Schöpfung verschlingt das Wie

Das skizzierte Verständnis der Schöpfung als Geschichtswerk Jahwes, des Gottes Israels, hat eine weitere Implikation: Die *Einzelheiten* in den Schöpfungsberichten der Bibel (1. Mose 1–2, 4a Priesterschrift; 2. Mose 2, 4b–3, 24 Jahwistischer Erzähler), in den Schöpfungshymnen der Psalmen (z. B. Psalm 104 oder Psalm 8) oder im Hiobbuch (Hiob 38ff.) wurden *theologisch unwichtig.* Heilsgeschichtlich, das heißt vom zweiten Artikel des israelitischen wie des christlichen Glaubensbekenntnisses her, war nur wichtig die Botschaft, *daß* Gott die Welt geschaffen habe, das Wie war irrelevant. Dies ging vor allem in der religionspädagogischen Aufbereitung der Schöpfungstexte so weit, daß Gerhard von Rad sich in seiner Theologie des Alten Testaments zu folgender Bemerkung veranlaßt sah: »Die Schöpfungsgeschichte ist natürlich durchaus gebunden an die kosmologischen Erkenntnisse ihrer Zeit. Es ist aber nicht gut, wenn der christliche Ausleger von diesen letzteren als überholten ganz absieht, als habe es der Theologe nur mit den Glaubensaussagen und nicht mit der Naturerkenntnis von 1. Mose 1 zu tun« (Band I, 161).

Anders gesagt: Über die Schöpfung brauchte theologisch nicht mehr gesagt zu werden, als im ersten Artikel des apostolischen Glaubensbekenntnisses zu hören ist: »Ich glaube an Gott, den Vater, den Allmächtigen, den Schöpfer des Himmels und der Erde.« Gegenüber der Naturwissenschaft war das wieder recht angenehm: Da es theologisch keinerlei Befassung mit dem Wie der Schöpfung gab, war der Streitgegenstand weggeschafft; denn die naturwissenschaftliche Bestreitung des Daß der Schöpfung war immer über die Bestreitung des Wie, die Bestreitung von Einzelheiten erfolgt.

Das »*Macht euch die Erde untertan*« von 1. Mose 1, 28 gehört zum *Wie*, und es ist deshalb nicht verwunderlich, daß diese biblische Passage kaum die Aufmerksamkeit der Theologen erregt. Es ist aber immerhin doch erstaunlich, daß ich im Jahre 1972 – als ich mich zum ersten Mal mit dem Thema dominium terrae ausführlich befaßte – nicht *eine* Monographie, sei es exegetischer, sei es kirchengeschichtlicher, sei es systematisch-theologischer Art, zum Thema fand. Auch in den gängigen theologischen Lexika, zum Beispiel in der »Religion in Geschichte und Gegenwart«, gibt es kein entsprechendes Stichwort. In der »Theologie des Alten Testaments« von Gerhard von Rad existiert das dominium terrae weder im Sach- noch im Stellenregister und auch nicht im Text.

Es gibt eine zweite Möglichkeit, mit der das Daß der Schöpfung das Wie verschlingt. Sie findet sich klassisch bei *Karl Barth,* bei dem die *Einzelzüge* der Schöpfungstexte konsequent *heilsgeschichtlich* (um?)*interpretiert* werden. Das läßt sich zeigen an Barths Auslegung der Einzelheit, daß der Mensch in 1. Mose 1 (und 2) als »Mann und Frau« geschaffen ist. Das ist nicht etwa der Fortpflanzung wegen geschehen – die ist für Barth nicht wichtig in diesem Zusammenhang –, sondern wegen der »Bündnisfähigkeit« des Menschen. Und es rührt letztlich daher, daß der »wirkliche Mensch . . . im Urbild und nach dem Vorbild Gottes Mann und Frau sein wird: Jesus Christus und seine Gemeinde. Es wird die Bundes*geschichte,* deren Anfang, Mitte und Ende *dieser* Mensch, *dieser* Mann und *diese* Frau sein werden, die Bestätigung der Schöpfungsgeschichte bringen . . .« (Kirchliche Dogmatik III/1, 213). Das einfach Biologische wird natürlich nicht geleugnet, aber es ist ohne theologische Wichtigkeit.

Oder ein anderes Beispiel – für uns zentraler' –: die Interpretation des dominium terrae bei Barth. In Kirchliche Dogmatik III/1, 231–233 wird dazu ausgeführt: Das dominium terrae bezieht sich *nur auf die Tiere* (was rein philologisch aufgrund einer Textunsicherheit nicht völlig ausgeschlossen ist, aber von keinem Alttestamentler vertreten wird). »Von einer Ausdehnung der menschlichen Herrschaft über den Bereich der Tierwelt hinaus hat die Sage offenbar nicht reden wollen.« Barth polemisiert gegen Hermann Gunkel, der im dominium terrae das Programm einer ganzen Geschichte der menschlichen Kultur ausgesprochen sah. Begründung: »In der Geschichte des Bundes [also in der Geschichte, G. L.] wird es wahr, daß der Mensch nicht zum Herrn *der* Schöpfung, wohl aber zum Herrn *in* der Schöpfung und des zum Zeichen: zum Herrn über die Tiere geschaffen ist ... Von einer anderen als von der auf dieser [heilsgeschichtlichen, G. L.] Linie verwirklichten Herrschaft des Menschen über das Tier zu reden, hatte die biblische Schöpfungssage keinen Anlaß.«

Wieder: Daß das dominium terrae Technik einschließt, spielt keine Rolle; es wird sogar ausgeschlossen: ». . . wird dem Menschen ja wirklich kein Mittel zur Ausübung seiner Herrschaft über die Tiere an die Hand gegeben ... Keine technische Überlegenheit des Menschen über das Tier könnte ihm offenbar diese Herrschaft, diese Auszeichnung verschaffen. Sie ruht ganz allein in der göttlichen Bestimmung und Verheißung seiner Gottesebenbildlichkeit.«

Dies alles mag ja theologisch richtig und vertretbar sein, aber es überspringt permanent die Natur der Naturwissenschaften, die in der ökologischen Krise auf dem Spiel steht. Getreu dem Motto im Vorwort der Schöpfungslehre Karl Barths: ». . . mir klar wurde, daß es hinsichtlich dessen, was die heilige Schrift und die christliche Kirche unter Gottes Schöpfungswerk versteht, schlechterdings keine naturwissenchaftlichen Fragen, Einwände oder auch Hilfestellungen geben kann.«

Der Gerechtigkeit halber: Barth hat in den späteren Bänden der Kirchlichen Dogmatik eine etwas andere Position bezogen, auf die wir später noch eingehen.

Auf die Einleitungsfrage dieses Kapitels: Wie recht haben White und Améry mit ihrem Schuldvorwurf gegen das Christentum? – kann nun gesagt werden: *Sie haben größtenteils recht,* aber das gilt zunächst im Blick auf die Auslegungstradition der Schöpfungstexte. Ob es auch für die Texte selbst gilt, ist genauer zu untersuchen.

Ansätze des Umdenkens in Theologie, Philosophie und Naturwissenschaft

Für die außermenschliche Natur beziehungsweise die Schöpfung außerhalb des Menschen gibt es also das Problem, daß ihr keine Eigenständigkeit, kein Eigenwert zugebilligt wird. In einem Fall ist sie total vom Menschen abhängig, im anderen (theologischen) Fall von der Heilsgeschichte, die ein Geschehen zwischen Mensch und Gott ist. Auf jeden Fall aber ist sie sekundär, abgeleitet. Und das ist die Ursache ihrer Ausbeutung und Zerstörung, die Wurzel der ökologischen Krise — wie wir gesehen haben.

Soll die Therapie nicht nur oberflächliche Umweltkosmetik sein, müssen wir deshalb nach Ansätzen Ausschau halten, in denen der Natur/Schöpfung mehr Eigenständigkeit zugestanden wird. Wir beginnen damit bei der alttestamentlichen Wissenschaft, in der es in den letzten Jahren in der Tat einige Lichtpunkte in dieser Richtung gibt.

1. Die Entdeckung des Segenshandelns Gottes

Es entspricht der oben dargestellten Credothese, daß das Handeln Gottes in der alt- und neutestamentlichen Theologie fast nur als *Rettungs*handeln begriffen worden ist. Claus Westermann hat aber gegen dieses eindimensionale Reden vom Handeln Gottes gezeigt, daß neben dem Rettungshandeln Gottes besonders im Alten Testament das *Segens*handeln Gottes gleichwertig und gleichberechtigt steht. Selbstverständlich war auch früher bewußt, daß viel vom Segnen Gottes in der Bibel die Rede ist. Westermann hat aber neu dargelegt – deshalb sprechen wir von »Entdeckung« –, daß beide, Retten und Segnen, »vom Anfang bis zum Ende der in der Bibel erzählten Geschichte nebeneinander bestehen bleiben. Sie können nicht auf *einen* Begriff gebracht werden« – das ist das Entscheidende. Geschichte oder Heilsgeschichte ist nicht alles. Gottes Handeln kann verschieden erfahren werden:

☐ Das rettende Handeln Gottes wird von den Menschen als Ereignis erfahren, als *einmaliges,* in dieser Form *nicht wiederholbares* Geschehen.

☐ Der Segen Gottes wird als *stetiges* Handeln erfahren, das da ist oder nicht da ist. Solch stetiges Geschehen ist nicht ohne Dynamik, es umfaßt Wachsen, Reifen und Abnehmen der Kräfte, Glück und Gelingen, Geburt und Tod – *wiederkehrendes* Geschehen, das in seiner Grundsubstanz gleich bleibt. Die Grundbedeutung von Segen ist »Kraft der Fruchtbarkeit« (des Feldes, der Tiere, der Menschen – ganz konkret), die auch das Erlöschen des Lebens umfaßt, damit neue Fruchtbarkeit Raum hat. Darin übrigens der physis der Griechen gleich (vgl. oben S. 36 ff.).

Es soll nicht bestritten werden, daß in der Mitte des Alten wie des Neuen Testaments der Bericht von einer Rettung steht – die Credo-These und die Bundes-Heilsgeschichtstheologie Karl Barths sind nicht falsch, nur eindimensional. Im Alten Testament ist es die Herausführung des Volkes aus Ägypten, im Neuen Testament die Rettungstat Gottes in Jesus Christus. Beide Grund-Rettungstaten stehen in Verbindung: Das Geschehen der Passahnacht, in welcher Jesus die Befreiung der Menschen als Lamm des Passah vollbringt, erinnert an jene Nacht des Auszugs aus Ägypten, in der das Volk Israel aus der Knechtschaft befreit worden ist. Beide Male ist Rettung *Befreiung* und hat weitere Befreiungstaten im Gefolge: durch die Geschichte Israels hindurch bis zur Rettung aus der babylonischen Gefangenschaft; in der Geschichte Jesu von Nazareth die Rettung der Menschen, die ihm begegnen – eine Geschichte, die mit dem Tode Jesu nicht aufhört, sondern sich fortsetzt in der Rettung des Kämmerers, des Saulus und vieler bis heute.

Der Rettung geht voraus der *Klage*schrei der Verlorenen, die *Verheißung der Rettung* und der *Glaube* an diese Verheißung. Nach der Rettung wird Gott gelobt mit einem Lob, das von der Rettung erzählt und *berichtet.* In ihm wird von Gott als dem zur Erde herabkommenden Gott gesprochen.

Die Struktur des *Segenshandelns* Gottes ist anders. Sie besteht nicht aus einmaligen Ereignissen mit einem Vorher und einem Nachher zum Ereignis, sondern ihr Merkmal ist das Gleichbleibende in der Geschichte. 1. Mose 1–11, die sogenannte »Urgeschichte« von der Schöpfung bis zum Turmbau von Babel, stellt die Elemente dieser Struktur in Erzählungen zusammen, und die »Vätergeschichte« (1. Mose 12–50) vertieft die Darstellung der bleibenden Grundverhältnisse menschlicher Gemeinschaft und des Lebens in der Schöpfung.

Dem Segen sind andere Redeformen zugeordnet als der Rettung; er wird nicht in der Form einer Heilsankündigung, die auf ein künftiges Ereignis verweist, angesagt, sondern in der Form der *Heilsschilderung,* in der ein Zustand des Gesegnetseins in Aussicht gestellt wird. »So spricht der Herr: Binnen zwei Jahren werde ich das Joch des Königs von Babel zerbrechen . . .« (Jeremia 28, 11) – so wird *Rettung verheißen.*

». . . und sie werden ihre Schwerter zu Pflugscharen schmieden und ihre Spieße zu Rebmessern. Kein Volk wird wider das andere sein Schwert erheben, und sie werden den Krieg nicht mehr lernen. Sie werden jeder unter seinem Weinstock und unter seinem Feigenbaum sitzen, ohne daß sie einer aufschreckt« (Micha 3, 4f.) – so wird *künftiger Segen* dargestellt. Die Reaktion auf vorhandenen Segen ist nicht Bericht, sondern Lob als Beschreibung des Segens, *beschreibendes Gotteslob:* »Gnädig und barmherzig ist der Herr, langmütig und reich an Huld . . .« (Psalm 145, 8). Im Segen ist Gott der im Himmel und auf der Erde Wohnende, nicht der Kommende.

Rettung und Segen sind in der ganzen Bibel zwar auf mannigfache Weise miteinander *verbunden* und verflochten, aber »das segnende Handeln Gottes geht niemals in seinem rettenden Handeln auf, das rettende niemals ganz im segnenden«.

Darin liegt nun das Neue: 1. Mose 1–11 ist nicht mehr nur ein nachträglich angebrachter »Vorbau«, der nur von Gnaden der Heilsgeschichte lebt (»So anmaßend es klingt – die Schöpfung gehört zur Ätiologie Israels!«, G. von Rad, Band I, 143); das beschreibende Schöpferlob ist nicht aus dem berichtenden Lob heraus entfaltet und von ihm abhängig. Das Reden vom Segenshandeln Gottes ist *eigenständig.*

Ist dies klargestellt, dann muß auch die Verbindung von Segen und Rettung wieder herausgestellt werden. »Der Retter muß geboren werden, der Prophet muß etwas zu essen haben, und der Priester kann nicht opfern, wenn keine Tiere da sind.«

Schöpfung gehört nun – sowohl in 1. Mose als auch in den Psalmen – eindeutig auf die Seite des Segens und ist damit als *eigenständig* und *nichtabgeleitet* erkannt.

2. Schöpfung in der israelitischen Weisheit

Niemand anders als Gerhard von Rad, einer der Väter der Credo-These, hat in seinen letzten Jahren entdeckt, daß es im Alten Testament ein anderes, nichtheilsgeschichtliches Reden von der Schöpfung gibt. Ist die Textbasis für die Credo-These vor allem der Prophet Deuterojesaja, für den in der Tat die Schöpfung ein Stück Heilsgeschichte ist, so sind die Textbasis für die andere Sicht der Schöpfung die sogenannten *weisheitlichen Texte* des Alten Testamentes: die Sprüche Salomos, das Buch Hiob, die Weisheitspsalmen und andere mehr.

Schon in seiner Theologie des Alten Testaments hatte G. von Rad in Anmerkungen darauf hingewiesen, daß »in deutlichem Unterschied« zur heilsgeschichtlichen Auffassung der Schöpfung »der Schöpfungsglaube in der alttestamentlichen Weisheit eine viel zentralere Stelle« einnimmt. »Hier war die Schöpfung ein absoluter Glaubensgrund, auf den ganz *um seiner selbst willen* Bezug genommen wurde und nicht im Hinblick auf andere Glaubensinhalte« (Band I, 153). In seinem letzten Buch »Weisheit in Israel« (1970) hat von Rad sich dann im Detail diesen Texten zugewandt und herausgearbeitet, daß in ihnen Natur als Schöpfung nicht nur auf dem Weg über die (Heils-) Geschichte verstanden wird.

Ein Beispiel im kleinen: Sprüche 14, 31 heißt es: »Wer den Geringen bedrückt, schmäht dessen Schöpfer.« Im Rahmen der Credo-These würde man erwarten, daß da, wo es um Unterdrückung (und Befreiung) geht, auf den rettenden, befreienden Gott rekurriert wird wie etwa in der Begründung des Ruhetagsgebotes: »Sei dessen eingedenk, daß du Sklave gewesen bist im Land Ägypten und daß der Herr dich herausgeführt hat . . . Darum hat dir der Herr, dein Gott, geboten, den Ruhetag zu halten« (5. Mose 5, 15—16). – Aber nein; hier heißt es: »der schmäht dessen *Schöpfer*«.

Im großen Stil wird diese Figur am Ende des *Hiob*buches verwendet, in der großen Gottesrede »aus dem Wetter«. Statt auf alle Einzelanklagen Hiobs einzugehen, sagt Gott: »Ich will dich fragen, und du lehre mich.« Und nun (Hiob 38, 4 – 39, 30) geht eine Sturzflut von Fragen auf Hiob herab, die alle reine »Schöpfungstheologie« sind, nicht vermittelt durch Heilsgeschichte. In dieser Flut von Fragen wird eine ganze Systematik der Schöpfung entfaltet. Es beginnt mit der Erschaffung der Welt: der Erde, des Meeres mit seinen Grenzen, des Lichtes; Gott kennt und übersieht seine Schöpfung: ihre Tiefe, ihre Weite, ihre Höhe; er lenkt und regiert in der Schöpfung: Am Himmel läßt er regnen, schafft Reif, Eis, Hagel, lenkt die Gestirne, schafft das Gewitter; auf der Erde gibt er den Tieren ihre Nahrung, bestimmt ihre Gebärzeiten, gibt ihnen Lebensraum, sichert ihre Unabhängigkeit, ihre Schnelligkeit, ihre Kraft und ihre Flugfähigkeit.

Die Schöpfung kommt also mit ihren *Regelmäßigkeiten,* mit ihrem *Ineinandergefügtsein* in den Blick des Menschen. Der Mensch könnte, wenn er hören würde, die Zusammenhänge erkennen. Das würde Hiobs Klage stillen. Es ist deutlich. daß es hier nicht nur um das Daß des Geschaffenseins durch Gott geht, sondern um die Ordnung, die in der Natur waltet. Gerhard von Rad geht so weit – für einen Theologen, der der Barth-Tradition nahesteht, kaum faßlich –, von der »Selbstoffenbarung der Schöpfung« (189 ff.) zu reden. Die vernünftig von Gott geordnete Schöpfung redet den Menschen an, sie ist nicht stumm: »Die Himmel erzählen die Ehre Gottes, das Firmament verkündet das Werk seiner Hände. Ein Tag sagt es dem anderen, eine Nacht tut es der anderen kund, ohne Sprache, ohne Worte« (Psalm 19).

Im Buch der Sprüche begegnen wir derselben Suche nach Regelmäßigkeiten, nach Ordnungen in der Schöpfung Gottes. Vor allem werden Analogien aus den verschiedensten Bereichen der Schöpfung notiert:

»Druck auf Milch bringt Butter hervor,
Druck auf die Nase bringt Blut hervor,
Druck auf den Zorn bringt Streit hervor« (Sprüche 30, 33).

Das Phänomen Druck in drei Bereichen – wir würden sagen: in der Molkereitechnik, in der Medizin, in der Sozialpsychologie!

Oder: »Der Nordwind bringt Regen, heimliches Geschwätz verdrießliche Gesichter« (Sprüche 25, 23).

»Wenn das Holz ausgeht, erlischt das Feuer; wo kein Verleumder ist, da ruht der Streit« (Sprüche 26, 20).

Hinter dem Beobachten und Sammeln dieser Regeln einer »Erfahrungsweisheit« liegt nach von Rad »die hartnäckige Prämisse, es müsse doch eine *Ordnung* in den Dingen sein«. Zwar erreichen Menschen von sich aus immer nur Teileinsichten in diese Welt-Ordnung; die Ordnung selbst ist Schöpfungsgeheimnis, wie vor allem das große Gedicht Hiob 28 zeigt. Dennoch redet die Ordnung in der Schöpfung zum Menschen. »Der zur Erkenntnis der Welt aufbrechenden Vernunft widerfährt etwas höchst Merkwürdiges. Sie stößt auf ein Gegenüber, ja sie wird von der Stimme der göttlichen Urordnung geradezu überholt« (218).

Damit soll nicht gesagt sein, daß die »Offenbarung« der Schöpfung in irgendeiner Weise die Offenbarung des rettenden Gottes, sein Kommen zu denen, die zu ihm schreien, ersetzen oder verdrängen könnte oder sollte – das war der Fehler der Deutschen Christen. Es soll aber gesagt sein, daß die Welt, die *Natur als Schöpfung* erkannt werden kann auf *direktem* Weg, nicht nur auf dem Weg über die Heilsgeschichte; als Teil des Segenshandelns Gottes. Die Regelmäßigkeiten, das regelhafte Zusammenspiel der Dinge ist ja nichts anderes als das Stetige im Segen (s. oben S. 85 ff.). Vielleicht sollte man lieber nicht von »Ordnungen« sprechen, sondern von »*Gefüge*«, um auch sprachlich die Assoziation an eine Theologie der »Schöpfungsordnungen« zu vermeiden.

Wichtig für unseren Zusammenhang ist, daß der Mensch selbstverständlich in dieses Gefüge hineingehört. Er steht dem allem nicht einsam – als res cogitans – gegenüber.

Das läßt sich gut an *Psalm 104* zeigen, in dem es in Vers 24 von den Schöpfungswerken heißt: »Du hast sie alle in (den Zustand der) Weisheit geschaffen.« Nach einer Majestätsbeschreibung des Schöpfers als König (1–2), der Erschaffung des Himmels (2–4) und der Erde samt dem Meer (5–9) wird ab Vers 10 das *Ineinandergefügtsein der Lebensmöglichkeiten von Tier und Mensch* geschildert. Die Quellen bringen Wasser in die Täler, damit die Tiere des Feldes trinken können, damit Bäume wachsen können, auf denen die Vögel wohnen. Die Quellen ihrerseits werden durch den Regen gespeist. Gras für die Tiere und Brot und Wein für die Menschen wachsen. Ganz unbetont wird der Mensch nicht anders als jedes Tier in Vers 14 eingeführt. Er lebt genauso vom lebendigen Wasser wie die Tiere und die Pflanzen. Er ist *eingebettet* in die Schöpfung, in ihr Gefüge.

Noch einmal wendet sich der Blick zu den Bäumen, den Libanonzedern, »wo die Vögel ihre Nester bauen«. Berge und Felsen dienen Steinbock und Klippdachs als Zuflucht. Mond und Sonne schaffen den Wechsel von Tag und Nacht. Die Nacht ist die Zeit der Löwen, da suchen sie ihre Speise, der Tag ist die Zeit des Menschen, für seine Arbeit. Wieder wird der Mensch ganz unbetont in das Gefüge gestellt. Er ist nicht mehr als ein Teil, das sich einfügt – nicht mehr und nicht weniger.

3. Schöpfung als Grundgeschehen

Claus Westermann hat in seinem von 1966–1974 erschienenen großen Kommentar zu 1. Mose 1–11 (Urgeschichte) mit zunehmender Deutlichkeit herausgearbeitet, daß die Texte in 1. Mose 1–11 sich in vielen Einzelzügen tief von den Texten unterscheiden, die ab 2. Mose 1 sich mit der (politischen) Geschichte des Volkes Israel befassen. Die Vätergeschichten 1. Mose 12–50 sind eine Art Übergang, insgesamt aber eher »urgeschichtlich«.

Westermann spricht – entsprechend der Bezeichnung Urgeschichte für die ersten elf Kapitel der Bibel – vom »*Urgeschehen*«, das er vom historisch-politischen Geschehen absetzt. Der Hauptunterschied ist: In der Urgeschichte wird *universal* geredet. Welt und Menschheit sind Gottes Gegenüber, nicht ein *partikulares* Volk und Land, nicht individuelle Menschen. Was hier gesagt ist, gilt von und für *alle* Menschen und die *ganze* Welt. In der Aussage der Urgeschichte trennt sich der israelitische Glaube an Gott nicht von den vergleichbaren Aussagen anderer Völker. Schritt für Schritt schließt sich die Urgeschichte an das vor- und außerisraelitische Reden vom Urgeschehen an. »Dieses deutliche und unverkennbare Sich-Anschließen an vorgegebene Traditionen wäre durchaus unnötig, wenn die Urgeschichte nur hätte sagen wollen, daß der Retter Israels der Schöpfer der Welt ist.« Absicht ist, »daß etwas gehört und weitergegeben werde, das nicht erst aus dem Bekenntnis zu Jahwe, dem Retter Israels, erwachsen ist, sondern diesem Bekenntnis voraufging« (90). Um Menschheitstraditionen geht es.

Deshalb ist hier in der Urgeschichte das religionsgeschichtliche Vergleichsmaterial überreich. Nicht nur aus der sumerischen, babylonischen, ägyptischen und ugaritischen Umwelt gibt es Parallelen; überall in der Welt finden sich Schöpfungs- und Urgeschehenstexte, von den Indianern Nordamerikas bis in die Südsee.

Zum Exodusgeschehen gibt es praktisch keine religionsgeschichtlichen Parallelen. Das heißt: Die exklusiv auf Israel bezogene geschichtliche Rettungstat Gottes *trennt* Israel von seiner Umwelt, das Urgeschehen *vereint* Israel mit seiner Umwelt – bei allen Differenzierungen, die sich dann auch finden lassen und bisher allein auf das Interesse der Theologen stießen. Westermann macht erstmals auf den theologischen Sinn des Gemeinsamen aufmerksam. Dabei sekundiert ihm von Rad, der in seinem Weisheitsbuch formuliert, die Weisen des Alten Testa-

ments seien nicht von göttlichen Geschichtstaten in Bewegung
gesetzt, sondern »von der viel älteren Frage des Menschseins
überhaupt provoziert« (400).

Im Urgeschehen fehlt die Sonderung der Daseinsbereiche,
die das geschichtliche Sein ausmacht. Alle Daseinsbereiche
sind im Urgeschehen gleich unmittelbar zu Gott. Zum Beispiel
fehlt ein gesonderter religiöser Daseinsbereich, es gibt keine
Trennung von heilig und profan. Es fehlt das Phänomen der
Offenbarung. Gott und Mensch sind nicht in der Weise voneinander entfernt, daß Gott sich offenbaren müßte. Auch nach
dem »Sündenfall« von 1. Mose 3 sprechen Gott und Mensch
direkt miteinander ohne die Vermittlung von Gottesmännern,
Propheten oder Priestern.

Im Urgeschehen *fehlen* Erwählung und Bund – der Noah-
bund in 1. Mose 9 ist ungleich dem Sinaibund »nur« feierliche
Zusage. Die Gottesbeziehung des Menschen wird nicht als
Glauben bezeichnet; Bruch der Gottesbeziehung durch Abfall
zu anderen Göttern ist keine Möglichkeit, da es nur »Gott« gibt.
Die Frevel und Verfehlungen, von denen in der Urgeschichte
die Rede ist, sind nicht Aufkündigungen des speziellen Bundes
Gottes mit seinem Volk, sie sind »immer etwas dem Menschen
als Mensch Eigendes, was überall in der Menschheit geschehen kann und geschieht« (800).

Man kann sich die Differenz zwischen Urgeschichte und Geschichte Israels auch verdeutlichen, indem man sich klarmacht,
daß es sich bei beiden um unterschiedliche Antworten auf
unterschiedliche Fragen handelt. Geschichtliche Texte befra-
gen wir doppelt: Was ist damals geschehen? Was bedeutet es
für uns? – Diese Doppelfrage signalisiert unseren (geschichtlichen) Abstand zu solchen Texten, der überbrückt werden
muß. Es hat aber keinen Sinn, die Kain-Abel-Erzählung (1. Mose 4) zu fragen: Was ist damals wirklich geschehen? Was
bedeutet das für uns? – Die Frage muß lauten – und es ist nur
eine Frage: Ist der Mensch so, wie 1. Mose 4 ihn darstellt, Bru-
dermörder und Opfer? Und insgesamt: Ist die Welt so, wie
1. Mose 1–11 sie darstellt? – Das gilt auch für die Schöpfungs-
berichte. Sie wollen nicht so sehr berichten, wie alles angefangen hat; sie wollen eher beschreiben, »wie die Welt tatsächlich

ist, oder wie die Verfasser sie sehen, und dies rückschauend aus einer ursprünglichen Setzung Gottes heraus erklären und begründen« (Rolf Rendtorff).

Ist das richtig, dann kann weiter festgestellt werden, daß in der Urgeschichte *etwas Konstantes* zur Sprache kommt, das zwar in der Bibel und anderswo mit zeitbedingten sprachlichen Mitteln formuliert ist, aber der Intention nach dasjenige zur Sprache bringen soll, was immer und überall in der Schöpfung Gottes gilt. »Konstant« soll nun nicht heißen »starr, undynamisch«; im Gegenteil: Die Urgeschichte in 1. Mose 1–11 ist ja voller Dramatik und Veränderung. Aber bei aller Variation bleiben gewisse Grundstrukturen gleich: Jeden Morgen geht die Sonne auf, und am Abend geht sie unter; der Rhythmus von Saat und Ernte, Sommer und Winter bleibt, auch wenn kein Sommer genau wie der andere ist; Katastrophen brechen über die Welt herein und vernichten sie doch nicht; Menschen werden geboren und sterben; sie leben als Mann und Frau, als Vater, Mutter, Schwester, Bruder, in Familien – bei allem Wandel der Familiengestalten; sie bedürfen der Nahrung und der Gemeinschaft, sie verfehlen sich und drängen über die Grenzen des Menschen hinaus – in dem allem bleiben sie sich gleich in allen Wechselfällen der Geschichte. Wieder sekundiert von Rad mit einer Bemerkung im Weisheitsbuch, die weisheitliche Ordnung sei »*das Konstante in der Geschichte*« (368).

Westermann bringt sich leider um einen Teil der Wirkung dieser Entdeckung, indem er in einigen Passagen im Kommentar in der Formulierung über das Ziel hinausschießt. So liest man etwa, daß in 1. Mose 2–3 »nicht ein Geschehen in der Reihe der von uns *erfahrbaren* Geschehnisse dargestellt wird, sondern ein Geschehen *außerhalb* der für uns erfahrbaren Geschichte (im weitesten Sinn des Wortes) eben ein *Urgeschehen*« (263). Oder zu 1. Mose 6, 1–4: »Der Jahwist will nicht Geschichte, sondern Urgeschichte zum Ausdruck bringen, ein Geschehen, das genau wie die Schöpfung der Geschichte *jenseitig* ist« (515). Zur Turmbaugeschichte heißt es: »Der gegenwärtige Zustand, der erklärt werden soll, reicht so weit zurück wie die menschliche Erinnerung überhaupt reichen kann und daher liegt das Geschehen, das diesen Zustand erklären soll, aller Erfahrung des Menschen *jenseitig*, es ist urgeschichtliches Geschehen« (712).

Zunächst: Daß es vom Urgeschehen *keine Erfahrung* geben könne, ist von den Texten her nicht formulierbar; schließlich erfährt doch jeder Sommer und Winter usw. Daß das keine *geschichtliche* Erfahrung ist, darin ist Westermann zuzustimmen. Allerdings ist sie auch nicht »jenseits der Geschichte«, es sei denn, man versteht den Begriff der Geschichte ganz eng an politische Ereignisse (das heißt Ereignisse im Leben der Völker, eines Volkes) geknüpft, wozu Westermann neigt. Gesprächsweise hat Westermann sich denn auch mit Formulierungen dieser Art einverstanden erklärt:

Geschichtliche Erfahrung bezieht sich wesentlich auf einmaliges Geschehen (zum Beispiel der Exodus), sie wird durch Zeugnisse in einer Traditionskette von Generation zu Generation weitergegeben. Urgeschehen ist nie einmalig, es ist *immer erfahrbar,* es ist immer gleich nah. Urgeschehen ist die Bedingung der Erfahrung, auch der geschichtlichen Erfahrung, es stellt den Möglichkeitsraum elementarer Erfahrung zusammen. Urgeschehen ist das, was »in, mit und unter« jeder Erfahrung miterfahren wird.

1. Mose 1–11 spannen den Raum auf, ohne den Geschichte und Natur nicht möglich wären. Meine individuelle Geburt und mein individuelles Sterben sind natürlich Ereignisse in der Geschichte, sind geschichtlich-einmalig; daß aber Menschen und Lebewesen überhaupt geboren werden und sterben werden, das ist ein elementares Phänomen, ohne das es weder Natur noch Geschichte gäbe. Natürlich ist die Differenz zwischen meiner Geburt in der Abteilung einer Frauenklinik und meinem Sterben vielleicht in der Badewanne eines modernen Krankenhauses ungeheuer verschieden von der Geburt Abrahams in einem Stadthaus in Ur und dem Sterben Abrahams im Nomadenzelt bei seiner Familie. Dennoch gibt es offensichtlich etwas, das in Abrahams und meinem Geborenwerden und Sterben in gleicher Weise begegnet. Das ist »das Konstante in der Geschichte«; das ist *Urgeschehen*.

Es scheint mir nach dem Gesagten allerdings besser, den Begriff »Urgeschehen« nicht zu benutzen, weil er immer wieder zu jenem »jenseits« und »vor« der Geschichte verleitet und auch sonst Assoziationen weckt, die in unserem Zusammenhang unbrauchbar sind. Ich spreche lieber von »*Grundgeschehen*«. Und ich betone: Es handelt sich nicht darum, daß man mit Hilfe der Auslegung von 1. Mose 1–11 das Grundgeschehen als etwas »objektiv Vorgegebenes« erkennen könnte. Gewahr wird der Mensch das Grundgeschehen im Erleben der Geschichte, in der er lebt. Aber was er da gewahrt, zeigt sich nicht als so wandelbar wie etwa politische Institutionen. Das Grundgeschehen ist das elementar Bleibende, das sich auch verändert, aber in sehr langen Zeiträumen und nicht in seinem Kern.

Solche Gedanken sind im Zeitalter der »restlos historischen Anschauung der menschlichen Dinge« (Troeltsch) schwierig. Die Gefahr, aufs neue Ontologie begründen zu wollen, das Seiende als alleinige Basis des Geschehenden auszuzeichnen, liegt nahe. Dagegen macht Westermann ganz klar, daß es auch beim Grundgeschehen um »*Geschehen*« geht. Indem das erste Werk der Schöpfung die Erstellung des Tag-Nacht-Rhythmus durch Gott ist und dann die Schöpfung sich als Sieben-Tag-Tagewerk vollzieht, wird die Kategorie *Zeit* der Kategorie Raum vorangestellt »und damit das Geschehende dem Seienden«. Dennoch wird nun im Geschehen das Grundgeschehen und das geschichtliche Geschehen unterschieden – und damit ein weiterer Baustein zur Behauptung der *Eigenständigkeit* von Natur und Schöpfung beigebracht.

4. Grundgeschehen und Naturwissenschaft

Die parallelen Entdeckungen des Segens, des selbständigen Schöpfungszeugnisses in der Weisheit und des Grundgeschehens eröffnen nun der Theologie eine neue Gesprächsbasis mit den Naturwissenschaften. Westermann sieht das selbst: »Dieses Bemühen um umfassendes Reden bringt das urgeschichtliche Reden von Welt und Mensch in eine ganz natürliche

Affinität zu den Wissenschaften, und es ist kein Zufall, daß die beiden Ausprägungen in J (dem jahwistischen Strang der Urgeschichte) und P (dem priesterlichen) der Grundgliederung der Wissenschaften entspricht: der Gliederung in Welt-(oder Natur-)Wissenschaften und Humanwissenschaften« (802).

In der Tat: Gerade in unserer Kennzeichnung des Grundgeschehens als auf die Darstellung der Bedingungen aller Erfahrung abzielend steckt eine Verwandtschaft mit der Charakterisierung, die Carl Friedrich von Weizsäcker verschiedentlich von der Naturwissenschaft gegeben hat. In den *Naturgesetzen,* so sagt er, werde nichts anderes formuliert als die *Bedingungen für die Möglichkeit objektivierbarer Erfahrung* (Einheit der Natur, 241). Es klingt interessant parallel zu unseren Bemühungen um das Grundgeschehen: »Eine absolute Notwendigkeit der Grundgesetze der Physik kann nicht gezeigt werden, vielleicht aber eine relative. Unsere Wissenschaft ist empirisch. Nur soweit Erfahrung möglich ist, ist Naturwissenschaft möglich. Erfahrung heißt, daß man aus der Vergangenheit für die Zukunft, aus dem Faktischen für das Mögliche lernt. Dies ist nur möglich, wenn Gesetze das Mögliche mit dem Faktischen verknüpfen. Ich folge Kant mit der Vermutung, daß die notwendigen Gesetze der Naturwissenschaft diejenigen sind, welche die Bedingungen der Möglichkeit von Erfahrung formulieren« (Garten, 99). Daß Weizsäcker bei der Suche nach den allgemeinsten Bestandteilen der Naturwissenschaft hinter Elementarteilchen und Atomen auf »*Ur*objekte« oder auch »*Ure*« stößt, ist vielleicht mehr als ein Zufall. Fragt man so, dann stößt man eben auf: *Ur-Geschehen.*

Daß Weizsäcker solche Sätze formulieren kann, hat natürlich zur Voraussetzung jene Revolution in den Naturwissenschaften, besonders in der theoretischen Physik, die mit den Namen Bohr, Heisenberg und auch Weizsäcker verbunden ist: die Entdeckung der Quantenphysik. Leider sind diese Erkenntnisse bis heute theoretisch geblieben, es gibt keine Technik auf dem Niveau der Quantenphysik, es gibt nur eine klassisch-technische Verwendung von Erkenntnissen der Quantenphysik: Kernwaffen und Kernreaktoren.

Aber immerhin: Theoretisch ist die Naturwissenschaft heute ebenso wie die Theologie – falls die Ansätze, die oben dargestellt sind, aufgenommen werden – über den Descartesschen Dualismus hinaus.

Da in dem Descartesschen Weltbild Natur als res extensa, als ausgemessene, quantifizierte bestimmt war, ist es logisch, daß die neue Erkenntnis der Quantenphysik dämmerte, als die *Quantifizierung* an eine *Grenze* kam. Ausgedrückt ist das in der Heisenbergschen »Unbestimmtheitsrelation«, die besagt, daß im atomaren Bereich eine genaue Messung *einer* Eigenschaft die Möglichkeit der genauen Messung einer anderen Eigenschaft desselben mikrophysikalischen Objektes verunmöglicht und diese Unmöglichkeit sogar mathematisch ausdrückbar ist. Das bekannteste Beispiel ist das Entweder-Oder bei der Messung von Ort und Impuls desselben Elektrons.

Aus dieser Einsicht in die Grenze der Quantifizierung und Objektivierung können nur zwei ganz unterschiedliche Schlüsse gezogen werden. Sie kann, wenn man dem Descartesschen Dualismus treu bleibt, als eine grandiose Bestätigung und Verschärfung des Dualismus ausgelegt werden – als eine Art *Hyperdescartes:* »Es gibt keine vom Subjekt unabhängige objektive Gegenstandswelt.« Der Mensch produziert also die Natur. Seine Macht geht so weit, daß er auch die ungeheuren Energien des atomaren Bereichs freisetzen und Kernwaffen und Kernreaktoren herstellen kann. Die technische Auswertung der Kernphysik ist deshalb der letzte und konsequenteste Ausdruck des Verständnisses von Mensch und Natur, das wir oben in seiner Entstehung verfolgt haben. Es ist alles andere als ein Zufall, daß der Protest gegen die Ausbeutung der Natur vor allem bei Kernkraftwerken und auch bei Kernwaffen eingesetzt hat und anhält.

Man kann aber auch den entgegengesetzten Schluß aus dem mit der Unbestimmtheitsrelation gegebenen Sachverhalt ziehen. So Werner Heisenberg selbst: »Die alte Einteilung der Welt in einen objektiven Ablauf in Raum und Zeit auf der einen Seite und die Seele, in der dieser Ablauf sich spiegelt, auf der anderen, also die Descartessche Unterscheidung von res cogitans und res extensa, eignet sich nicht mehr als Ausgangspunkt zum Verständnis der modernen Naturwissenschaft. Im Blick dieser Wissenschaft steht vielmehr vor allem das Netz der Beziehungen zwischen Mensch und Natur, der Zusammenhänge, durch die wir als körperliche Wesen *abhängige Teile der Natur* sind und sie gleichzeitig als Menschen zum Gegenstand unseres Denkens und Handelns machen. Die Naturwissenschaft steht nicht mehr als Beschauer vor der Natur, sondern erkennt sich selbst als Teil dieses *Wechselspiels* zwischen Mensch und Natur. Die wissenschaftliche Methode des Aussonderns, Erklärens und Ordnens wird sich der Grenzen bewußt, die ihr dadurch gesetzt sind, daß der Zugriff der Methode ihren Gegenstand verändert und umgekehrt, daß sich die Methode also nicht mehr vom Gegenstand distanzieren kann« (45f.).

Dieser zweite Schluß ist schon deshalb zu bevorzugen, weil er – endlich – die physikalische Welt in Übereinstimmung mit den Erkenntnissen der *Evolutions*forschung bringt. Es ist ja oft aufgefallen, daß die Descartessche Konstruktion mit der Evolution, deren Bestandteil auch der Mensch ist, nicht in Einklang zu bringen war. Denn hier war immer klar, daß der Mensch jener Kette des Lebens angehört, die mit den Eiweißverbindungen beginnt und über Pflanzen und Tiere zum Menschen läuft. Die Dynamik des Zuwachsgeschehens Evolution beruht darauf, »daß einfache Lebensformen anfingen, auf der Erde Sonnenenergie in energiereichen Verbindungen zu speichern und so den Gesamtgehalt der Erde an Energie wachsen zu lassen. Träger des Lebens als eines Prozesses war und ist die ganze Erde. Die Lebewesen, *wir Menschen eingeschlossen,* haben teil am Leben, das sie weitergeben, aber nicht erzeugen. Das Leben ist ein Zustand dieser Erde und damit des Kosmos; die belebte Erde nennen wir die Biosphäre« (Gerd von Wahlert, 239).

Das heißt: Die Physik und die Biologie, wo sie Grundfragen stellen – also quasi nach dem Grundgeschehen fragen –, legen heute den Schluß nahe, daß der *Mensch* als *Teil der Natur* in sie *eingebunden* ist und daß die (außermenschliche) Natur eine *eigenständige Größe* und nicht nur von Gnaden des Menschen ist. Grundgeschehen, Segen und Weisheit weisen parallel darauf hin, daß *Schöpfung* eine Größe *eigener Art* ist und nicht nur ein Derivat der (Heils-)Geschichte.

Hier ist also eine »Konvergenz« zwischen Naturwissenschaft und Theologie sichtbar. Indem das Grundgeschehen in jeder Erfahrung miterfahren wird, muß es auch in der objektivierenden naturwissenschaftlichen Erfahrung miterfahren werden. Damit haben Theologie und Naturwissenschaft wieder ein *gemeinsames Bezugsfeld,* die Natur. Natürlich werden Grundgeschehen und Naturwissenschaften damit nicht auf einmal identisch. Als Hauptunterschiede bleiben wenigstens drei: a) Die Naturwissenschaften bleiben *partikular.* Das Grundgeschehen spricht in *einem* Zusammenhang von Anfang und Ende der Welt – daß auch vom Ende die Rede ist, werden wir später sehen (Flut, 1. Mose 6–9); die Aussagen der Astronomen, die von der Entstehung und der Auflösung des Planeten Erde handeln, der Anthropologen, die von den Frühformen des Menschen handeln usw., sind je besondere Aussagen in einem begrenzten Wissenschaftsbereich. Die *Universalität* der Betrachtung, das ganzheitliche Reden vor der Sonderung in Einzelwissenschaften finden wir in der Wissenschaft nicht, obwohl auch die Wissenschaft auf Integration ihrer Einzelergebnisse abzielt. b) Daß die Wissenschaften partiell und partikular bleiben, hängt daran, daß sie nur *objektivierbare* Erfahrungen machen können, während das Grundgeschehen *jeder* Erfahrung zugrunde liegt. Oder anders gesagt: Die Naturwissenschaften stellen jenen Teil des Grundgeschehens dar, der objektivierbare Erfahrung begründet. c) In der Ganzheit der Grundgeschehensbetrachtung ist selbstverständlich Religion, ist *Gott* ein integraler Bestandteil; die moderne Wissenschaft kennt die isolierten Teildisziplinen Religionswissenschaft und Theologie, die für andere Teildisziplinen nur wenig relevant sind. Diese Differenz bleibt, die Naturwissenschaften dürfen und können nicht plötzlich mit Gott argumentieren.

Immerhin: »Wenn die Bibel von Gott als dem Schöpfer der Welt und des Menschen redet, der einmal die Welt und den Menschen zu ihrem Ziel und zu ihrem Ende bringt, dann redet sie *vom gleichen Tatbestand* wie die Wissenschaften, aber in der Weise, daß sie eine Verbindung zwischen dem Anfang und dem Ende und damit in diesen Grenzen einen Sinn sieht, einen Sinn, der im Willen des Schöpfers des Ganzen beschlossen ist« (Westermann, 53).

Zu dem, was gemeinsam gesagt werden kann, gehört offensichtlich nun das, was in der ökologischen Krise (über)lebenswichtig ist: Der *Mensch* steht nicht fremd der Natur/Schöpfung gegenüber, er ist im Gegenteil *Teil der Natur/Schöpfung.*

5. Philosophische Überwindung des Subjekt-Objekt-Schemas

Der Umschwung in der Quantenphysik hat in der Philosophie unseres Jahrhunderts — soweit sie nicht nur Beschäftigung mit der Philosophiegeschichte ist — seine Spuren hinterlassen. *Martin Heidegger* muß hier zuerst genannt werden. Er hat unermüdlich die Relevanz des Subjekt-Objekt-Schemas zu unterlaufen versucht. Den Menschen bestimmt er als »Dasein« und das Dasein wesentlich als »In-der-Welt-Sein«, wobei In-Sein den besorgenden Umgang mit den Dingen und Welt den jeweiligen Ganzheitszusammenhang bedeutet. Im Denken Heideggers nach der »Kehre« taucht das vom Seienden zu unterscheidende Sein oft als physis auf, als Sein, das gibt und gewährt. In Gedanken des »Gevierts« von Erde, Himmel, Sterblichen und Unsterblichen ist das Seiende immer aufeinander eingespielt, und der Mensch hat die Aufgabe, sich in dieses Spiel einzufügen. Gegen das neuzeitliche Verständnis des durch Denken die Welt beherrschenden Menschen kommt es darauf an, auf das Zusammengehören von Sein und Mensch zu achten. Und das geschieht im Sagen des Dichters.

Es ist kaum ein Zufall, daß der Philosoph hier über das eigene Gebiet hinausverweist auf die *Kunst.* In der Dichtung, der Malerei, der bildenden Kunst, vor allem aber in der Musik konnte der Descartessche Dualismus nie mitvollzogen werden; deshalb könnten die Künste uns heute eine Ahnung von der ganzheitlichen Schau der Welt und des Menschen vermitteln, wenn wir sie vernehmen wollten.

Aber nicht nur im Umkreis Heideggers, auch an ganz anderer Stelle ging man gegen das Subjekt-Objekt-Schema an: in der angelsächsischen Prozeßphilosophie. Ihr Begründer *Alfred North Whitehead* bezweifelt, daß der Dual Subjekt-Objekt wirklich die fundamentale Struktur der Wirklichkeit ist. In seinen Überlegungen — leicht zugänglich in »Adventures of Ideas«, 1933; deutsch: »Abenteuer der Ideen«, 1971 — wird deutlich, daß Subjekt und Objekt sinnvoll nur zu verstehen sind als Faktoren des Erlebens, wobei der Prozeß des Erlebens beiden zugrunde liegt. »Die Basis aber des Erlebens und der Erfahrung ist *emotional;* allgemeiner gesagt: das fundamentale Faktum ist das Aufkommen einer affektiven Tönung, die von Dingen ausgeht, deren Relevanz bereits gegeben ist« (326).

Den Begründern der neuzeitlichen Philosophie spielt ihre Ausgangsforderung nach Klarheit und Distinktheit den grundlegenden Streich: »Descartes, Locke und Hume gehen bei der Analyse der Erfahrung von den Bestandteilen ihres eigenen Erlebens aus, die durch Klarheit und Distinktheit bereits der exakten Intellektualität des Sprechens angepaßt sind« (325). Das heißt: Die Klarheitsforderung setzt die Subjekt-Objekt-Struktur bereits voraus. In diesem Sinn klar ist nun — darin sind Descartes und seine Nachfolger konsequent — vor allem die sinnliche Wahrnehmung, vor allem die quantifizierte. So wurde die sinnliche Wahrnehmung zur einzig zugelassenen Wahrnehmung.

Whitehead geht es zunächst einmal darum, die Unausweichlichkeit »nichtsinnlicher Wahrnehmung« zu zeigen: »Betrachten wir z. B. einmal einen roten Fleck. Rein für sich als Objekt und in Absehung von allen anderen Faktoren, um die es uns geht, betrachtet, sagt dieser rote Fleck, als bloßes Objekt des gegenwärtigen Wahrnehmungsaktes, nichts über die Vergangenheit oder die Zukunft aus. Es zeigt sich an ihm selber nicht, wie er entstanden ist, wie er vergehen wird, ob es überhaupt eine Vergangenheit gab und eine Zukunft geben wird. So wie die Sinnesgegebenheiten vor uns stehen, kahl und bloß und nichts als gegenwärtig, geben sie uns nichts an die Hand, was zu einer Interpretation verhelfen könnte. Faktisch interpretieren wir sie zwar, aber das hat mit ihnen selber nichts zu tun ... die Umstände, auf denen die Interpretation beruht, gehören alle dem ungeheuren Hinter- und Vordergrund *nicht-sinnlicher Wahrnehmung* an, mit der unsere Sinneswahrnehmung durchtränkt ist, und ohne die sie gar nicht existieren könnte. Eine klar umrissene Sinneswahrnehmung, in der es um nichts als die gegenwärtigen Fakten geht, läßt sich aus diesem Hintergrund überhaupt nicht herauspräparieren« (334).

Diese Wendung Whiteheads zieht unmittelbar eine andere nach sich, die uns vor allem interessiert. Whitehead muß nämlich »Objekte« verstehen als »die schon *vorher* existierenden Entitäten, die Faktoren im Prozeß des Erlebens werden«. »Das Objekt muß also etwas sein, was in den Erlebensprozeß aufgenommen wird, nicht aber ein Modus des Aufnehmens oder etwas, was in diesem Vorgang erst erzeugt wird ... Der Prozeß erschafft sich selbst, aber er erschafft nicht die Objekte, die er als Bestandteile seines eigenen Wesens in sich aufnimmt« (330).

Also auch hier: Die *Eigenständigkeit* der Objektwelt, der Natur, wird neu entdeckt – keine Rede mehr davon, daß die Natur von Gnaden des Menschen ihre Existenz und ihre Gestalt habe.

6. Schöpfung als Schauplatz der Versöhnung

Kenner bemerken, daß unter dieser Überschrift über das berichtet werden soll, was Karl Barth – ob im Gegensatz zu oder in Weiterentwicklung früherer Aussagen, bleibe offen – im letzten Teil seiner Kirchlichen Dogmatik, genauer: in IV/3, § 69, zum Thema Schöpfung gesagt hat. Diese Texte Barths sind insofern bemerkenswert, als in ihnen das Thema Versöhnung (Bund, Heilsgeschichte) das Schöpfungsthema nicht mehr verschluckt oder einfach adoptiert, sondern ausdrücklich gesagt wird, daß über die Schöpfung »nicht direkt christologisch, nicht als Selbstoffenbarung Gottes, nicht als Erzählung von Ereignissen, nicht als Entfaltung eines Dramas« (153) geredet werden soll. Die Formulierungen kommen dem nahe, was Westermann über das Grundgeschehen und von Rad über das weisheitlich Konstante in der Geschichte zu sagen hatten. Die Schöpfung ist

»Schauplatz und Rahmen« jenes Dramas der Versöhnung, das natürlich nach wie vor die Mitte des Evangeliums bildet. Der Bereich, in dem die Versöhnung sich abspielt, ist eine »Folge und Wiederholung gleicher und ähnlicher Ereignisse« (154). Linien, Kontinuitäten, *Konstanten* im Kreislauf gibt es da. Dem Schauplatz der Versöhnung – mit Calvin: theatrum gloriae mundi – eignet *Stetigkeit,* es gibt da nichts grundsätzlich Neues. Grund dieser Beständigkeit, die auch durch die Versöhnung nicht geändert wird, ist die Treue des Schöpfers zu seiner Schöpfung.

Ja mehr: Der Kosmos hat seine eigenen Lichter und Wahrheiten, die durch die Sünde nicht ausgelöscht werden. Sicher, es sind geschaffene Lichter, nicht aus sich selbst leuchtend wie Jesus Christus, *das* Licht der Welt. Vielleicht sollte man besser von »Helligkeit« reden – sagt Barth zu sich selbst, entschließt sich dann aber doch zu »Lichtern« (157).

Die geschaffene Welt hat »ihr eigentümliches Sein« (158). Sie ist nicht nur in re, sondern auch in intellectu des Menschen, nicht nur in Wirklichkeit, sondern auch in Wahrheit. Sicher gegen die Descartessche Tradition gewandt heißt es aber dann: »Es wäre ein Übergriff über eine andere jener ihrem Sein gesetzten Grenzen, wenn wir behaupten wollten, daß sie *nur* in intellectu und wohl gar – da wir um einen anderen weltlichen intellectus als den des Menschen nicht wissen – nur im intellectus des Menschen sei« (159).

Das ist deutlich, und die Theologie wendet sich in diesen Worten nicht nur gegen die Gottvergessenheit der Descartesschen Tradition, sondern gegen das Schema an sich.

Aber weiter: Die Schöpfung existiert nicht nur, sie spricht auch zum Menschen. Die Lichter der Schöpfung sind sichtbar als Schemata, zum Beispiel als mathematische Gesetze. Durch sie wird das Chaos ausgeschlossen, »Ordnung« im Kosmos hergestellt und dauerhaft und zuverlässig bewahrt. Nun kommt also – nach dem Vorwort zur Schöpfungslehre III/1 unerwartet – doch die Naturwissenschaft noch in der Kirchlichen Dogmatik vor! Allerdings: Diese Ordnung rettet nicht, ihr Frieden ist nicht der Frieden des Reiches Gottes, ja nicht einmal sein Gleichnis (161).

Sechs Merkmale der Schöpfung werden erläutert (162ff.): a) Das Dasein der Schöpfung ist »reziprokes Füreinander-Dasein« – wie das Gefüge des Grundgeschehens und die Ordnung der Weisheit, fügen wir hinzu. b) Es ist dynamisch geordnetes Dasein im Rhythmus der Wiederholung – wie Segen und Grundgeschehen. c) Es ist von innerer Gegensätzlichkeit, zum Beispiel in Tag und Nacht – wie das Grundgeschehen insgesamt, was wir noch sehen werden. d) Es gibt »Gesetze der Natur- und Geisteswelt«, sie zeigen nicht das Daß und Was des kosmischen Daseins, aber das Wie von einigem kosmischen Dasein. Sie geben keine Auskunft über Gott, den Schöpfer. Aber: »Wir leben nicht nur, aber auch damit und davon, daß es solche Wissenschaft und Technik, daß es nämlich – als offenkundig relativ haltbare und brauchbare Arbeitshypothesen – solche partiell, formal, innerweltlich gültigen Formeln als Bezeichnungen relativer Notwendigkeiten gibt« (166). e) Zu den kosmischen Konstanten gehört auch, daß der Mensch vom Kosmos zu ordnender und gestaltender Tat und insofern zum »Schritt in die Freiheit« aufgefordert ist. In diesem Teil der Schöpfung, im Menschen, erreicht die Natur Freiheit, die Freiheit des dominium terrae. Man wird der Intention Barths zustimmen können: Der Mensch ist Teil der Natur. Ob alle Formulierungen glücklich sind, muß offenbleiben. So soll es etwa den Kosmos »nach Humanisierung gelüsten«, ja er »schreit« danach (167). Ob es den Kosmos nach allem, was der Mensch ihm angetan hat, noch nach Humanisierung gelüstet, ist die Frage. f) Schließlich gibt es noch die »Tiefe« des Kosmos, sein unergründliches Geheimnis – wieder wie in der Weisheit und im Grundgeschehen. Darin wird die Grenze der Kreatur sichtbar, die nicht Gott ist (170).

Die Versöhnung streicht alle diese Eigenschaften der Schöpfung nicht aus. Allerdings *relativiert* die Verbindlichkeit der Versöhnung die Verbindlichkeiten in der Kreatur, die Einheit und Unüberbietbarkeit der Versöhnung *relativiert* die Lichter der Schöpfung zu Teilwahrheiten, und die Endgültigkeit der Versöhnung *relativiert* die Aussagen der Schöpfung zu Hypothesen. Dennoch können die Lichter der Schöpfung auch als Zeugen der Schöpfung *integriert* werden.

Es bleibt die bemerkenswerte Beobachtung, daß selbst Karl Barth, der am konsequentesten christologisch orientierte Theologe unserer Zeit, die *Eigenständigkeit der Schöpfung* und das *Eingebettetsein* des Menschen in sie betonen kann.

7. Natur und Mensch bei den orthodoxen Christen

Wir erwähnten schon im ersten Kapitel, daß die Abteilung »Kirche und Gesellschaft« des Ökumenischen Rates der Kirchen das Verdienst hat, die ökologischen Probleme und deren theologische Fragen der Christenheit zur Aufmerksamkeit gebracht zu haben. Vor allen Dingen auf den Konsultationen des Projektes »Die Zukunft von Mensch und Gesellschaft in einer wissenschaftlich-technischen Welt« wurde immer wieder über das Verhältnis des Menschen zur Natur/Schöpfung diskutiert. Drei Positionen schälten sich heraus: a) die klassisch-westlich-Descartessche Position, b) die Position der angelsächsischen Prozeßtheologen und c) die Position der orthodoxen Kirchen und ihrer Tradition.

Sprecher der ersten Position war der Amerikaner Thomas Sieger *Derr*. Er geht – konventionell – von der Entsakralisierung und Vergeschichtlichung der Natur aus und stellt dementsprechend fest: »Die biblische Sicht vom Verhältnis des Menschen zur Natur ist definitiv anthropozentrisch . . .« (9). Der Mensch ist von der Natur doppelt getrennt: positiv (als Ebenbild Gottes) und negativ (als Sünder). Zwar hat die Natur einen Wert, aber ihr zum Beispiel »Rechte« zuzugestehen, ist überzogen. Über diesen Punkt – das Recht der Natur – gab es 1974 einen Streit zwischen Derr einerseits, den Prozeßtheologen John Cobb und Charles Birch und dem orthodoxen Theologen Paul Verghese andererseits. Derr setzte sich zunächst durch, im Report von Pont-à-Mousson heißt es: ». . . es ist der Mensch, nicht die Natur, der zum Bild Gottes geschaffen ist. Die Natur hat deshalb *keine eigenen Rechte* auf Kosten menschlicher Wesen zu beanspruchen« (13).

Auf der Weltkonferenz in Bukarest schob sich dann der *orthodoxe Beitrag zum Problem* in den Vordergrund. Er verträgt sich mit dem Beitrag der Prozeßtheologen, die sich an die Position Alfred North Whiteheads anschließen.

Verghese insistiert von Anfang an auf der untrennbaren *Einheit* von Gott, Mensch und Natur. Es gibt zwischen ihnen keine Grenzen, so wie Grenzen gezogen werden können zwischen drei im Raum existierenden Dingen. Es gibt weder eine räumliche Distanz zwischen Gott und Mensch noch zwischen Gott und Natur und Mensch und Natur. Gott ist die Realität, die beide, Mensch und Natur, unterstützt und erhält, und Gott präsentiert sich durch den Menschen und durch die Natur. Verghese macht klar, daß die objektivierenden Wissenschaften nicht die letzte Wahrheit der Welt repräsentieren. Die westliche Tradition, die auf der Rivalität zwischen Gott und den Dingen basiert, muß zurückgewiesen werden. Das Konzept der »Haushalterschaft des Menschen für die Natur«, das Derr anstelle der Herrschaft über die Natur vorgeschlagen hatte, läßt noch zu sehr die Möglichkeit der Objektivierung und Entfremdung der Natur zu. Was wir brauchen, ist eine »Haltung der *Offenheit* gegenüber der fundamentalen Realität, wie sie sich uns durch die sichtbaren, hörbaren, fühlbaren Realitäten in der Schöpfung manifestiert« (5–6). Diese Haltung nennt Verghese die »*reverent-receptive attitude*«, die ehrfürchtig-empfängliche Haltung gegenüber der Schöpfung. Sie ist vorhanden in Gebet und Liturgie. Das Sakrament ist nicht nur sichtbares Wort, sondern Teilnahme an der Gemeinschaft der Heiligen in der Gegenwart Gottes und ein Akt der Liebe zwischen Gott und seinem Universum durch die Vermittlung des Menschen in Christus. Geschichte ist nicht der letzte Aspekt der Wirklichkeit. *Die Welt muß christologisch-sakramental verstanden werden.* Sie ist nicht in sich sakral, aber Gott wählt Elemente der Welt als Zeichen seiner Güte gegenüber der Schöpfung. Das ist die Wurzel der Ehrfurcht gegenüber dem Universum.

In der Verwendung von Wasser, Brot und Wein als sakramentalen Zeichen können wir eine neue Weise des Umgangs mit der Schöpfung lernen, und es zeigt sich, daß der Heilige Geist diese Elemente zur Rettung der ganzen Natur benutzt.

Das bedeutet nicht einen (falschen) Kult kosmischer Elemente, das ist nicht Sakralisierung, sondern *Sakramentalisierung der Natur*. Sie gibt der Welt ihren Wert.

Sicher ungewöhnliche Gedankenreihen für uns in der westlichen Trennungstradition lebende Menschen. Aber im Effekt — wenn auch mit den theologischen Mitteln einer sakramentalen Christologie — dasselbe Ergebnis wie bei den Prozeßtheologen, bei Barth, im Grundgeschehen und in den neuesten Naturwissenschaften: Es gibt eine qualitative *Kontinuität* zwischen Mensch und Natur, die wichtiger ist als die (nicht geleugneten) Differenzen zwischen Mensch und Natur. *Der Mensch ist Teil der Schöpfung.*

Ökologische Auslegung der Schöpfungstexte des Alten Testamentes

Was soll ökologische Auslegung heißen? – Dieses Schlagwort soll der jetzt erreichten Einsicht Rechnung tragen, daß wir nicht nur die zweifellos bestehende *Distanz* des Menschen zur Natur ernst zu nehmen haben, sondern ebenso – und wegen der extremen Betonung des Distanzmodells bisher – *mehr* das *Eingebettetsein* in die Natur zur Prämisse machen müssen. Eine Auslegung, deren Interesse in dieser Weise gegenüber früheren Auslegungen verschoben ist, eine Auslegung, die die Natur als oikos (Haus) des Menschen und den Menschen als zum oikos anderer Lebewesen gehörend ansieht, nenne ich eine *ökologische Auslegung.*

Einer ökologischen Auslegung gegenüber sind die neuzeitlichen Bibelauslegungen »anthropozentrische Auslegungen«. Das gilt für die heilsgeschichtliche Auslegung der Schöpfungstexte, die sich mit Hilfe der Credo-These vollzog, aber auch und besonders für die existentiale Auslegung, die »bewegt von der Existenzfrage des Interpreten, nach dem in der Geschichte jeweils wirksamen Existenzverständnis (sc. des Menschen) fragt« und zu dem Schluß kommt, daß »der Satz von Gottes Schöpfertum seinen legitimen Grund *nur* im existentiellen Selbstverständnis des Menschen« hat (Bultmann).

Das Eingebettetsein des Menschen in die Natur kommt, wie wir bei der Betrachtung von Psalm 104 schon gesehen haben, in jenen biblischen Textpartien besonders deutlich zum Ausdruck, die von *allen* Menschen reden: in 1. Mose 1–11, der

Urgeschichte; in den apokalyptischen Texten wie zum Beispiel Jesaja 24–27; in den Weisheitstexten und in den Texten vom universalen Segen wie 1. Mose 12, 1–3 oder Jesaja 60. Wir wenden uns jetzt zunächst der Darstellung des Grundgeschehens in 1. Mose 1–11 in seinen Einzelheiten und Zusammenhängen zu.

1. Das Gefüge des Grundgeschehens

Wir beginnen mit einer sehr äußerlichen, quantitativen Übersicht über die ersten elf Kapitel der Bibel. Dabei soll die bekannte – und praktisch nicht mehr bestrittene – These, daß in 1. Mose 1–11 zwei »Quellen«, Priesterschrift und Jahwist, ineinandergearbeitet sind, zunächst keine Rolle spielen. Wir unterscheiden drei Elemente im Grundgeschehen (mit Westermann), s. S. 111.

Wir haben vom Grundgeschehen meist nur »Schöpfung und Fall«, das heißt 1. Mose 1–3, wahrgenommen. 1. Mose 4–11 ist in der Normaltradition des Christentums kaum berücksichtigt worden. Unsere Übersicht stellt demgegenüber zunächst heraus, daß die »Sintflut«, die Erzählung von der großen *Flut,* nicht nur räumlich in der Mitte des Grundgeschehens steht, sondern auch den quantitativ größten Teil darstellt. Das ist natürlich nur deshalb wirklich relevant, weil es auch sachlich etwas Richtiges trifft.

Westermann hat in seinem Kommentar gezeigt, daß *Schöpfung und Flut komplementär* sind. Anstoß zu dieser Einsicht war die Beobachtung, daß in den außerbiblischen Parallelen zur Fluterzählung – in Babylon, Assyrien, Ugarit, auch in Griechenland – Fluterzählungen nichts anderes als Schöpfungserzählungen sind.

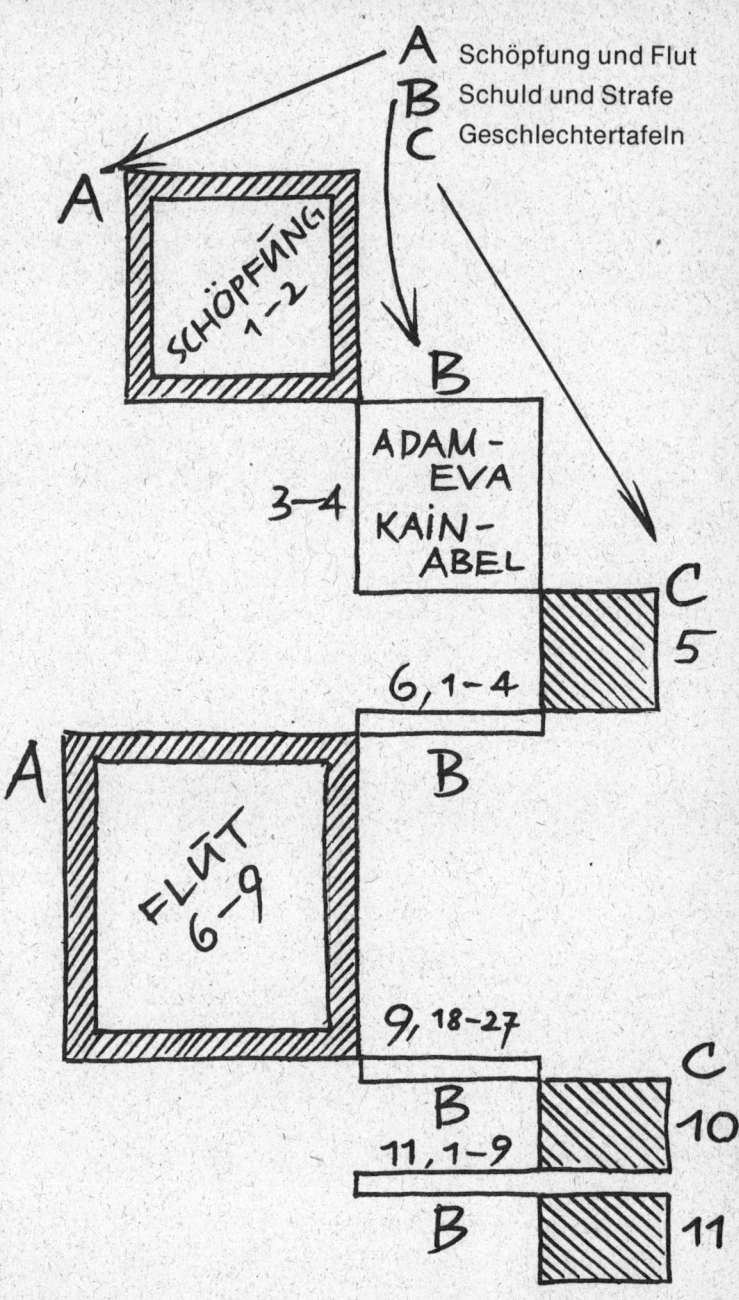

A   Schöpfung und Flut
B   Schuld und Strafe
C   Geschlechtertafeln

A

SCHÖPFUNG
1-2

B

ADAM-
EVA
KAIN-
ABEL

3-4

C
5

6, 1-4

B

A

FLUT
6-9

9, 18-27

C
10

B

11, 1-9

B
11

Auch in 1. Mose 1–11 kann man das sehen: Der Abschluß der Fluterzählung in 1. Mose 8, 13 – 9, 7 klingt deutlich an die Schöpfungsgeschichte an.

Der Sachgrund für den Zusammenhang von Schöpfung und Flut ist leicht zu sehen: Wenn die Schöpfungsgeschichten sagen, daß die Welt und das Leben auf ihr von Gott geschaffen ist, dann ist darin eingeschlossen, daß Gott diese Welt und ihr Leben auch *wieder vernichten kann.* Der Schöpfer bleibt Herr über seine Schöpfung.

Schöpfungsgeschichten und ihre Erzählung, ihre Feier, ihre Rezitation haben überall auf der Welt den Sinn der Bestandssicherung für Welt und Leben. Gott wird durch die Erzählung der Schöpfungsgeschichte, die wir uns ursprünglich immer laut und als Gebet vorstellen müssen, daran erinnert, daß *er* doch diese gefährdete Welt geschaffen habe. In diesem Sinn ist die Fluterzählung sogar mehr Schöpfungsgeschichte als die ersten beiden Kapitel der Bibel. Nicht am Ende von 1. Mose 2 stehen die für die heutige Welt entscheidenden Garantien des Bestandes der Erde und des Menschen, sondern am Ende der Fluterzählung.

Liest man die Sache einmal so, dann fallen weitere Entsprechungen zwischen Schöpfungs- und Fluterzählung auf:
— beide setzen mit einem auf die Menschheit bezogenen Entschluß Gottes ein (1, 26/6, 7);
— in beiden ist die Möglichkeit des Mißratens der Menschheit als Schöpfung erwogen (2, 18ff./6, 5ff.);
— in beiden geht es um Sein oder Nichtsein von Welt und Mensch;
— in beiden ist das Schicksal des Menschen mit dem Schicksal außermenschlichen Lebens (besonders der Tiere) eng verbunden (1, 26; 2, 19–20/6, 19–21; 7, 2ff. usw.);
— »Technik« spielt hier wie dort eine Rolle (1, 28; 2, 15/6, 14ff.; 8, 6ff.);
— Adam wird gesegnet, Noah wird gesegnet (1, 28/9, 1).

Die Reihe ließe sich noch fortsetzen.

Daß die Flutgeschichte in der Mitte des Grundgeschehens steht, ergibt sich übrigens auch daraus, daß nur in ihr beide

Stränge (J und P) ineinandergehen, sonst tauchen sie mehr hintereinander auf:

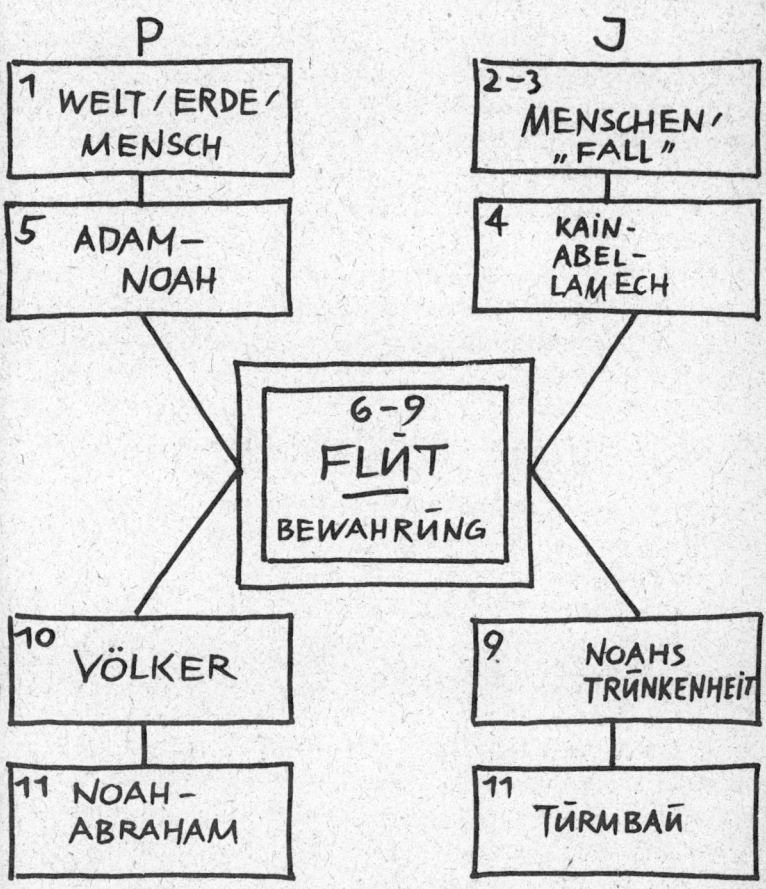

Von unserer Zeit aus, im Angesicht der ökologischen Krise, muß man sich fragen, ob für uns nicht die Fluterzählung mehr »Schöpfungsgeschichte« sein muß als die Schöpfungsgeschichten in 1. Mose 1 und 2. Die Flut-Schöpfungsgeschichte spricht ja von der Möglichkeit der Vernichtung des Lebendigen, also genau von unserem Problem; den Schöpfungsgeschichten in 1. Mose 1 und 2 ist dieser Aspekt nicht völlig unbekannt, aber er spielt keine wichtige Rolle. In gewissem Sinn sind 1. Mose 1–2 »Vorgeschichte«, »*Vorbau*« der Fluterzählung, denn:

– am Ende von 1. Mose 1–2 wissen wir, wie Gott unsere Welt und das Leben in ihr *eigentlich gemeint* hat (und wir wissen gleichzeitig, daß es so nicht ist);

– am Ende von 1. Mose 6–9 wissen wir, wie die Welt und das Leben in ihr *faktisch* ist, nachdem Gott beschlossen hat, Welt und Leben zu vernichten, dann diesen Beschluß revidiert hat und verheißen hat, die Flut nicht wiederzusenden, »solange die Erde steht«.

Westermann: »Die Menschheit (und die Welt) als Gottes Schöpfung hat nicht die Selbstverständlichkeit des Vorhandenseins; sie ist vielmehr in ihrer Existenz problematisch, und gerade darin bleibt sie ihrem Schöpfer gegenüber. Der Entschluß der Erschaffung kann zurückgenommen werden« (529). Psalm 104, 29–30 bringt das unübertroffen zum Ausdruck:

>*»Nimmst du ihren Odem hin,*
>*so verscheiden sie*
>*und werden wieder zu Staub.*
>*Sendest du deinen Odem aus,*
>*so werden sie geschaffen,*
>*und du erneust das Antlitz der Erde.«*

Ein erstes Resultat »ökologischer Auslegung« ist also: Im Grundgeschehen kann die *Schöpfung nicht isoliert* werden von den *Flut*ereignissen; ja mehr, die Fluterzählungen sind die eigentliche Mitte des Grundgeschehens. Das ergibt eine Auslegungsregel: Die Schöpfungstexte 1. Mose 1–2 sind von 1. Mose 6–9 her auszulegen.

Damit ist auch klar, daß das Reden von Schöpfer und Schöpfung in der Bibel nicht eine bloße Auskunft über die Herkunft von Welt und Mensch ist; Gott ist hier nicht als prima causa erfaßt, sondern als das Gegenüber zur Schöpfung, das schafft, leidet, vernichtet und dann doch bewahrt. Luther hat recht gesehen, wenn er auslegt: »Ich glaube, daß mich Gott geschaffen hat samt allen Kreaturen . . . *und noch erhält*.«

Warum spricht das Grundgeschehen überhaupt vom *Anfang* der Schöpfung in 1. Mose 1–2? – Das wird wieder erst verständlich, wenn wir sehen, daß das Grundgeschehen auch vom »Ende« spricht, eben in den Fluterzählungen. Vom Anfang und vom Ende zu reden, das ist in der (nichtontologischen) Denkweise der biblischen Menschen: *vom Ganzen,* universal *reden.* Die Tiefe der Zeit ist ihnen wichtiger als die Tiefe des Raumes, der unser geometrisches Weltbild beherrscht. Zwischen Anfang und Ende ist die Zeit der Bewahrung, »solange die Erde steht«. In dieser Zeit ereignet sich auch die Rettung der Menschen und der Welt, vorabgebildet in der Rettung aus der Flut, in der Rettung aus Ägypten – die Rettung durch Jesus Christus. Da zeigt sich dann, daß aus dem Abschluß des Grundgeschehens durch die Rettung ein *Ziel* wird: »Also hat Gott die Welt geliebt . . .« Über die Verbindung von Grundgeschehen und Rettung wird später mehr zu sagen sein. Sie ist in den apokalyptischen Texten der Bibel vollzogen, etwa in der Offenbarung des Johannes.

Aus der Betrachtung des ersten Grundgeschehenselementes »Schöpfung-Flut« (A) halten wir jetzt noch fest: Das Grundgeschehen ist offensichtlich keine statische »Ontologie«, sondern wirkliches Geschehen, *voller Dynamik.*

Das zeigt sich auch bei der Erörterung des zweiten Grundgeschehenselementes »Schuld-Strafe« (B). Es ist deutlich, wie dieses zweite Element mit dem ersten zusammenhängt: Es begründet den Beschluß Gottes zur großen Flut, es stellt das »Aus-dem-Geleise-Laufen« der guten Schöpfung Gottes dar. Dieses Element ist vom jahwistischen Erzähler eingebracht worden, er betont am Anfang seiner Fluterzählung auch die Bosheit der Menschen: »Alles Dichten und Trachten ihres Herzens war die ganze Zeit böse.«

Das Grundgeschehen liefert keine Theorie über die Herkunft des Bösen, es stellt nur fest,
– daß es so ist,
– daß es ursprünglich nicht so gemeint war
– und daß der Mensch eine Verantwortung für die Differenz trägt.

Die Abfolge der Schuld-Strafe-Erzählungen des Jahwisten ist so angelegt, daß die Wirkung des Bösen, die »Sünde«, in allen grundlegenden *sozialen Einheiten* gezeigt wird:

- 1. Mose 3: Schuld und Strafe des (ersten) *Menschenpaares*
- 1. Mose 4: Schuld und Strafe zwischen *Bruder und Bruder* und in Großfamilien (Lamech)
- 1. Mose 6, 1–4: Schuld und Strafe *aller* Menschen (?)
- 1. Mose 9, 18–27: Schuld und Strafe zwischen *Eltern und Kindern*
- 1. Mose 11, 1–9: Schuld und Strafe bei den *Völkern*

Nebenbei: In dieser Liste zeigt sich, daß der »Sündenfall« sich nicht in 1. Mose 3 »ereignet« und alles Weitere nur seine Folgen sind. Die »Sünde« des ersten Menschenpaares ist der »Sünde« in anderen Gemeinschaftsverhältnissen völlig gleichgestellt. Es stellt bis heute eine schwere Belastung der christlichen Theologie dar, daß 1. Mose 3 – womöglich noch sexuell verengt – das Grundmodell der Sünde ist und die sozialen Sünden von 4–11 wenig Beachtung finden (Westermann).

Diese Schuld-Strafe-Geschichten begründen aber nicht nur den Entschluß Gottes zur Flut. Sie sind mit der Fluterzählung auch darin verbunden, daß es in ihnen jeweils ein Element der *Bewahrung* gibt: Die Strafe wird jedesmal abgemildert – auf dem Vergehen Adams und Evas steht die Todesstrafe, sie werden aber »nur« aus dem Garten gewiesen, Gott macht ihnen noch Kleider; auf Kains Tat steht die Todesstrafe, er wird »nur« zum Nomadendasein verurteilt und von Gott noch geschützt mit dem »Kainszeichen«; eigentlich sollte die Menschheit die Sintflut nicht überleben, dennoch wird Noah durch Gottes Vorsorge gerettet; auch die Hybris des Turmbaus wird »nur« mit der Zerstreuung in verschiedensprachige Völker geahndet.

Diese Zweipoligkeit der Schuld-Strafe-Geschichten korrespondiert der zweipoligen Struktur, die sich aus der Verbindung der Schöpfungserzählungen (A) mit den Schuld-Strafe-Geschichten (B) ergibt:

– *eigentlich* sollten wir Menschen versorgt sein durch pflanz-
liche Nahrung (1, 29: »Ich gebe euch alles Kraut, das Samen
trägt, auf der ganzen Erde, und alle Bäume, an denen sa-
menhaltige Früchte sind; das soll eure Speise sein.«),
faktisch aber fristen wir unser Leben um den Preis tierischen
Lebens (9, 3: »Alles, was sich regt und lebt, das sei eure
Speise; wie das Kraut, das grüne, gebe ich euch alles.«);
– *eigentlich* sollten wir Menschen verantwortlich die Erde bebauen und bewahren (2, 15: »Und Gott der Herr nahm den
Menschen und setzte ihn in den Garten Eden, daß er ihn bebaue und bewahre.«),
faktisch pervertieren wir diesen Kulturauftrag (11, 1–9: die
Geschichte vom Turmbau);
– *eigentlich* sollten wir Menschen uns gegenseitig »eine
Hilfe« sein (2, 18: »Es ist nicht gut, daß der Mensch allein sei.
Ich will ihm eine Hilfe schaffen, die zu ihm paßt.«),
in unseren Gemeinschaftsverhältnissen herrschen aber *faktisch* Streit, Neid, Rivalität, gegenseitige Bezichtigung, Ver-
antwortungslosigkeit (3: Adam–Eva; 4: Kain–Abel; Lamech); Söhne verfehlen sich gegen ihre Eltern (9, 18ff.:
Noahs Trunkenheit); Mütter gebären mit Schmerzen (3, 16);
die Erde ist voll von Gewalt (6, 11), die Völker verstehen sich
nicht (11, 1–9).

Während das Element B des Grundgeschehens (Schuld-
Strafe) mehr dem Element »Fluterzählung« zuzuordnen ist, gilt
für das *Element C* (die Völkertafel, die Stammbäume), daß es
zum Element »Schöpfung« hin tendiert.

Diese Genealogien gehören überwiegend dem priesterlichen
Erzähler (P) an und bilden das Gerüst der Urgeschichte. In
ihnen wird die *Kontinuität* menschlichen Lebens von Adam und
Eva bis Abraham dargestellt:
– 1. Mose 5: die zehn Generationen von Adam bis Noah
– 1. Mose 10: die Völker als Nachkommen Noahs
– 1. Mose 11, 10ff.: die zehn Generationen von Noah bis
Abraham
Kontinuität trotz Vertreibung aus dem Garten, trotz Bruder-
mord, trotz Gewalt, trotz Verletzung des Elterngebotes, trotz

der Hybris des Turmbaus, trotz der Flut. Der Segensauftrag der Schöpfung: »Seid fruchtbar und mehret euch und füllt die Erde!« (1, 28) erfüllt sich in den Stammbäumen. 1. Mose 5, 1–2 (»Als Gott den Adam erschuf, machte er ihn Gott ähnlich; als Mann und Frau schuf er sie. Und er *segnete* sie und gab ihnen den Namen Adam, damals als sie geschaffen wurden«) greift ausdrücklich auf 1, 28 zurück, genau wie 9, 19 und 10, 32. Die beiden Genealogien in 1. Mose 5 und 11 unterscheiden sich darin von der Völkerliste 1. Mose 10, daß in der letzteren die Verbreitung des Segens in den *Raum* Erde gezeigt wird, in den beiden ersten die Wirkung des Segens in der Dimension der *Zeit*.

Die folgende Skizze soll – über das quantitative Bild oben hinaus – das *Gefüge des Grundgeschehens* jetzt sachlich zusammenfassen:

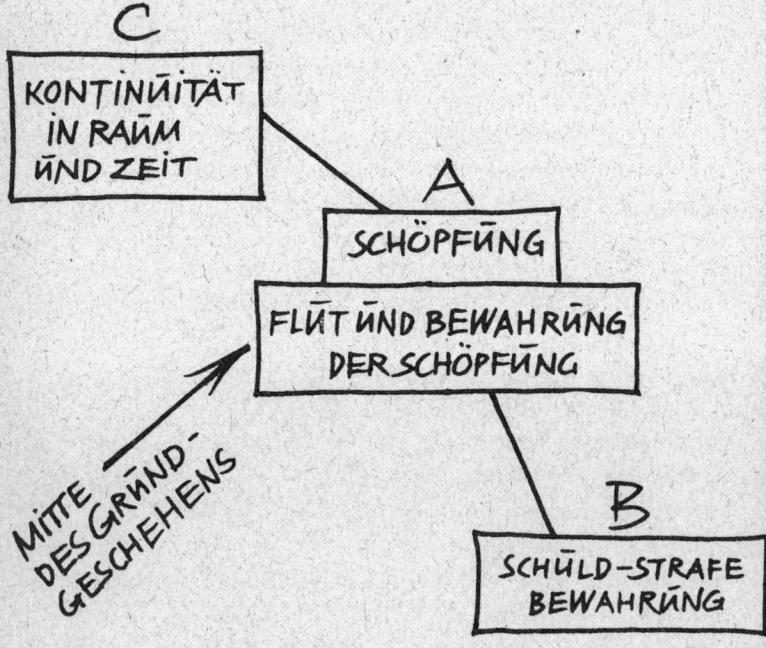

Man könnte sagen, das Grundgeschehen vollziehe sich in einer Art Drei-Takt:

»*eigentlich – faktisch – dennoch*«.

Eigentlich ist das Gefüge der Schöpfung gut, wie Gott sie gemeint hat – *faktisch* erfahren wir die vielen Brüche, Spannungen und Verfehlungen in der Welt und in unserem Leben; sie bedrohen den Bestand der Schöpfung – *dennoch* steht Gott in Treue zu seiner Schöpfung, mit Segen und Bewahrung auf der Seite seiner Welt.

Das Grundgeschehen bringt in dieser Weise Menschheitserfahrungen zur Sprache – nicht nur die Erfahrung von Israeliten oder Christen, sondern die Grunderfahrungen der Menschen. Wahrscheinlich auch die Erfahrung sogenannter Atheisten: Auch sie erfahren, daß die Menschen sich nicht selbst geschaffen haben, daß die Welt bedroht ist, daß Verfehlung und ihre Folgen da sind und daß das Leben dennoch weitergeht. Das ist deutlich weniger, als im Grundgeschehen artikuliert wird – das Grundgeschehen redet von Gott –, aber es sind doch dieselben Erfahrungen.

Damit ist der Rahmen beschrieben, innerhalb dessen 1. Mose 1 und 2 verstanden werden müssen – in einer ökologischen Auslegung.

2. Lebensräume und Lebewesen in 1. Mose 1 (P)

In der Auslegung des ersten Kapitels der Bibel (genau: 1, 1 – 2, 4a) gibt es zwei Grundprobleme, die – lange Zeit mitgeschleppt – in jüngster Zeit ziemlich befriedigend gelöst werden konnten in einer Arbeit von Odil Hannes Steck, 1975. Ich nenne hier beide Probleme und die Lösungen, weil das erste Problem sowohl für die Bestimmung der Schöpfung im Grundgeschehen wichtig ist als auch für das Naturwissenschaftler-Theologen-Gespräch insgesamt und das zweite Problem im Kern »ökologisch« ist.

Das erste Problem: Bei jedem der einzelnen Schöpfungswerke fällt in der Darstellung eine Ungereimtheit auf. Zuerst wird immer ein Schöpfungsbefehl Gottes berichtet. So etwa am dritten Tag: »Es lasse die Erde Grün grünen: Kraut . . .« (1, 11). Dann folgt eine Art Vollzugsbestätigung: »Und es geschah also.« Der unbefangene Leser denkt, damit seien nun die

Pflanzen geschaffen, denn er weiß ja von der Schöpferkraft des göttlichen Wortes: »Er sprach, und es geschah« (Psalm 33, 9). Aber im Text geht es weiter: »Die Erde brachte Grün hervor: Kraut . . .« (1, 12). Dieser Bericht von der Ausführung des göttlichen Befehls scheint nach dem »Und es geschah also« überflüssig.

Derselbe Sachverhalt wiederholt sich bei allen Schöpfungswerken vom zweiten bis zum sechsten Tag. Die Bibelausleger suchten bisher ihre Zuflucht bei dem beliebten – und erfolgreichen – Spiel der sogenannten Quellenscheidung. Zwei Schöpfungsdarstellungen, ein »Wortbericht« und ein »Tatbericht« (so etwa W. H. Schmidt) sollten ineinandergearbeitet worden sein. Die Vollzugsbestätigungen bildeten den Abschluß des »Wortberichtes«. Daß der »Tatbericht« dann angehängt wurde, ist logisch; er konnte ja dem »Wortbericht« schlecht vorangestellt werden.

Steck hat nun die wenigen alttestamentlichen Stellen, an denen die hebräischen Worte, die mit »Und es geschah also« übersetzt werden, außerhalb von 1. Mose 1 vorkommen, genau untersucht. Ergebnis: An allen Stellen (Richter 6, 38; 2. Kön. 7, 20; 15, 12) handelt es sich nicht um eine Schlußformel; immer folgt auf die Formel ein Bericht; voraus geht ein ankündigendes Wort. Die Formel besagt also, »daß das voraufgehende Wort in . . . einem anschließend berichteten Geschehen eine ihm entsprechende, also folgerichtige Verwirklichung erfahren hat« (35). Kurz gesagt, die Formel muß verstanden werden als: »und dementsprechend geschah es:« (Der Text der hebräischen Bibel ist uns ja ohne Vokal- und Satzzeichen überliefert, die sogenannte Punktierung stammt erst aus dem Mittelalter. Daher sind solche Unterschiede im Verständnis möglich.)

Damit ergibt sich für 1. Mose 1 eine glatte und einleuchtende Lösung. *Vor* der Formel findet sich jeweils eine als Anordnung Gottes oder auch als Ankündigung zu verstehende Gottesrede (»Wortbericht«). *Nach* der Formel folgt der Bericht über die Verwirklichung des angekündigten Schöpfungswerkes (»Tatbericht«). Dieses Schema findet sich beim 2.–7. Schöpfungswerk. Daß beim 1. und 8. Werk (dem Menschen) die Formel fehlt, hat Gründe, auf die wir später zurückkommen.

Was sich sonst noch an Textelementen findet, ist fast ausschließlich an den Verwirklichungsbericht angefügt. Vor allem Bemerkungen, die besagen, daß es sich nicht nur um eine Erstverwirklichung in der ersten Schöpfungswoche handelt, sondern die genannte Schöpfungseinrichtung auf Dauer gestellt ist. Dem dient einerseits die Benennung der Schöpfungswerke – was einen Namen hat, hat Bestand –, andererseits die Segnung. Die Billigung Gottes (»es war gut«) bringt denjenigen Aspekt der Schöpfung zum Ausdruck, den wir oben als »wie Gott es eigentlich gemeint hat« bezeichnet haben. Die Übersicht auf Seite 122f. mag Einzelheiten verdeutlichen.

Daß der Aufbau von 1. Mose 1 damit wirklich getroffen ist, ergibt sich daraus, daß wir überall im Werk der Priesterschrift auf die Darstellungsform »Ankündigung – Bericht der Verwirklichung« treffen. Das ist so in der P-Sintfluterzählung (6, 13ff. – 6, 22), in der Mosegeschichte (2. Mose 7, 1ff. – 7, 6 u. ö.) und vor allem bei der Gesetzgebung (2. Mose 40, 1ff. – 40, 16ff.). Nur daß in der Geschichte eine andere Verbindungsformel gewählt wird als bei der Schöpfung; da heißt es am Ende des Ausführungsberichtes: »Und X tat genau, wie ihm der Herr geboten hatte.« Es ist leicht zu sehen, warum diese Formel bei der Schöpfung nicht verwendet wurde: Noch gab es keine Menschen, die Gottes Befehle ausführen konnten.

Zwischen der »Ankündigung« der Schöpfungswerke und dem »Ausführungsbericht« besteht nun ein weiterer – für uns wichtiger – Unterschied. In der »Anordnung/Ankündigung« kommt die Welt, die Natur im Mund Gottes so zur Sprache, wie sie ist, *wie jedermann sie erfahren kann,* wenn er den Himmel und die Erde, Sterne, Pflanzen und Tiere betrachtet. Selbstverständlich haben wir heute ein anderes »Weltbild«, aber unbefangen sehen wir immer noch dasselbe wie die alttestamentlichen Menschen. Und was wir da sehen, ist *auf Dauer* gestellt; es lebt und funktioniert ohne Hinzufügung eines weiteren göttlichen Schöpferhandelns. Die Formen der verwendeten Zeitworte sind durativ, das heißt »die Dauer ausdrückend«, zu verstehen. Die geschilderten Schöpfungseinrichtungen sind und bleiben so (2., 3. und 5. Werk) oder wiederholen sich in gleicher

ÜBERSICHT: 1. Mose 1 (P)

	Anordnung/Ankündigung
1. *Tag und Nacht*	3a Da sprach Gott: Es werde Licht
2. *Himmel*	6 Und Gott sprach: Es sei eine Feste inmitten der Wasser, so daß sie zwischen Wasser und Wasser (andauernd) scheidet.
3. *Erde/Meer*	9 Und Gott sprach: Es seien die Wasser gesammelt, von unter dem Himmel weg an einen Ort, so daß das Trockene sichtbar ist.
4. *Pflanzen*	11 Und Gott sprach: Es lasse die Erde Grün grünen (andauernd): Kraut...
5. *Gestirne*	14 Und Gott sprach: Es seien Lichter an der Himmelsfeste, um zu scheiden den Tag von der Nacht... (Zwecke)
6. *Wasser-/Lufttiere*	20 Und Gott sprach: Es sollen wimmeln die Wasser an Gewimmel... während Fluggetier fliegen soll über der Erde...
7. *Landtiere*	24 Und Gott sprach: Es bringe die Erde hervor Lebewesen...: Vieh und Kriechgetier und Wildgetier der Erde...
8. *Menschen*	26 Und Gott sprach: Laßt uns Menschen machen... so daß sie herrschen über die Fische und Vögel und...

Formel »und es geschah so:«	Erstausführung/Verwirklichung
–	3b und es wurde Licht. – 4 Billigung – 5 Benennung (Dauer)
Formel	7 Gott machte die Feste, so daß sie schied . . . 8 Benennung (Dauer) – Billigung
Formel	9LXX Die Wasser wurden gesammelt unter dem Himmel weg an ihren Sammelplätzen (?), so daß . . . – 10 Benennung – Billigung
Formel	12 Die Erde brachte Grün hervor: Kraut . . . – Billigung
Formel	16 Gott machte die beiden großen Lichter . . . (Funktion) und die Sterne – 17 und Gott setzte sie an die Feste (Funktionen) – Billigung
Formel	21 Gott schuf die großen Seeungeheuer und jedes sich regende Lebewesen, von denen das Wasser wimmelt . . . und alles geflügelte Fluggetier . . . – Billigung – 22 Segen (Dauer)
Formel	25 Gott machte das Wildgetier der Erde . . . und das Vieh . . . und alles Kriechgetier des Erdbodens – Billigung
–	27 Und Gott schuf den Menschen als sein Bild . . . – 28 Segen . . . dominiium terrae als Folge (Dauer) – 29 Nahrungszuweisung – 30b FORMEL – 31 Gesamtbilligung – → Gen 5/6 – 9/10/11 ff.

Weise (4., 6. und 7. Werk). Besonders instruktiv bei den Pflanzen (Vers 11): Hier wird ein Wort für »grünen« gewählt, das die
jedes Jahr wiederkehrende Belaubung der Pflanzen bezeichnet
– für einen Hebräer nach der Trockenzeit eine in jedem Jahr
wieder besonders plastische Erfahrung. Die »Ankündigung/
Anordnung« fügt sich also inhaltlich voll in unsere Charakterisierung des *Grundgeschehens* ein: Erfahrungen, die jeder
Mensch macht, werden thematisiert.

Anders verhält es sich mit den »Ausführungsberichten«. Sie
reden davon, wie und was Gott gemacht hat, um die Schöpfungseinrichtungen, die jeder erfährt, zu installieren. Dazu ist
zunächst einmal eine Erschaffung, eine *Erstausführung* nötig:
Gott macht. Damit aber der Dauerzustand der ersten Aussage-
reihe erreicht wird, muß bei den Werken der Scheidung
noch die *Benennung,* bei den lebenden Wesen die *Segnung*
hinzukommen. Diese beiden Aktionen stellen die Erstausführung auf Dauer, und der Zustand ist erreicht, der angekündigt
worden ist. Damit ist der Kreis geschlossen.

B fügt sich in die Charakterisierung des Grundgeschehens
nicht ein; es ist ja einmaliges Geschehen, nicht stetig sich wie-
derholendes. Es ist – wenn man so will – *ein geschichtliches
Element im Grundgeschehen.* Es ist klar, daß die heilsgeschichtliche Interpretation der Schöpfung an diesem Element
einen Anhalt hatte. Aber es ist auch klar, daß der Ton von 1.
Mose 1 entschieden auf den Dauereinrichtungen liegt, wir es
also insgesamt auch in 1. Mose 1 mit Grundgeschehen zu tun
haben. Es gibt aber Brücken zwischen Grundgeschehen und
Rettungsgeschehen, eine davon ist der Erstausführungsaspekt
der Schöpfung.

Für das *Gespräch zwischen Naturwissenschaftlern und Theologen* ist wichtig: In A überschneiden sich beide Sichtweisen; es geht um dieselben Gegenstände, ob sie nun mit dem Elektronenmikroskop oder mit dem Auge beobachtet werden. Die Differenzen zwischen Theologie und Naturwissenschaften traten bisher auf und müssen auftreten, wenn es um B geht. In bezug auf B ist zu fragen, ob einer sauberen naturwissenschaftlichen Theorie überhaupt Aussagen über rein einmalige Ereignisse gestattet sind, die sich nicht reproduzieren lassen und sich auch nicht von selbst wiederholen – »gestattet« nicht von der Theologie, sondern von den eigenen Voraussetzungen her.

Ein *kleiner Exkurs* zur Informationstheorie sei hier eingeschoben. Der Begriff der *Information* hat ja heute in den Naturwissenschaften eine ähnlich zentrale Stellung wie früher der Begriff der Energie und davor der der Materie. Ernst Weizsäcker hat nun gezeigt, daß der aus der Nachrichtentechnik stammende Begriff der Information zu eng ist, weil er nur auf Neues abhebt, und deshalb erweitert werden muß zu einem Informationsbegriff, der »*Erstmaligkeit*« und »*Bestätigung*« unterscheidet und zuordnet. Beide Elemente sind in einer Information oder in einem Kommunikationsvorgang aufeinander angewiesen: Reine Erstmaligkeit – zum Beispiel das Hören eines chinesischen Satzes durch einen Hörer, der nie Chinesisch gehört hat – ist keine Information; ebensowenig aber auch reine Bestätigung, etwa die tausendste Wiederholung eines Radio-Pausezeichens in ununterbrochener Reihenfolge.

Erst beide zusammen in der richtigen Zuordnung ergeben Information und Verstehen. Spiegelt sich darin nicht das Verhältnis von Grundgeschehen und Rettungsgeschehen? Grundgeschehen und Segen sind bestätigendes, dauerhaft wiederkehrendes Geschehen, Rettung ist erstmalig, einmalig. Einmalig ist auch die Erstausführung der Schöpfung. Das Grundgeschehen ist also umgeben von zwei Formen der Erstmaligkeit; Rettungsgeschichte und Erschaffung sind aber nur möglich auf der Basis des Grundgeschehens.

Die Lösung des ersten Problems von 1. Mose 1 hat uns geholfen, das Grundgeschehen besser und in seinem Verhältnis zum einmaligen Geschehen zu verstehen. Nun wenden wir uns dem *zweiten Problem* von 1. Mose 1 zu.

Es handelt sich um die *Logik in der Reihenfolge* der Schöpfungswerke und um die Verteilung der Werke auf die Schöpfungstage. Die Logik der Abfolge scheint ja zunächst die Logik dessen zu sein, was man unbefangen sieht – eben Grundgeschehen. Tag und Nacht kommen zuerst, denn wie könnte sich die Schöpfung in sieben Tagen vollziehen, wenn nicht zuerst der Rhythmus von Tag und Nacht geschaffen würde.

Dann folgen:

2. Himmel

 Meer

3. Luftraum

 Erde

4. Pflanzen

→ 5. Gestirne

6. Wassertiere

 Lufttiere

7. Landtiere

8. Menschen

Was daran stört, ist vor allem die Stellung der Gestirne, Sonne, Mond und Sterne. Es wäre doch sinnvoller, wenn sie unmittelbar nach der Erschaffung des Firmaments, der festen Himmelsschale, zu stehen kämen. Dann hätten wir eine Abfolge, die wir auch nach Gesichtspunkten der Astronomie, der Physik, der Evolutionsforschung, der Anthropologie vernünftig finden müßten. Nach vielen Erklärungsversuchen scheint Steck auch hier eine plausible Lösung gefunden zu haben, indem er das Gesamtprinzip der Anordnung erkannt hat. Der priesterliche Erzähler teilt nach *Lebensbereichen* (Lebensräumen) und dazugehörigen *Lebewesen* ein. Damit ergibt sich folgende Zuordnung:

LEBENSRAUM   LEBEWESEN

HIMMEL ———————— GESTIRNE
MEER ———————————WASSERTIERE
LÜFTRAUM —————— LÜFTTIERE

ERDE ——————————⟨ LANDTIERE
(MIT PFLANZEN)   MENSCHEN

    Aber wieso führen die *Gestirne* die Reihe der Lebewesen
an? Sind Sonne, Mond und Sterne Lebewesen? – In der
altorientalischen Anschauung: ja. In Israel sind zwar Sonne und
Mond keine Götter mehr wie in Babylon, Ägypten und Kanaan.
Gerhard von Rad und andere gehen aber zu weit, wenn sie zu 1,
14 erklären: »Der Ausdruck ›Lampen‹ ist gewollt prosaisch und
degradierend.« Dies läßt sich sprachlich nicht beweisen und
entspricht auch nicht der Tatsache, daß die Gestirne Tag und
Nacht »beherrschen« sollen. Dasselbe Wort für »herrschen«
wird Psalm 8, 7 für die Herrschaft des Menschen über die Erde
gebraucht. Die Gestirne sind also zwar keine Götter mehr, aber
auch keine Steinklumpen wie für uns; sie können zu den lebenden Wesen gerechnet werden, auch wenn ihnen nicht alle
Eigenschaften irdischen Lebens zukommen.

    Zur Einordnung der *Pflanzen* ist zu sagen, daß sie als »Kleid
der Erde« aufgefaßt sind. Hier läuft die hebräische Anschauung
andersherum als bei den Gestirnen: Wir sehen die Pflanzen
natürlich als Lebewesen an; die Hebräer nicht, weil die Pflanzen kein Blut haben; und im Blut liegt das Leben (die »Seele«)
eines irdischen Lebewesens. Weiter ist es auch einleuchtend,
daß nicht die nackte Erde, sondern nur eine mit Grün bekleidete Erde wirklich ein Lebensraum für Tiere und Menschen
sein kann, zumindest für vegetarisch lebende Menschen (s.
unten).

    Eine Anordnung der Schöpfung, die auf das Zueinander von
Lebewesen und Lebensräumen aufgebaut ist, darf man wohl
ökologisch nennen. 1. Mose 1 schildert die Schöpfung am

Leitfaden der Häuser (oikoi) der Lebewesen. Das sollte uns nicht zu sehr wundern. 1. Mose 1 ist ein Text aus vordescartesscher Zeit, dem eine Trennung des Menschen von seiner Umwelt oder überhaupt eines Lebewesens von seiner Umwelt durchaus unplausibel wäre. Die Lebewesen sind in 1. Mose 1 geradezu auf die zuerst erschaffenen Lebensräume hin entworfen – das ist der Eindruck, der entsteht, wenn man nach den bisherigen Erläuterungen den Text noch einmal unbefangen liest.

Nach welchen Gesichtspunkten sind nun die *Schöpfungswerke* auf die *Schöpfungstage* verteilt? – Es muß ja auffallen, daß wir an manchen Tagen (am 1., 2. und 4. Tag) nur *ein* Schöpfungswerk, an anderen Tagen *zwei* oder mehrere Werke haben (am 3., 5. und 6. Tag). Es gibt – wieder mit Steck – eine Erklärung dafür.

Bei der Erschaffung der Gestirne, die in den Lebensraum Himmel gehören, fällt auf, daß mit relativ vielen Worten – in dem sonst äußerst kargen Text – als Zweck der Gestirne die Zeitbestimmung angegeben wird: »zur Bestimmung von Zeiten, Tagen und Jahren« – in einem Zeitalter ohne mechanische Uhren verständlich. Es geht also beim Schöpfungswerk Gestirne und dem dazugehörenden Himmel um das *Thema Zeit*. Bei allen anderen Geschöpfen geht es um das *Thema Leben* und seinen Raum. Damit ergibt sich für den 2. bis 6. Tag folgendes:

Am 2. Tag wird der für das Thema *Zeit* benötigte Lebensraum geschaffen, am 3. Tag die Lebensräume für alle Lebewesen (Thema *Leben*); am 4. Tag die dem Thema *Zeit* zugehörigen Wesen, am 5. und 6. Tag alle Lebewesen (Thema *Leben*). Daß für die Lebewesen zwei Tage aufgewendet werden, hängt sichtbar mit der besonderen Betonung des Lebewesens Mensch zusammen – allerdings werden die Landtiere am selben Tag wie der Mensch geschaffen.

Ein Schema von Odil Hannes Steck mag uns wieder den Überblick erleichtern:

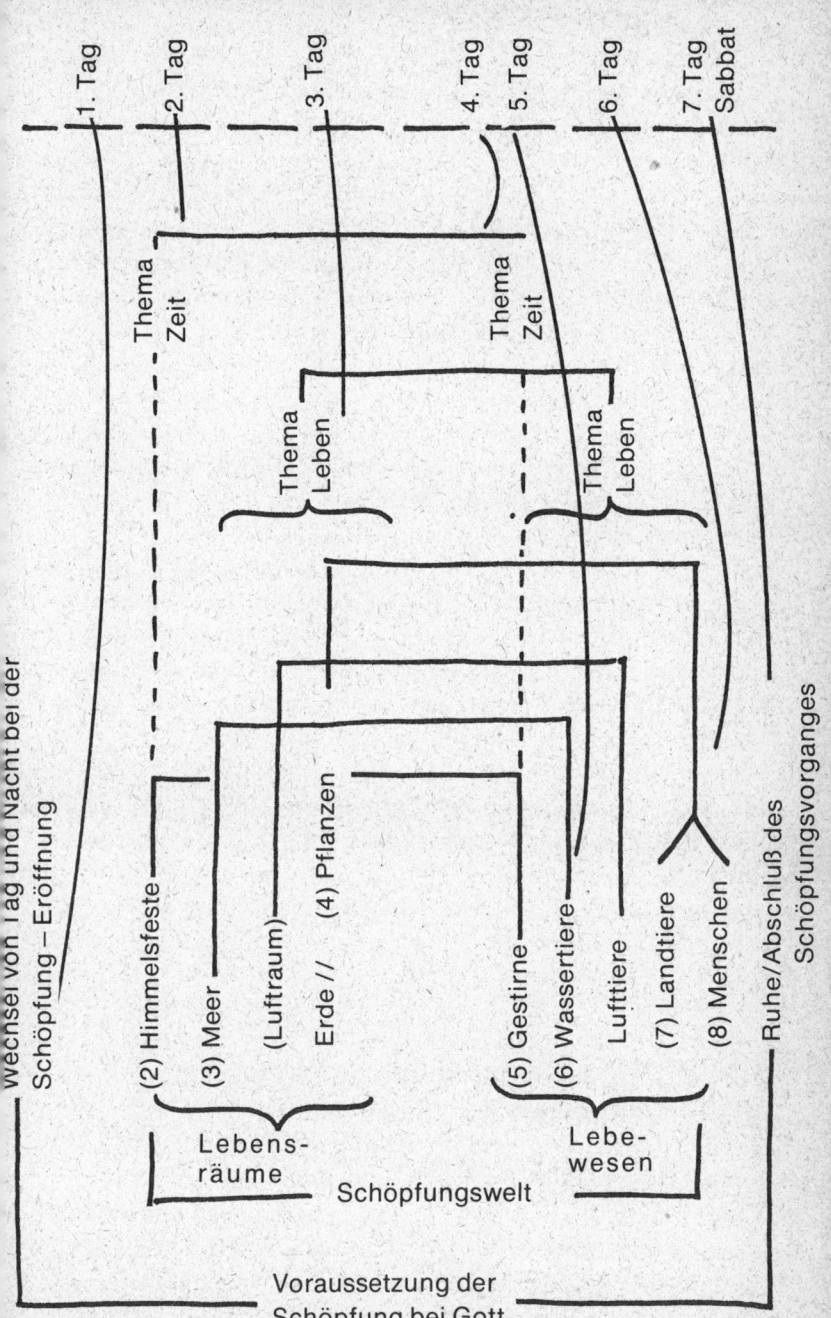

Daß die Schaffung der »Zeit« der Erschaffung des »Lebens« *vorausgeht,* bringt das Grundgeschehen wieder in Übereinstimmung mit neuester Physik: »Man darf vielleicht vermuten, daß der Begriff der Zeit . . . der grundlegendste ist« (C. F. von Weizsäcker, 1962).

Aber nun noch zum 1. und 7. Tag. Sie bilden den Rahmen der Schöpfung, sie schildern den Rahmen und die Voraussetzung des Schöpfungsgeschehens *bei Gott.* Die Schaffung des Lichtes und die Erstellung des Rhythmus von Tag und Nacht ist die Voraussetzung der Weltschöpfung, sonst hätte sie nicht als Tagewerk beschrieben werden können. Dieses Schöpfungswerk hat noch nichts direkt mit der danach erschaffenen Welt zu tun, es kann nicht von uns Menschen erfahren werden – der Tag/Nacht-Wechsel für die Welt wird erst in 1, 14ff. mit den Gestirnen geschaffen. Ebenso verhält es sich mit dem Ruhen Gottes am 7. Tag. Auch dies ist kein Bestandteil der Schöpfung, sondern Rahmen der Schöpfung bei Gott. Die Sieben-Tage-Woche gehört denn auch nicht zum Grundgeschehen, der Sabbat für die Menschenwelt wird erst am Sinai eingesetzt (2. Mose 20, 8f.) und ist zwar im Ruhetag Gottes begründet (20,11), aber nicht identisch mit ihm.

In dieses Gefüge von Schöpfungstagen, Zeit, Leben, Lebensräumen und Lebewesen ist der Mensch *eingebunden* als das zweite Werk des 6. Tages, *gebunden* an alles, was vor ihm geschaffen worden ist, an Zeit, Lebensraum Erde, an Pflanzen und Tiere, dann aber doch hervorgehoben in der Schöpfung Gottes als das Bild Gottes.

3. Nahrungszuweisung und dominium als Mechanismen der Konfliktregelung

Das Grundgeschehen sieht die Erschaffung der Welt mit 1. Mose 1 als vollendet an: Was die Sterne, die Erde, die Pflanzen und die Tiere betrifft, wird die Verwirklichung der Schöpfung berichtet. Für diese Geschöpfe wird sich später zwar noch viel ändern (zum Beispiel in der ökologischen Krise), aber sie selbst bleiben im wesentlichen unverändert. Für den *Menschen* ist das *anders*. Beim Bericht von seiner Erschaffung steht die Formel »und es geschah so:« erst nach dem Verwirklichungsbericht (1, 27–30a) in Vers 30b. Das kann nur heißen: Der Mensch ist noch nicht »fertig«, für ihn umfaßt das Grundgeschehen mehr, als in 1. Mose 1 gesagt ist. Und tatsächlich führen ja die Genealogien, die Schuld-Strafe-Erzählungen und die Flutgeschichte das Grundgeschehen im Blick auf die Menschheit entscheidend weiter.

In einer – ökologisch besonders wichtigen – Beziehung ist das Weitergehen des Grundgeschehens beim Menschen schon in 1. Mose 1 angelegt. Betrachtet man sich noch einmal die Liste der zugeordneten Lebensräume und Lebewesen (S. 127), so fällt folgendes auf: Jede Art Lebewesen hat ihren eigenen Lebensraum – die Gestirne den Himmel, die Wassertiere das Meer, die Lufttiere den Luftraum. Überschneidungen gibt es nicht. Nur im Lebensraum Erde sieht es anders aus. Da müssen sich *zwei Arten von Lebewesen,* Landtiere und Menschen, in *einen* Lebensraum teilen. Der biblische Erzähler ist Realist genug, zu wissen, was das bedeutet: Es kann Probleme geben, es wird Streit geben, wenn der Lebensraum knapp wird. Wir und auch die priesterlichen Verfasser von 1. Mose 1 kennen das hundertfach aus der Geschichte der Völker.

Pointiert gesagt: Indem Landtiere und Menschen ein und denselben Lebensraum bewohnen, ist die *Möglichkeit eines Konfliktes in die Schöpfung eingebaut.* Nicht schon sein Ausbruch, denn einige Einrichtungen Gottes verhindern, daß der mögliche Konflikt schon in 1. Mose 1 zum Ausbruch kommt. Die erste Einrichtung ist, daß sowohl die Wassertiere und die Vögel (1, 22) als auch der Mensch (1, 28) gesegnet werden und ihren jeweiligen Lebensraum durch Vermehrung füllen sollen – nicht aber die Landtiere. Die Erde soll nur vom Menschen gefüllt werden. Über die Fortpflanzung der Landtiere ist nichts gesagt. Die Wachstumskraft, die den anderen Lebewesen aus dem Segen kommt, kommt für die Landtiere anscheinend aus der Erde, aus der sie ja hervorgehen (1, 24) – alte Vorstellungen der Erde als Muttergottheit mögen dahinterstehen. Der Gedanke ist offensichtlich der, daß die Zahl der Landtiere gerade konstant bleibt, so daß keine Konkurrenz zu den Menschen entsteht. Antike Biologie, die wir nicht nachvollziehen können – dennoch ist der Sinn klar: Eine *Übervölkerung* der Erde soll vermieden werden; sie würde sicher den Konflikt auslösen.

Zweiter Konfliktpunkt könnte sein die *Ernährung* beider Arten von Lebewesen. Hier vermeidet die von Gott getroffene Nahrungszuweisung den Ausbruch des Konfliktes (1, 29–30). Sie sieht vor, daß die Landtiere »Gras und Kräuter« essen, das heißt Pflanzen, die von selbst nachwachsen, die nicht angebaut werden müssen; daß die Menschen dagegen Getreide und Baumfrüchte essen, das heißt Pflanzen, die des Anbaus bedürfen. Mit dieser Nahrungszuweisung, die nichts vom Schlachten oder Jagen der Tiere durch den Menschen sagt, sind die Möglichkeiten des Konfliktes im gemeinsamen Lebensraum weiter ausgeräumt.

Was nach diesen beiden Regelungen noch an Konfliktstoff bleiben mag, wird im *dominium,* der »Herrschaft« des Menschen, geregelt. Wobei der eine Teil des dominium, das »Macht euch die Erde untertan!«, die für die Nahrungsregelung notwendige Erlaubnis zum Ackerbau darstellt. Das zweite Element, die Herrschaft über die aus dem Erdboden hervorgegangenen Tiere (1, 26.28), besagt: Wenn es noch Streitpunkte zwischen Landtieren und Menschen im gemeinsamen Lebensraum Erde gibt, dann sollen die Menschen entscheiden (und das gilt auch für Fische und Vögel mit); sie, die Menschen, sind ja das Bild Gottes, das gilt von den Tieren nicht. Mit der Übertragung dieser Entscheidungsgewalt an die Menschen ist natürlich Verantwortung für das Zusammenleben von Menschen und Tieren verbunden. Schon mit dieser ersten Annäherung an das für unseren Ökologie-Zusammenhang entscheidende dominium terrae ist klar, daß die Erdherrschaft des Menschen nach 1. Mose 1 jedenfalls *nicht* schrankenlose Verfügungsgewalt des Menschen über die außermenschliche Schöpfung meinen kann.

Was »Erdherrschaft des Menschen« im Grundgeschehen genauer bedeutet, soll nun näher untersucht werden. Wir führen uns deshalb den Text der Erschaffung des Menschen, des zweiten Werkes des 6. Tages, strukturiert vor Augen:

1. Mose 1, 26–30

Text	Elemente
26 Und Gott sprach: »Laßt uns Menschen machen als unser *Bild,* zu unserem Abbild, so daß sie *herrschen* über Fische, Vögel, Vieh, wilde Tiere, Kriechgetier.«	Entschluß Gottes: Mensch als Bild Gottes Bestimmung des Menschen: dominum über die Tiere
27 Und Gott schuf den Menschen als sein *Bild:* als Bild Gottes schuf er ihn, Mann und Frau (so) schuf er sie;	(Erst-)Ausführung als Bild Gottes als Mann und Frau
28 und es *segnete* sie Gott und es sprach zu ihnen Gott: »Seid fruchtbar und werdet zahlreich und füllt die Erde und *machet* sie euch *untertan* und *herrscht* über die Fische, Vögel, jedes Tier auf der Erde!«	Segen Vermehrung – dominium terrae – dominium über die Tiere
29 Und Gott sprach: »Siehe, ich gebe euch alles Getreide . . . alle Fruchtbäume . . . euch soll es zur Nahrung dienen.	Nahrung für Menschen
30 Allem Wildgetier, Vögeln, Kriechgetier . . . gebe ich alles Gras zur Nahrung!« Und es geschah so: →	Nahrung für Tiere Realisierungsformel

a) Zuerst noch einmal: Das dominium terrae ist eine Konfliktregel; sie soll regeln, was nach der Nahrungsregelung noch an
potentiellem Konfliktstoff auftauchen kann zwischen Landtieren und Menschen im gemeinsamen Lebensraum Erde. Deshalb taucht in der Zweckbestimmung in Vers 26b die Erde als
Objekt der menschlichen Herrschaft nicht auf; hier ist nur von
den Tieren die Rede, nicht von der Erde. Daß sich die Formulierung von 26b nicht nur auf die Landtiere beschränkt, mit denen
der Mensch unmittelbar in Konflikt geraten kann, sondern auch
die Wasser- und Lufttiere mit nennt, weist darauf hin, daß es im
dominium wirklich um das Verhältnis zwischen Mensch und
der außermenschlichen Schöpfung (Natur) geht. Die Landtiere
sind der Teil der Natur, der dem Menschen am nächsten
kommt, deshalb stehen sie stellvertretend für die Natur.

Diese Tatsache in 1. Mose 1 ist von den Auslegern bisher immer mehr unter dem – auch nicht falschen – Aspekt gesehen
worden, die Schöpfung sei in 1. Mose 1 ganz auf den Menschen
zugeschnitten, also »anthropozentrisch«:

Die ökologische Auslegung leugnet diesen Aspekt nicht,
fügt ihm aber die Gegenrichtung hinzu: Die Aufgabe des Menschen gilt, angefangen von den Landtieren, allem Lebendigen
in der Schöpfung und auch dem Unbelebten.

Bei der Nahrungsregelung in Vers 30 sind nur die Landtiere
und die Vögel genannt. Der Grund ist klar: Mit den Wassertie-
ren ist ein Nahrungskonflikt nicht möglich. Fische fressen
keine Pflanzen, und an Fischfang durch Menschen ist ausweis-
lich Vers 29 nicht zu denken!
b) Im Erstausführungsbericht Vers 28 kehren alle *Tiere* von 26b
wieder, und hier begegnet nun auch die *Erde* als Objekt des
menschlichen dominium. Dabei ist nicht ohne Bedeutung, daß
in der Formulierung die Erde nicht direkt vorkommt, sondern

nur das stellvertretende Fürwort »sie«. So ist schon grammatikalisch die dominium-terrae-Formulierung eng mit dem vorausgehenden Auftrag »Füllt die Erde« verbunden. Sachlich ist der Zusammenhang der: Das »Füllen der Erde« durch die Menschen ist einerseits natürlich nichts anderes als die Realisierung des Segens, andererseits aber wissen schon die Israeliten – und wir erst recht –, daß es »Über-Füllung« geben kann. Die Probleme eines überfüllten Lebensraumes gehören zu den Grunderfahrungen Israels in Ägypten: »Die Israeliten aber waren fruchtbar und nahmen überhand, mehrten sich und wurden über alle Maßen zahlreich, so daß das Land (im Hebräischen dasselbe Wort wie »Erde« in 1. Mose 1!) von ihnen voll wurde« (2. Mose 1, 7). *Um die Erde füllen zu können, muß man offensichtlich die Vollmacht haben, über sie zu herrschen.* Auch darin reflektieren sich die negativen Erfahrungen Israels in Ägypten wie die positiven im Land der Verheißung, in Kanaan. Ein Land, eine Erde, die nicht »zur Verfügung« stehen, die nicht »unterworfen« sind (dasselbe Wort in 4. Mose 32, 22. 29; Josua 18, 1), können nicht besiedelt, bewohnt, beackert, nicht gefüllt werden.

Meines Ermessens ist in der gesamten Auslegungsgeschichte das »Macht euch die Erde untertan!« aus den hier aufgewiesenen Bezügen *herausgerissen* und isoliert worden. Es ist aber leicht einzusehen, daß jede dieser Beziehungen, in die das dominium terrae eingebettet ist – ein ökologischer Gesichtspunkt! –, die Formel als Legitimation für den willkürlichen Umgang des Menschen mit der Erde ungeeignet macht. Wie das dominium terrae also (erstens) »nur« eine Konfliktregel ist, so haben wir nun (zweitens) gesehen, daß es »nur« die Voraussetzung für das Füllen der Erde durch den Menschen ist.

Herrschaft über die Erde hängt übrigens eng mit der Herrschaft über die Tiere zusammen, werden die Landtiere doch durch die Erde hervorgebracht (Vers 24) und auch durch die Kraft der Erde als Lebewesen erhalten. Herrschaft über die Tiere muß deshalb auch Herrschaft über den Wurzelgrund der Tiere, die Erde, mitumfassen. Die Schöpfung ist auch hier als kontinuierlicher Zusammenhang erwiesen, vom Anorganischen (Erde) bis zum Organischen (Tiere).

c) Wie haben wir uns die »Herrschaft«, um die es hier geht, vorzustellen? – Zunächst einmal müssen wir uns von dem negativen Assoziationshintergrund etwas frei machen, der für Europäer nach der Französischen Revolution (zu Recht) mit dem Wort »Herrschaft« verbunden ist. Das Alte Testament hätte den Gedanken zum Beispiel einer »herrschaftsfreien Kommunikation« (Habermas) absurd gefunden, weil eine soziale Organisation ohne Oben und Unten, ohne »Herrschaft« nicht vorstellbar war. Dafür aber galt: »Ein Herrschaftsverhältnis, in dem der Herrscher nur Nutznießer seiner Untergebenen ist, ist im Alten Testament undenkbar. Es schließt immer in irgendeiner Weise ein Dasein für den Untergebenen ein« (Westermann, 227).

Die Ausleger sind sich heute einig, daß das Vorstellungs- und Sprachmaterial, mit dem das dominium in 1, 26–28 formuliert ist, aus dem Bereich des Königtums stammt: Wie der *König* über sein Volk herrscht, so soll der Mensch Herr der Tiere und der Erde sein.

Dabei darf man nicht an orientalische Despoten und ihre Grausamkeiten denken, sondern an das Idealbild des israelitischen Königs, der im Alten Testament als irdischer Garant der universalen Schöpfungs- und Lebensordnung gilt. Seine Herrschaft gewährleistet gerechte politische und soziale Verhältnisse und auch gute Ordnung in der Natur. Die Königsfürbitte in Psalm 72 zeigt das plastisch:

»*Gott, gib deine Rechtsmacht dem König und dein Rechtswirken dem Königssohn, daß er dein Volk mit Gerechtigkeit richte und die Abhängigen mit Recht. Die Berge mögen dem Volk schalom (Frieden, Heil) tragen und die Hügel rechte Lebensbedingungen . . . Er gleiche dem Regen, der auf die Aue fällt, den Tropfen, die die Erde befeuchten. In seinen Tagen blühe das Recht und Überfluß an schalom . . .*«

Wenn wir dieses Bild von der Herrschaft des Königs mit dem Gesichtspunkt verbinden, daß das dominium terrae in 1. Mose 1 eine Konfliktregel ist, dann werden besonders diejenigen Funktionen des Königs interessant, die es mit Konfliktregelung zu tun haben: das Richten, das *Rechtswirken* des Königs.

Ein Richter im alten Israel fällt nicht autoritäre Urteile, sondern ist mehr ein Schlichter, eine Art Schiedsmann, der den streitenden Parteien Urteilsvorschläge macht, die sie akzeptieren können – oder auch nicht. Berichte aus der Königszeit Israels zeigen, daß auch der König als Richter in vielen Bereichen solche Schieds-Richter-Funktion hatte; zum Beispiel 2. Samuel 15, 1–6 zeigt das plastisch. Immer, wenn israelitische Könige beginnen, ihre Untergebenen auszubeuten, zum Beispiel durch ungerechtes Richten, setzt sofort schärfster prophetischer Protest ein (Jeremia 21, 11ff.).

Richten ist im Alten Testament nichts anderes als Wiederherstellen eines schalom, der zerbrochen ist. In dieser Weise des königlichen Schalom-Herstellens ist die Herrschaft des Menschen über Tiere und Erde verstanden. Wo es Konflikte zwischen Mensch und Schöpfung gibt, soll der Mensch Schiedsrichter sein, *alles wieder in schalom herrichten,* damit keinem Teil der Schöpfung das Lebensrecht genommen wird.

d) Dem Menschen ist dieses schalom-dominium übertragen, weil er das *Bild Gottes* ist. Die uferlose Diskussion über die Gottesebenbildlichkeit des Menschen braucht uns hier nicht zu beschäftigen, sie zielt meist nur auf die theologische Anthropologie und nicht auf das Verhältnis des Menschen zur außermenschlichen Schöpfung. Für uns ist nur wichtig, »daß der Schöpfer ein Geschöpf schuf, das ihm *entspricht,* zu dem er reden kann und das ihn hört« (Westermann, 217). Die Segnung in 1, 28 enthält erstmals in der Schöpfung das direkte Ansprechen eines Geschöpfes durch Gott: Gott sprach *zu ihnen.* Entsprechung zwischen Gott und Mensch kann im Blick auf das dominium nur bedeuten, daß der Mensch die Erde *so* zu beherrschen habe, wie Gott über seine Welt herrscht. Gott herrscht zwar über seine Welt, aber er vergewaltigt sie nicht; er herrscht sorgsam (vgl. Psalm 104). Ebenso soll der Mensch – geschaffen nach dem Bild Gottes – herrschen; nicht ausbeutende, sondern sorgende Herrschaft entspricht also dem dominium terrae in 1. Mose 1.

Wir erreichen mit dieser Beobachtung dasselbe Ergebnis wie mit der davor angestellten. Das ist nicht zufällig. Stammt die Rede vom Bild Gottes doch ebenfalls aus der altorientalischen Königssprachwelt. Allerdings mit dem Unterschied, daß in 1. Mose 1 nicht nur die Könige Bilder Gottes sind, sondern alle Menschen nach dem Bild Gottes geschaffen worden sind.

Wichtig ist im Blick auf die Umkehrung der Reihenfolge, die wir in der Christentumsgeschichte (s. oben S. 67) festgestellt haben, daß die Gottesebenbildlichkeit des Menschen Voraussetzung des dominium, oder umgekehrt: das dominium Folge der Gottesebenbildlichkeit ist. Keine Rede davon, daß der Mensch durch Ausübung seiner Erdherrschaft die Gottesebenbildlichkeit gewinnen, beziehungsweise wiedergewinnen müsse oder könne. Solch eine Reihenfolge ist schon deshalb auszuschließen, weil sowohl die Gottesebenbildlichkeit als auch das dominium dem Menschen nie abhanden gekommen ist – auch nicht im »Sündenfall«. Beide gehören als Grundgeschehen zu denjenigen Daten des Menschen, ohne die er nicht Mensch und die Schöpfung nicht Schöpfung wäre. Das schließt ihre Pervertierung und menschlichen Ungehorsam nicht aus.

Die enge Verbindung von Bild Gottes/König/Herrschaft über die Tiere und Erde ist noch aus einem anderen Grunde wichtig. In der altorientalischen Umwelt Israels wird in den Schöpfungsgeschichten die Erschaffung des Menschen meist damit begründet, daß die Götter es satt haben, selbst zu arbeiten. Um der lästigen Arbeit zu entgehen, schaffen sie den Menschen, der sie bedienen soll. Die technischen Fertigkeiten, die sie den Menschen geben, sollen die Menschen instand setzen, die *Götter* besser zu *bedienen*.

Davon lesen wir in 1, 26–28 nichts. Die Herrschaft über die Tiere und die Erde dient dem Leben des Menschen und der Gesamtschöpfung. Die große *Freiheit,* die der Schöpfer den Menschen damit gegeben hat, bringt allerdings auch eine große *Verantwortung* mit sich. Der König ist vor Gott für das Leben seines Volkes verantwortlich, das Bild Gottes wird von Gott nicht nur gefragt: »Wo ist dein Bruder Abel?« (4, 9), sondern auch: »Wo ist deine Schwester Erde? Wo sind deine Brüder, die Tiere?«

e) Eine weitere Beobachtung, die auch geeignet ist, unsere These über Segen und Grundgeschehen zu bestätigen, ist die: Die Erd- und Tierherrschaft des Menschen gehört in den Rahmen des *Segens.* Vers 28 beginnt: »und es *segnete* sie Gott«.

Fruchtbarkeit, Vermehrung, die Füllung der Erde und in ihrem Gefolge das dominium terrae sowie die Herrschaft über die Tiere sind nichts anderes als die Realisierung des Gottessegens über das Geschöpf Mensch. Segen kann nicht im Vollsinn Segen sein, wenn er durch die Mißachtung des Lebensrechtes von Mitgeschöpfen zustande käme; deshalb ist das Schlachten und die Jagd von Tieren in 1. Mose 1 nicht vorgesehen. Deshalb liegt auch eine Überfüllung der Erde nicht mehr im Rahmen des Segens Gottes.

Der immer noch geltende Einspruch des Papstes gegen Geburtenplanung kann sich aus diesem Grund nicht auf 1. Mose 1, 28 berufen, wie dies in Humanae vitae geschieht – und auch auf kein anderes Element des Grundgeschehens. Unkontrolliertes Bevölkerungswachstum in Zeiten der drohenden Übervölkerung der Erde ist mit dem Segen nicht vereinbar.

Deshalb ist Georg Picht recht zu geben, wenn er sagt, die Legitimierung der modernen Technik und Naturwissenschaft durch 1. Mose 1, 28 sei zynisch und gotteslästerlich. Ein Segen, der in solchem Umfang die außermenschliche Schöpfung zerstört, daß der Mensch – einer Äußerung des Biologen Friedrich Oehlker zufolge – nur als satanisch-zerstörendes Wesen von der außermenschlichen Schöpfung empfunden werden kann, kann nicht der Segen der Schöpfung sein, wie Gott ihn gemeint hat.

f) Als letzten Punkt der Auslegung von 1. Mose 1, 26–28 noch einmal die Frage: Was meint denn nach diesen Einbindungen des dominium in das Feld Konfliktregelung, in das Füllen der Erde, in die Herrschaft des Königs, in die Gottesebenbildlichkeit – *was meint das dominium eigentlich noch konkret?*

Aus 1, 29 ergibt sich, daß das dominium terrae auf jeden Fall den *Ackerbau* meint. Was die Herrschaft über die Tiere konkret meint, ist 1. Mose 1 nicht zu entnehmen – nur negativ ist Jagd und Tiertötung ausgeschlossen. Man hat gemutmaßt, daß die *Zähmung und das Halten von Haustieren* gemeint sein müsse. Das ist wahrscheinlich.

Um hier weiterzukommen, erinnern wir uns an die Auslegungsregel, die wir oben (S. 114) für das Grundgeschehen aufgestellt haben, nämlich Sintflut und Schöpfung komplementär zu verstehen. Diese Regel empfiehlt sich bei der Erschaffung des Menschen aus einem weiteren Grund: Beim 2. Werk des 6. Tages ist das übliche Schema »Ankündigung/Anordnung – Realisierungsformel – Erstverwirklichungsbericht« durchbrochen. Steck hat gezeigt, daß die Verse 26–30 insgesamt als Erstverwirklichungsbericht zu verstehen sind, der mit der Realisierungsformel schließt (Vers 30b). Die sonst *vor* der Formel stehende Darstellung des Dauervollzugs des Schöpfungswerkes wird hier danach in der Geschichte der Menschheit gegeben: in den Stammbäumen, in der Flutgeschichte usw.

Demnach müssen wir also – natürlich in den priesterschriftlichen Teilen des Grundgeschehens – suchen, ob wir etwas über das Verhältnis des Menschen zu den Tieren finden. Und in der Tat bietet sich die P-Flutgeschichte in 1. Mose 6, 19ff., 7, 13ff. und 8, 15ff. dafür an. An den drei *Wendepunkten* der Fluterzählung – beim Befehl an Noah zum Bau der Arche, beim Betreten der Arche, beim Verlassen der Arche – werden mit großer Ausführlichkeit und immer in der Ordnung von 1. Mose 1 (Fische, Vögel, Landtiere) die Tiere einbezogen.

Zweck dieser Einbeziehung: »um sie mit dir (Noah) am Leben zu erhalten« (6, 19). Bei P genügt zur Erreichung dieses Zweckes jeweils ein Paar Tiere, denn P rechnet ja immer noch mit vegetarischer Ernährung des Noah und seiner Familie (und auch der Tiere) und berichtet nichts von einem Tieropfer nach dem Verlassen der Arche; der Speisevorrat, den Noah nach 6, 21 mitnimmt, besteht laut 1, 29–30 ausschließlich aus Pflanzen.

Die Ausführung des an Noah ergehenden Gottesbefehls (6, 19ff.; 8, 16–17) wird genau berichtet. Die Tiere ziehen in einer Art Prozession feierlich in die Arche ein (7, 13ff.) und wieder aus (8, 18). Damit wird unsere Interpretation des dominium über die Tiere als »sorgsame Herrschaft« eindrucksvoll bestätigt. Noah *sorgt* für das Leben aller Mitgeschöpfe, die von der Flut bedroht sind. (Erde, Luft, Sterne sind ja nicht bedroht; die Sintflut ist nicht als Bedrohung des Gesamtkosmos gedacht.)

Westermann sagt dazu: »Der Mensch ist hier nicht verstanden wie im abendländischen Denken als ein vorhandenes oder vorfindliches Wesen, das wie ein Gegenstand nach seiner physischen und nach seiner psychischen Seite bestimmbar wäre. Nicht dieser gegenständlich vorhandene Mensch ist es, von dessen Rettung aus der großen Weltkatastrophe erzählt wird, sondern der hier gerettete Mensch existiert nicht anders als in den Bezügen, die in seine Rettung eingeschlossen werden: als Gemeinschaftswesen, d. h. hier als Glied einer Familie, *in seinem Verhältnis zu den Tieren* und mit der Versorgung durch Nahrung. So ist der Mensch geschaffen worden; ... allein in diesen Bezügen ist er als Gottes Geschöpf gemeint« (570). Dem entspricht es, daß in 1. Mose 8, 10 die Lebenszusage Gottes nach der Flut »allen lebenden Wesen, die bei euch sind, Vögeln, Vieh und allem Wild des Feldes bei euch, allen, die aus der Arche gekommen sind«, gilt.

4. Das dominium nach der Flut – in unserer Weltzeit

Das Flutgeschehen ist die Mitte des Grundgeschehens, die Schöpfung nur ein Teil des Grundgeschehens. Unsere Welt ist nicht mehr die von 1. Mose 1. Zwischen uns und 1. Mose 1 steht der »Sündenfall«, genauer – wie wir gesehen haben – Verschuldung und Bestrafung der Menschen in allen ihren Gemeinschaftsbeziehungen. Der priesterliche Erzähler rafft die Schuld-Strafe-Geschichten des Jahwisten in einer mehrfach wiederholten Formel zusammen. Am Anfang der Fluterzählung heißt es: »Die Erde war verderbt vor Gott, und die Erde war voll *Gewalttat*« (6, 11). – »Da sprach Gott zu Noah: Das Ende alles Fleisches ist bei mir beschlossen; denn die Erde ist erfüllt von *Gewalttat* von den Menschen her« (6, 13). Gott blickt auf diese Erde voller Gewalttat und kommt nicht mehr wie in 1. Mose 1 zu dem Resultat: »Siehe, es war sehr gut« (1, 31), sondern zu der Beurteilung: »Siehe, sie war verdorben« (6, 12), sie ist in ihrer eigentlichen Funktion zerstört.

P sagt nichts über die Ursache der »Gewalttat«, über die

»Herkunft des Bösen« wird nicht spekuliert, sein Vorhandensein wird konstatiert. Nur eine Angabe darüber hinaus: Die
Menschen sind es, die die »Gewalttat« verüben; dem priester-
lich-kultischen Denken des P entspricht es, daß die Verderbnis
der Menschen als etwas Ansteckendes, Verseuchendes verstanden wird und sich daher auf den Lebensraum der Menschen ausdehnt. So »verdirbt« auch die Erde. Das ist der Grund
für die Flut.

Nach der Flut wird der Segen für die in der Flut bewahrten
Lebewesen erneuert (9, 1–7) und von Gott zugesagt, daß eine
Flut nicht mehr kommen wird (9, 8–17). Gott will die Gewalttat
auf der Erde ertragen, die Sonne soll fortan über Gute und Böse scheinen. Für uns ist besonders *9, 1–7* wichtig, weil im Rahmen der Erneuerung des Segens auch das dominium des Menschen erneuert wird – jetzt unter den Bedingungen von »Gewalttat«.

Es ist erstaunlich, daß gerade diejenigen, die das dominium
terrae zur Techniklegitimierung benutzt haben (s. oben
S. 69 ff.), sich fast nur auf 1. Mose 1 berufen haben. Die heutige Weltsituation – nach der Flut – wird doch in 1. Mose 9
beschrieben, also finden wir dort und nur dort die für uns
relevante Formulierung der Erdherrschaft des Menschen.
Das macht natürlich 1. Mose 1 nicht überflüssig, das meiste
bleibt ja bestehen; gerade beim Verhältnis des Menschen zu
den Tieren ergeben sich aber einschneidende Veränderungen.

Gott wiederholt den Segen von 1, 28 wörtlich (9, 1). Nur die
Herrschaftsformulierungen fallen anders aus:

»*Furcht und Schrecken vor euch (Menschen) soll über die
Tiere der Erde kommen, über alle Vögel . . . über alles Kriechgetier . . . alle Fische im Meer; in eure Hand sind sie gegeben*«
(9, 2).

Das ist nicht mehr die Königssprache, das ist ein völlig anderes Sprachfeld: die Sprache des Jahwekrieges. »Furcht und
Schrecken vor euch . . .« ist die Formel, mit der Jahwe die

Feinde Israels entmutigt (vgl. 5. Mose 11, 25; 2, 25 u. a.), um Israel den Sieg zu schenken. »In eure Hand gebe ich«, das ist die Übergabeformel (Josua 6, 2; 8, 1; 10, 8 u. a.), mit der Jahwe auf Israels Frage nach dem Ausgang des Krieges positiven Bescheid gibt.

Damit ist die Deutung der Situation als »möglicher Konflikt« in 1. Mose 1 bestätigt. Hier nach der Flut ist der *Konflikt* nun voll *zum Ausbruch gekommen* und wird als Krieg zwischen Mensch und Natur beschrieben. So sieht das dominium unter den Bedingungen von »Gewalttat« aus.

Die veränderte Nahrungsregelung in Vers 3 zeigt, wie die Gewalttat in diesem Feld aussieht. Jetzt wird dem Menschen die Fleischnahrung freigegeben und damit die *Tiertötung*. Damit beschreibt P genau unseren heutigen Weltzustand. Die Menschen sind keine Vegetarier mehr, sie jagen, züchten und schlachten Tiere. Die Spannung zwischen 1, 29 und 9, 4 zeigt, daß dieses Ausgeliefertsein der Tiere in die Gewalt des Menschen nicht dem eigentlichen Willen des Schöpfers entspricht. Der Segen wird nicht zurückgenommen, aber für die Menschen ist er nun mit dem Vergießen des Blutes der Tiere erkauft, er realisiert sich auf Kosten der lebendigen Mitgeschöpfe.

Allerdings sind umgekehrt auch die Menschen durch die Tiere bedroht. Das geht daraus hervor, daß Gott das Blut der Menschen, das durch Tiere vergossen wird, »von allen Tieren einfordern wird« (9, 5). Das schlägt sich im israelitischen Recht so nieder: »Wenn ein Rind einen Mann oder eine Frau stößt, so daß sie sterben, so soll man das Rind steinigen und sein Fleisch nicht essen« (2. Mose 21, 28).

Damit sehen wir aber schon, daß es in 1. Mose 9 nicht bei der Feststellung des Konfliktausbruches zwischen Mensch und Natur bleibt, sondern daß gleichzeitig *Maßnahmen* getroffen, Institutionen eingerichtet werden, die beide Konfliktpartner voreinander *schützen,* damit es nicht zum äußersten, zur wechselseitigen Vernichtung kommt.

Dem *Schutz der Tiere vor den Menschen* dient die Einschränkung zur neuen Nahrungsverfügung in Vers 4: »Nur Fleisch mit seinem Leben, seinem Blut, sollt ihr nicht essen.« Der Sinn dieses Verbotes ist: Das Fleisch von Tieren dürft ihr essen; ihr dürft aber nicht mit dem Fleisch des Tieres zusammen das *Leben* des Tieres essen. Das Leben des Tieres soll, indem das Blut auf die Erde ausgegossen wird (die jüdische Schächtung), der Erde zurückgegeben werden – aus der Erde stammt ja das Leben der Tiere (1, 24). So bleibt trotz der Tiertötung der Segen der Gesamtschöpfung, wenn auch in Spannungen, erhalten.

Jacob Milgrom hat die alttestamentlich-jüdische Fortentwicklung dieses »Tierschutzes« verfolgt. Nicht nur wird das Blutverbot peinlich eingehalten (3. Mose 7, 26ff.; 17, 13; 1. Samuel 14, 32ff.). Das Judentum schreitet weiter in der gewiesenen Richtung. Es reduziert die Zahl der Tiere, die gegessen werden dürfen; es erfindet scharfe Regeln für den Vorgang des Schlachtens: Nur ausgewählte Personen haben das Recht zu schlachten, die Schlachttechnik wird penibel darauf ausgerichtet, dem Tier ein Minimum an Leiden zuzufügen, der Talmud regelt die Schärfe der Messer. Den Juden ist die Jagd als Sport verboten. – Setzt man sich dagegen der Erfahrung eines der (nachchristlichen) Schlachthöfe unserer Großstädte aus, so mag man fragen, ob die Christenheit gut beraten war, sich nicht an die ursprüngliche Übernahme des noachitischen Blutverbotes gehalten zu haben (». . . . man solle denen, die sich aus den Heiden zu Gott bekehren, keine Schwierigkeiten machen, sondern ihnen nur vorschreiben, daß sie sich von den befleckenden Berührungen mit den Götzen und von der Unzucht und von Ersticktem und vom Blut enthalten« [Apostelgeschichte 15, 19–20, vgl. 21, 25]) –, falls in dieser Frage überhaupt je ein christlicher Konsens bestanden hat (vgl. Paulus im Galaterbrief 2, 6: »Mir nämlich haben die in Geltung Stehenden nichts Weiteres auferlegt.«).

Der Erhaltung des tierischen Lebens unter den Bedingungen der Gewalt dient weiter eine göttliche Maßnahme, die schon beim Auszug aus der Arche getroffen wurde. Dort erhalten auch die Landtiere die Zusage der Fruchtbarkeit, die in 1. Mose 1, 24–25 offenbar nicht nötig war: ». . . daß sie sich tummeln auf der Erde und fruchtbar seien und sich mehren auf der Erde« (1. Mose 8, 17).

Daß die Tiere jetzt »Furcht und Schrecken« vor den Menschen haben, kann als *wechselseitige Schutzmaßnahme* verstanden werden. Eine Distanz wird hier gesetzt, die zu vertrauensvolle Annäherung wird unterbunden.

Dem *Schutz der Menschen* dient schließlich die schon genannte Zusage Gottes, das Blut der Menschen von den Tieren selbst einzufordern (1. Mose 9, 5). Diese Schutzvorrichtung wird in 9, 6 mit der Gottesebenbildlichkeit des Menschen begründet, die also auch hier wieder in den Zusammenhang des dominium gestellt ist. So schließt sich der Kreis: 9, 7 faßt in einer Art nachgetragener Überschrift noch einmal Segen und Herrschaft über die Erde zusammen.

Nicht unwichtig ist, daß in 1. Mose 9, 5 zum ersten Mal bei P der Konflikt unter Menschen explizit begegnet. Bis dahin hörten wir nur vom Konflikt zwischen Mensch und Natur – nennen wir ihn den ökologischen Konflikt. Für P ist der *ökologische Konflikt* demnach der Rahmen, in den der *soziale Konflikt* hineingehört; 9, 6 bezieht sich auf beide. Ein weiteres Indiz dafür, daß für die Bibel bei aller Betonung der Herrschaftsstellung des Menschen die Kontinuität zwischen Mensch und Natur, das Eingebettetsein des Menschen in den Zusammenhang der Gesamtschöpfung nie zweifelhaft ist.

Fassen wir die Neuregelung der Erdherrschaft des Menschen nach der Flut noch einmal zusammen und stellen sie 1. Mose 1 gegenüber (s. Seite 146).

Sucht man nach einer biblischen Begründung für die Umweltethik, so ist sie hier in den »wechselseitigen Schutzmaßnahmen« gegeben. Natürlich würde es nicht viel bringen, die Schächtung zu übernehmen. Wir teilen die biologischen Anschauungen über das Blut als Sitz des Lebens nicht mehr. Aber die Tendenz der Aussage ist klar, und wir sprechen von ihr her mit Recht von *Umweltschutz, Lebensschutz, Tierschutz, Naturschutz.* Wir kommen später auf diesen Drehpunkt der Argumentation für die nachsintflutliche Welt zurück.

1. Mose 1		*1. Mose 9*
Regelung zur Vermeidung des möglichen Konflikts Mensch – Natur	»Gewalttat« 1. Mose 6	Regelung des ausgebrochenen Konfliktes Mensch – Natur
Nahrung: Mensch und Tier getrennte Pflanzennahrung		Nahrung: Menschen töten Tiere zu Nahrungszwecken
dominium als Sorge des Königs für sein Volk		dominium als Unterwerfung des Gegners im Krieg
		aber: Wechselseitige Schutz-Maßnahmen *»Tierschutz«* – *»Menschenschutz«*

5. Andere alttestamentliche Texte zur Herrschaft des Menschen

In diesem Abschnitt soll gezeigt werden, daß die Grundgeschehensdarstellung von P zwar am ausführlichsten auf unsere Fragestellungen eingeht, dabei aber durchaus von anderen Textpartien des Alten Testaments unterstützt wird. Wir geben einige Beispiele, gehen aber nicht auf Vollständigkeit aus.

Naheliegend ist der Blick auf die Darstellung des Grundgeschehens beim *jahwistischen Erzähler von 1. Mose 1–11.* Einer ökologischen Lektüre dieses Erzählstranges fällt sofort auf, daß J sich mehr als P mit dem Verhältnis des Menschen zur Erde beschäftigt. Das zeigt sich schon darin, daß J den Begriff »Ackererde« *(adamah)* wählt, der die Erde eng mit dem *adam,* dem Menschen, verbindet. Der Mensch ist »aus der Erdkrume vom Ackerboden« geschaffen (2, 7), und es ist offensichtlich seine Bestimmung, den Ackerboden zu bebauen (2, 5). So ist bereits in den ersten Sätzen des jahwistischen Werkes die Verbindung zwischen dem Menschsein und dem Lebensraum des fruchtbaren Erdbodens konstitutiv. 2, 8–15 schildern dann die weitere Einrichtung des menschlichen Lebensraumes: ein Garten mit Fruchtbäumen und – im Vorderen Orient das Wichtigste – mit ausreichender Bewässerung. Kein Schlaraffenland, kein »Paradies« – der Mensch arbeitet im Garten, ja Gott setzt den Menschen in den Garten Eden, damit er den Garten »bebaue und bewahre« (2, 15).

Mit diesem »*Bebauen und Bewahren*« haben wir die schon im Alten Testament gegebene authentische Auslegung des dominium terrae vor uns. Der Mensch als *Gärtner* – das ist vielleicht auch für uns heute ein sprechendes Bild; kann man doch in der liebevollen Gartenarbeit vieler Menschen eher ein Modell des Umgangs mit der Erde finden als in unserer großtechnischen Agrarindustrie! Unvergleichlich auch die Vision von Israel als Garten in 4. Mose 24, 6–7:

»*Wie Täler, die sich ausbreiten,*
wie Gärten am Strom,
wie Eichen, die der Herr gepflanzt,
wie Zedern am Wasser.
Wasser rinnt aus seinen Eimern,
reichlich Wasser hat seine Saat.«

Die Pflege des Gartens ist ohne Mühsal dank der hervorragenden Ausstattung des Lebensraumes Erde, die Arbeit ist hier im »Paradies« keine Plage, sondern Erfüllung des Menschseins, Kontakt mit der Erde, von der wir genommen sind, unser Beitrag zum Bau der Schöpfung. Luther hat viel später den Gedanken der Mitarbeit des Menschen in der Schöpfung Gottes breit aufgenommen: Nicht im Blick auf die Gerechtigkeit der Person vor Gott, aber im Blick auf Welthandeln ist der Mensch cooperator Dei.

In 2, 18–25 wird dem Menschen *Gemeinschaft* gewährt. Die Tiere werden unter dem Stichwort »eine Hilfe, die zum Menschen paßt« aus demselben Erdboden wie der Mensch geschaffen. Der Mensch gibt ihnen Namen und ordnet sie damit seinem Lebensraum ein. Wie »Bauen und Bewahren« das dominium terrae interpretiert, so erklärt diese Einordnung der

Tiere in den Lebensraum der Menschen, was Herrschaft über die Tiere in 1. Mose 1 heißen soll.

Ganz parallel zu P verändert sich beim Übergang von dem Zustand, wie Gott ihn *eigentlich* gemeint hat, zum *faktischen* Zustand der Welt auch das Verhältnis des Menschen zur Erde und zu den Tieren, genauer: zu einem Tier, der Schlange. Die *Ackererde* wird um des Menschen willen verflucht (3, 17–19). Das heißt vor allem, daß die Arbeit auf dem Ackerboden nun mühselig wird; Dornen und Disteln, die gejätet werden müssen, lassen Schweiß auf dem Angesicht des Menschen entstehen. Aber das Aufeinanderverwiesensein von Mensch und Ackererde bleibt, kehrt der Mensch doch am Ende seines Lebens zur Ackererde zurück, von der er genommen ist.

Die *Schlange* wird verflucht und zu kriechender Lebensweise verurteilt (3, 14–15). Zwischen ihr und dem Menschen wird Feindschaft herrschen. Westermann sieht aber wohl richtig, daß dies nicht allgemeine Feindschaft zwischen Menschen und Tieren bedeutet (353). Diese Meinung wird bestätigt durch eine Szene aus der jahwistischen Flutgeschichte, die wegen ihrer Anmut und ihrer Bedeutung für das Mensch-Tier-Verhältnis wiedergegeben werden soll:

»*Und nach Verlauf von 40 Tagen öffnete Noah das Fenster der Arche, das er gemacht hatte, und ließ die Taube von sich weg ausfliegen, um zu erfahren, ob sich die Wasser vom Erdboden verlaufen hätten. Aber die Taube fand keinen Ort, wo ihr Fuß ruhen konnte, so kam sie zu ihm zurück in die Arche, denn noch war Wasser über die ganze Erde hin. Da streckte er seine Hand aus, nahm sie und brachte sie zu sich in die Arche. Hierauf wartete er noch weitere sieben Tage; dann ließ er die Taube noch einmal aus der Arche hinaus. Und die Taube kam um die Abendzeit zu ihm zurück und siehe, sie hatte ein frisches Ölblatt im Schnabel. Da merkte Noah, daß sich die Wasser von der Erde verlaufen hatten. Hierauf wartete er noch weitere sieben Tage, dann ließ er die Taube hinaus, und diesmal kam sie nicht wieder zu ihm zurück*« (1. Mose 8, 6–12).

So sind die Tiere dem Menschen eine »Hilfe« (2, 18), auch nach der Flut noch. Sie können ihm in tödlicher Gefahr das

Leben retten. Man könnte hier mit modernen Anthropologen davon sprechen, daß die Taube eine Organverlängerung des Menschen ist – sie reicht dorthin, wo Hand und Auge des Noah nicht hinreicht –, aber das wäre zu instrumental gedacht. In der Vogelszene kommt alles auf das *Vertrauens*verhältnis zwischen Mensch und Tier an. Nur weil sie sich beim Menschen geborgen fühlt, kehrt die Taube zurück, und Noah »streckte seine Hand aus, nahm sie und brachte sie zu sich in die Arche«. Nur aufgrund dieses Vertrauens bringt sie das zweite Mal ein frisches Ölblatt im Schnabel zurück. Westermann sieht in dieser vertrauensvollen Zusammenarbeit zwischen Mensch und Vogel den Beginn des Experimentes – allerdings eines Experimentes ohne Vergewaltigung der Natur.

Die Szene weist uns auch darauf hin, daß bei J die fortschreitende Entwicklung des »die Erde bebauen und bewahren« in den *Kulturerrungenschaften* des Menschen dargestellt ist. Unserer Vogelszene entspricht eine *Technik* der antiken Schifffahrt, die den Kompaß nicht kannte: Vögel mit sich zu führen, um sie auf hoher See fliegen zu lassen und durch ihren Flug die Richtung nach dem Land hin bestimmen zu können.

Diese Errungenschaften sind den Menschen nicht wie in den Mythen der Umwelt zum Bedienen der Götter gegeben. Sie sind *profane* Errungenschaften. »Hier steht die biblische Urgeschichte gegen die gesamte vorderorientalische Mythologie auf dem Boden, auf dem dann das moderne, säkularisierte Geschichtsverständnis erwuchs: alle Kulturgüter sind menschliche Errungenschaften« (Westermann, 84). Die Menschen führen die Arbeitsteilung ein (1. Mose 4, 1), sie bauen Städte (4, 17 b), erfinden das Zelt (4, 20), sie machen sich Musikinstrumente (4, 20), sie schmieden Erz (4, 21), sie bauen Wein an (9, 20; vgl. 5, 29) und bauen gewaltige Türme (11, 1–9).

J weist deutlich auf die *Ambivalenz* der Errungenschaften hin: Einerseits steigern sie die Lebensmöglichkeiten des Menschen und sind ihm so eine »Hilfe«: Der Wein schafft Erquikkung bei der schweren Arbeit (5, 29), er »erfreut des Menschen Herz« (Psalm 104, 15); andererseits aber bringt er Probleme zwischen den Generationen (9, 18ff.). Das Erz- und Eisen-*schmieden* erleichtert die Ackerarbeit, macht aber durch die

Waffenherstellung Lamechs unmäßige Rache möglich (4, 23 f.). Die Technik des *Ziegelbrennens* bringt bessere Häuser, der Turmbau in Babel aber ist Hybris gegen Gott, Zerstreuung der Menschheit die Folge. So weist J auf die tiefe Ambivalenz des technischen Tuns der Menschen im Grundgeschehen hin. Daß nicht nur den Menschen, sondern auch der Natur insgesamt aus der Technik Schaden und Zerstörung zugefügt werden könnte, ist bei ihm weniger im Horizont als bei P.

Sonst aber bestätigt dieser flüchtige Blick auf das Grundgeschehen bei J unsere Beobachtung bei P vollauf.

Wir könnten die ökologische Auslegung alttestamentlicher Texte ziemlich lange fortsetzen. Das Ergebnis wäre im groben immer dasselbe. Die sicherlich wichtigen Nuancen festzustellen ist eine Aufgabe der alttestamentlichen Wissenschaft, die bisher kaum angepackt worden ist.

Hier soll noch ein Text genannt werden, der unserer ökologischen Aufmerksamkeit keinesfalls entgehen sollte. Es ist der *8. Psalm,* der als ein später Psalm zwei Linien des Redens von Schöpfung in sich vereinigt, die sonst getrennt laufen. Rainer Albertz hat gezeigt, daß beim Zweiten Jesaja (Jesaja 40 ff.), bei Hiob und in den Psalmen die Erschaffung der *Welt* und die Erschaffung des *Menschen* zunächst verschiedene Dinge sind. Die *Erschaffung der Welt* wird da angesprochen, wo an Gottes weltüberlegene Macht appelliert wird, im Hymnus des israelitischen Tempelgottesdienstes, im beschreibenden Lob Gottes:

> »*Lobet den Herrn . . .,*
> *der den Himmel mit Weisheit gemacht hat,*
> *der die Erde festgestampft hat über den Wassern,*
> *der die großen Lichter gemacht hat . . .*« (Psalm 136).

Die *Erschaffung des Menschen* begegnet da, wo an die Zuneigung Gottes zu seinem Geschöpf appelliert wird, wo ein Mensch in Not sich auf das Vertrauen zwischen Gott und Mensch beruft, in der Klage des einzelnen, die privates Gebet ist und nicht öffentlich:

»*Ich will meiner Klage freien Lauf lassen, will sprechen zu*
Gott: ...
Ist dir's denn ein Gewinn, ...
daß du verwirfst das Werk deiner Hände? ...
Deine Hände haben mich kunstvoll gemacht und gebildet; ...
Gedenke doch, daß du wie Ton mich gebildet!
Und zu Staub willst du mich wieder machen?
Hast du mich nicht hingegossen wie Milch und wie Käse mich
gerinnen lassen?
Mit Haut und Fleisch hast du mich umkleidet und mich durch-
flochten mit Knochen und Sehnen.
Leben und Lebenskraft hast du in mich gelegt,
und deine Fürsorge hat meinen Odem behütet«
(Hiob 10, 1.3.8−12).

Ökologisch wichtig werden die Texte, in denen *beide Schöp-*
fungslinien, Menschen- und Weltschöpfung, miteinander *ver-*
schmolzen sind. Das sehen wir in 1. Mose 1 und in 1. Mose 2,
wobei 1. Mose 1 aus der Weltschöpfungstradition herkommt
und 1. Mose 2 aus der Menschenschöpfungstradition. Wir finden es wieder in Psalm 8: die Weltschöpfung in Vers 3b−4, die
Menschenschöpfung in Vers 5−9. Und wie in 1. Mose 1 und 2
begegnet uns auch hier das dominium des Menschen in der
Schöpfung:

»*Du setztest ihn zum Herrscher*
über das Werk deiner Hände,
alles hast du ihm unter die Füße gelegt:
Schafe, Rinder ...
Tiere des Feldes ...
Vögel des Himmels ...
Fische im Meer ...« (6−9).

Wieder die Königssprache wie in 1. Mose 1, 28; wieder die
Herrschaft über die Tiere als den Teil der außermenschlichen
Schöpfung, der an die Menschen heranreicht. Über das
dominium lernen wir neu, daß es das Gelenk, die *Drehscheibe*
zwischen Welt und Menschenschöpfung ist. Es ist die Kontakt-
stelle, an der der Mensch sowohl seine Distanz von der Welt als

auch sein Eingebundensein in sie und seine Verantwortung für sie entdeckt.

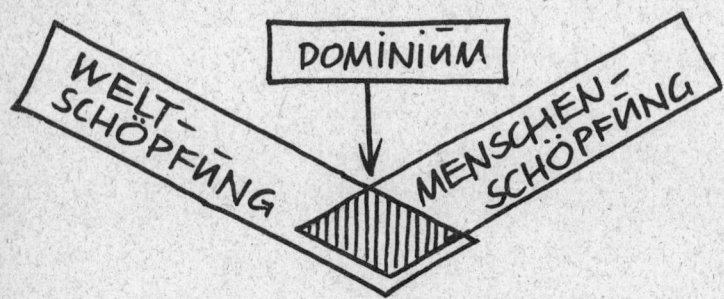

Damit ist auch biblisch-theologisch begründet, was wir im 3. Abschnitt des 1. Kapitels anthropologisch begründet haben: Die Manipulation der Schöpfung zu beenden kann nicht das Ziel sein; sie zu *reduzieren* ist das Gebot der Stunde. Herrschaft des Menschen über die außermenschliche Schöpfung gehört – anthropologisch wie theologisch – zur Wesensbestimmung des Menschen, begründet sein Weltverhältnis und macht ihn – als Bild Gottes – verantwortlich für die Schöpfung vor Gott.

Vom Alten zum Neuen Testament: Die Befreiung der Schöpfung

1. Verheißungen des Endgeschehens

». . . auch das Geschaffene wird befreit werden« – das ist die markanteste Aussage des Neuen Testamentes zur Schöpfung (Römer 8, 21). Es leuchtet ein, daß eine solche Verheißung nur auf jenem Hintergrund einen Sinn hat, den wir mit der Spannung von »eigentlich« und »faktisch« im Grundgeschehen bezeichnet haben. Für eine Descartessche Weltsicht, in der die außermenschliche Schöpfung nur totes Material ist, muß der Gedanke einer Befreiung dieses »Materials« unsinnig sein; es kann da nur um Befreiung des Menschen gehen, nicht um »die Befreiung des Tieres, der Pflanzen, der Ozeane, der Wälder, Wüsten, Berge und Täler«, die Charles Birch in Nairobi eingefordert hat (s. oben S. 23).

Die Verheißung des Römerbriefs steht in der Bibel nicht einzig da. Paulus steht hier in einer Tradition, die schon in den alttestamentlichen Prophetenbüchern zu finden ist. Die Schilderung des messianischen Friedensreiches in *Jesaja 11, 1–9* soll uns als Beispiel dienen.

Das Kommen und der Herrschaftsantritt des Messias-Königs aus dem Hause Davids wird zwei Folgen haben. Die eine: Das Recht wird aufgerichtet, vor allem die Unterdrückten und Benachteiligten erfahren Gerechtigkeit. Die zweite, eine ökologische Folge: Frieden wird sein unter den Tieren und zwischen Mensch und Tier; beschrieben wird der Frieden als friedliches

»Beieinanderwohnen von Tier und Tier und Mensch und Tier (6–8). Der Wolf wird die Gastfreundschaft des zarten Lammes genießen. Der Leopard wird beim Böckchen liegen. Der Löwe wird Vegetarier sein, der junge Löwe sich mit dem Kalb auf der Weide herumtreiben, der alte Löwe wie das Rindvieh Häcksel fressen« (Wildberger, 457). Die Familien von Kuh und Bär lagern beieinander. Kleinkinder und Säuglinge – Menschen in dem Stadium, in dem sie den Tieren am meisten ausgeliefert sind – spielen mit gefährlichen Schlangen (wahrscheinlich der Kobra).

Die *Anklänge an das Grundgeschehen* sind nicht zu übersehen: Das Verhältnis des Menschen zur Schöpfung wird wieder am Verhältnis der Menschen zu den Tieren verdeutlicht (vgl. 1. Mose 1, 26.28; 2, 18ff.); alle Tiere ernähren sich von Pflanzen wie in 1. Mose 1, 30; ausgerechnet das gute Verhältnis der Schlange zu den Menschen wird dargestellt (vgl. 1. Mose 3, 14ff.). Allerdings sind auch die Unterschiede deutlich: Von einer Herrschaft des Menschen ist überhaupt nicht mehr die Rede, weder von der ausbeutenden Herrschaft, die 1. Mose 9 zu mildern sucht, noch von der sorgenden Herrschaft in der ursprünglichen Schöpfung. In der verheißenen Zukunft gibt es anscheinend nicht einmal mehr die Möglichkeit des Konfliktes zwischen Mensch und Natur.

Man wird daher der verbreiteten Meinung entgegentreten müssen, daß die Verheißungen des Friedensreiches nur die Wiederherstellung des »Paradieses« von 1. Mose 1–2 meinen. Sie gehen weit darüber hinaus: »Urzeit« und »Endzeit« entsprechen sich nicht in allem. Es ist nicht richtig, daß 1. Mose 1–2 als an den Anfang verlegte Prophetie anzusehen ist. (Die Konsequenzen dieser Beobachtung können hier nicht entfaltet werden.)

Auch die Zusammenfassung: »Nichts Böses und nichts Verderbliches wird man tun auf meinem ganzen heiligen Berg; denn das Land wird voll sein von Erkenntnis Gottes wie von Wassern, die das Meer bedecken« (11, 9) – erinnert sie nicht an jene »Verderbnis« (1. Mose 6, 11), die zur Folge hatte, daß nicht Erkenntnis Gottes wie Wasser die Erde bedeckte, sondern Wasser tatsächlich die Erde überflutete?

Die Verheißung in Jesaja 11 hat eine Zukunft *innerhalb* der Geschichte im Blick, der »heilige Berg« ist der Tempelberg in Jerusalem. Allerdings gilt die Ankündigung nicht nur für Israel, der Messias wird »ein Feldzeichen für die Völker« (11, 10) sein. Wir sehen noch im Alten Testament eine Entwicklung, an deren Ende eine Hoffnung steht, die nicht mehr nur auf Innergeschichtliches zielt, sondern auf eine göttliche *Verwandlung der gesamten Welt* geht:

»Denn siehe, ich schaffe neu den Himmel und die Erde.
Des Früheren wird man nicht mehr gedenken . . .
Wolf und Lamm weiden einträchtig,
der Löwe frißt Gras wie das Rind.
Sie schädigen nicht und verderben nicht
auf meinem ganzen heiligen Berge, spricht der Herr« (Jesaja 65, 17. 25).

Hier steht der Tierfrieden – sichtbar ein Zitat aus Jesaja 11 – im Rahmen der universalen Hoffnung der Verwandlung der Welt, des Himmels und der Erde. Und diese Form der eschatologischen Hoffnung für Erde, Mensch und Himmel ist der Hintergrund der neutestamentlichen Zusage über die Zukunft in Christus. Die *Offenbarung des Johannes* nimmt im *21. Kapitel* ausdrücklich Jesaja 65, 17 auf:

»Und ich sah einen neuen Himmel und eine neue Erde;
denn der erste Himmel und die erste Erde sind verschwunden,
und das Meer ist nicht mehr« (21, 1).

Die beiden letzten Kapitel der Bibel machen völlig klar, daß die Hoffnung weit über eine Wiederholung der ursprünglichen Schöpfung hinausreicht. In der neuen Welt wird »das Zelt Gottes bei den Menschen« sein, das heißt, »Gott wird bei den Menschen wohnen« (21, 3). Damit werden alle Tränen von den Augen abgewischt sein, »der Tod wird nicht mehr sein, und kein Leid noch Geschrei noch Schmerz wird mehr sein« (21, 4). Im Grundgeschehen war der Tod ein selbstverständlicher Bestandteil des Lebens; das wird jetzt anders. Die vier Ströme des Paradieses aus 1. Mose 2 werden ersetzt sein durch »einen Strom des Lebenswassers, klar wie Kristall«, der von Gott selbst ausgeht (Offenbarung 22, 1). An der Seite dieses Stromes stehen die Lebensbäume, die zwölfmal im Jahr Frucht bringen und deren Blätter der Heilung der Völker dienen (22, 2).

Der Rhythmus von Tag und Nacht – Grunddatum der ersten Schöpfung – wird aufhören:

>*»Es wird keine Nacht mehr geben,*
>*und sie bedürfen nicht des Lichtes einer Lampe*
>*noch des Lichtes der Sonne;*
>*denn Gott der Herr wird über ihnen leuchten«* (22, 5).

Eine früher ausgesprochene Vermutung bestätigt sich: Anders als im Rettungsgeschehen wird wie im Grundgeschehen so auch in den apokalyptischen Texten das Verhältnis des Menschen zur Natur ausdrücklich thematisiert, weil hier das Ganze im Blick ist. Der Ring vom Anfang zum Ende der Bibel schließt sich:

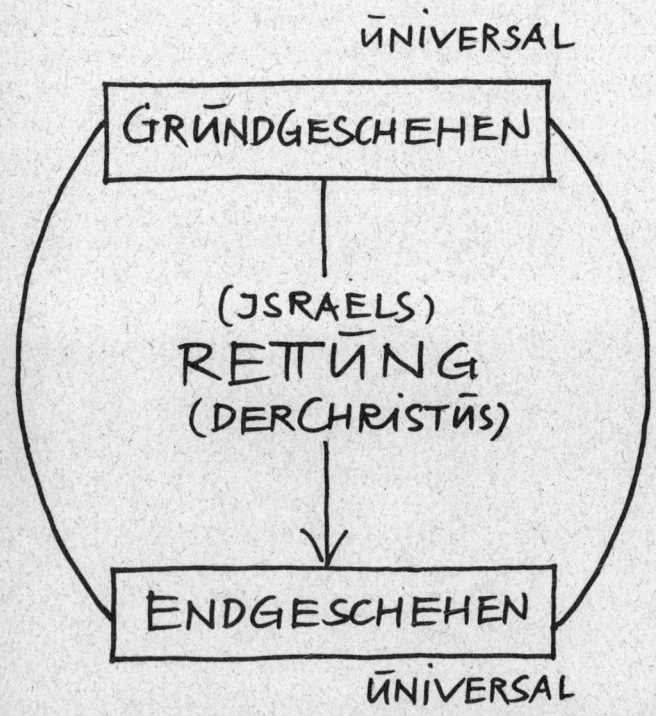

2. Die Gegenwart des Kommenden

So schön die Schilderungen des endzeitlichen Friedens der neuen Schöpfung sind, können sie eine reale Hoffnung begründen? Artikulieren sie mehr als eine Sehnsucht? – Bleibt es nicht doch dabei, daß die Schlußformeln des Grundgeschehens in 1. Mose 9 mit ihrer »Notordnung« das für unsere Weltzeit gültige Wort bleiben?

Diese Frage müßte positiv beantwortet werden, wenn Grund- und Endgeschehen nicht *verbunden* wären *mit dem Rettungsgeschehen* in der Mitte der Bibel. Wir haben diese Verbindung zuerst bemerkt in der Flutgeschichte, in der sich schon im Grundgeschehen das Phänomen der Rettung im Schicksal des Noah findet. Der Gottesbefehl an Noah, sein Gehorsam, seine Rettung in der Arche – hier beginnt Gott im Grundgeschehen mit der Rettungsgeschichte. Genauso erhält Mose später in Ägypten den Befehl Gottes zum Auszug aus der Sklaverei; er gehorcht, und das Volk wird frei. Ebenso empfängt Maria, die Mutter Jesu, die Ankündigung des Engels Gottes; sie gehorcht, und der Retter der Welt wird geboren: Jesus der Christus.

Die Rettung, die Gott in Jesus in Gang gesetzt hat, schließt das Geschöpfliche, die Natur, die außermenschliche Kreatur, die Erde nicht aus, sondern ein: »Frieden auf Erden« (Lukas 2, 14) bringt sie mit sich. Das zeigt sich im irdischen Leben *Jesu* besonders in drei Elementen:

a) *Jesus heilt Menschen:* Für uns – besonders uns Protestanten – ist Jesus fast immer nur der Verkünder des Gottesreiches, ein Prediger. In den Evangelien steht aber das heilende Tun gleichberechtigt neben dem Reden Jesu. Mag es sich um »Wunder« handeln, die uns naturwissenschaftlich nicht recht faßbar sind, jedenfalls hat Jesus die Menschen nicht nur zur Umkehr gerufen, sondern auch geheilt, er

»predigte das Evangelium vom Reich
und heilte jede Krankheit
und jedes Gebrechen im Volk« (Matthäus 4, 23).

Der rettende Glaube hat Konsequenzen bis in Leibliche, bis ins Kreatürliche.

b) *Jesus macht Menschen satt.* Die Urgemeinde in Jerusalem wußte, warum sie neben der Lehre, der Gemeinschaft und dem Gebet auch das Brotbrechen übte, wenn sie zusammenkam (Apostelgeschichte 2, 42). Jesus hatte es ebenso gehalten: bei der Speisung der vielen mit Brot und Fisch, als Auferstandener am See Genezareth (Johannes 21, 13), mit den Emmausjüngern (Lukas 24,30) und beim Mahl in der Passahnacht, der Nacht der Befreiung. Mitten im Zentrum des Rettungsgeschehens finden wir also dieses Element des Grundgeschehens: »Er gab das Brot« – wie Gott die Nahrung Menschen und Tieren zugeteilt hat.

c) Jesus macht Vorgänge in der *Natur zum Bild* des Verhaltens der Geretteten. Die Vögel des Himmels, die Lilien auf dem Feld leben so, wie Gott es »eigentlich« gemeint hat (Matthäus 6, 25ff.), ohne Sorge um die Zukunft. Der von Jesus gerettete Mensch kann (wieder) in das Ur-Vertrauen des Grundgeschehens einkehren und Gott die Sorge für den morgigen Tag überlassen.

Das bedeutet: Das Kommen des Gottesreiches in Jesus Christus macht so viel von jener *Hoffnung* auf ein Endgeschehen, welches das Grundgeschehen überbietet, *gegenwärtig,* daß jene Hoffnung nicht grundlos ist, sondern einen realen Anhaltspunkt hat. Das unterscheidet unsere Situation als Christen von der Situation in 1. Mose 9. Wohl gilt noch alles, was in 1. Mose 9 gesagt ist, aber dennoch ist unsere Hoffnung in Christus real. Von daher sollten wir auch in Umständen, die für die Schöpfung viel schlechter sind als die Umstände von 1. Mose 9, dennoch die Hoffnung für die Schöpfung nicht aufgeben.

Ein kräftiges Zeugnis der Hoffnung findet sich im Kolosserbrief, in dem Hymnus, der in *1, 15–20* aufgenommen worden ist. Seine ursprüngliche Gestalt ist:

> A Er ist das Bild des unsichtbaren Gottes,
> der Erstgeborene aller *Schöpfung;*
> denn in ihm wurde alles geschaffen, im Himmel
> und auf der Erde, das Sichtbare und das Unsichtbare;
> durch ihn und auf ihn hin ist alles geschaffen.

Und er ist vor allem,
und alles findet in ihm seinen Zusammenhang,
und er ist das Haupt des Leibes.
B Er ist der Anfang
der Erstgeborene von den Toten;
denn in ihm gefiel es aller Fülle Wohnung zu nehmen,
und durch ihn und auf ihn hin alles zu *versöhnen,*
Frieden schaffend sei es dem auf der Erde,
sei es dem im Himmel.«

Die beiden parallel gebauten Strophen (A und B) zeigen dieselbe Verbindung von Rettungsgeschehen und Schöpfung, die wir in der Jesusüberlieferung fanden: A spricht von der Schöpfung, B von der Versöhnung. Jesus Christus ist nicht nur der Versöhner, der Frieden auf Erden und im Himmel schafft; er ist auch der »Mittler der Schöpfung«, durch ihn, in ihm ist alles geschaffen, er ist das wahre Ebenbild Gottes, nachdem die Gottesebenbildlichkeit des Menschen faktisch fast unsichtbar geworden ist; er ist der Mensch, wie Gott ihn gemeint hat, und darüber hinaus als der vom Tod Auferstandene derjenige, von dem in der Tat gilt: »Der Tod wird nicht mehr sein.«

Eduard Schweizer hat unlängst herausgestellt, daß der Lobhymnus des Kolosserbriefes nur zu verstehen ist, wenn man die Ängste der Menschen kennt, die ihn angestimmt haben. Sie sind den Ängsten ähnlich, die sich in der Fluterzählung als der Mitte des Grundgeschehens artikulieren: *Es geht um den Bestand der Welt.* Eine letztlich von Heraklit stammende Weltanschauung lehrt den »Streit in den Gliedern, in den Elementen des Weltalls«; bei Hippokrates – in der Zeit des Kolosserbriefes – ist von der »Vernichtung aller durch alle« im Weltall die Rede. »Die Erde war nicht mehr der sichere Boden, auf dem man festen Stand gewinnen konnte. Sie war brüchig geworden. Alle Elemente waren im Aufruhr, und nur das prekäre Gleichgewicht im Kampf aller gegen alle hielt die Welt einigermaßen zusammen. Aber Naturkatastrophen ließen ahnen, was geschehen könnte, wenn eines der Elemente das Übergewicht bekäme, die Erde zur Dürre, das Wasser zur Flut, das Feuer zum

Vulkanausbruch, die Luft zum Zyklon würde. Wer garantierte, daß sich die Elemente nicht völlig aus ihrer Ordnung lösten, so daß der gesamte Kosmos in einem fürchterlichen Weltenbrand oder einer alles vernichtenden Sturmflut auseinanderbrachen?« (Schweizer, 217).

Vor diesem Hintergrund versteht man erst, was es bedeutet, daß der Kolosserhymnus nicht nur von der Versöhnung der Menschen und der Menschen mit Gott, sondern von der Versöhnung des »Alls« redet, »dem auf der Erde und dem im Himmel«. Das heißt doch: Die Rettung des Menschen in Christus vollzieht sich nicht in einer oberen Welt oder in einer Seele, sondern auf dieser Erde, in dieser Welt. Deshalb ist auch dieser Kosmos ins Rettungsgeschehen einbezogen. Zumal der Versöhner derselbe ist, der schon in der Schöpfung der Welt die zentrale Rolle spielt, als »Erstgeborener aller Schöpfung«. *Gottes endgültiges Ja zu seiner Schöpfung in Jesus Christus kann die Weltangst nehmen.*

Der Hymnus lobt die welterhaltende Rettungstat Jesu Christi als uneingeschränkte Gegenwart – anders als wir es in der Offenbarung des Johannes sahen, wo die »neue Welt« zukünftig verheißen war. Geht die uneingeschränkte Gegenwartsaussage nicht an der uns allen sichtbaren Realität vorbei? Hat in ihr nicht das *»schon jetzt«* das *»noch nicht«* zu sehr überrundet – um eine Theologenformel für die Gegenwart des Kommenden zu gebrauchen? – Offensichtlich gingen dem Verfasser des Kolosserbriefes die Aussagen des Hymnus auch schon zu weit. Er korrigierte und »realisierte« sie durch *zwei* Kurz*kommentare:* In der Strophe B fügte er bei der Versöhnungsaussage ein: »durch das Blut seines Kreuzes«; und in Strophe A interpretierte er den »Leib«, dessen Haupt Christus ist, als »die Kirche« – der Hymnus hatte darunter den »Leib der Welt« verstanden. Beide Einfügungen machen darauf aufmerksam, daß die Versöhnung aller zwar geschehen, aber noch verborgen (Kolosser 2, 3; 3, 3) und deshalb *nur im Kontrast erfahrbar* ist – im *Leiden,* wie der Verweis auf das Kreuz klarmacht. Deshalb ist auch der Christusleib jetzt »nur« die Kirche, stellvertretend für den Kosmos. Damit wird dem »schon jetzt« der Versöhnung nichts abgemarktet. Das Loblied der Christen darf

anbetend den Inhalt der Hoffnung als schon vollendet gegenwärtig singen. Wenn das Reden sich aber verändert und nicht
mehr Anrede Gottes, sondern Rede zwischen Menschen wird,
wie es im Kolosserbrief geschieht, dann muß dem Rechnung
getragen werden, daß wir »den Schatz noch in irdenen
Gefäßen« haben, daß die Versöhnung in der Schöpfung (noch)
unter den Bedingungen der alten Welt gegenwärtig ist und
nicht anders – daß 1. Mose 9 (noch) gilt, allerdings aufgrund
der großen Hoffnung auch von uns Menschen eingehalten werden kann: *der Schutz allen Lebens*.

3. Das Seufzen der Kreatur und ihre Befreiung

Ganz in der Linie der Kolosserbriefinterpretation, aber viel
ausdrücklicher ist die berühmte Passage des Römerbriefs des
Paulus (Römer 8, 18ff.), die übrigens keinesfalls eine Nebenbe-
merkung des Paulus darstellt, sondern das, »was Paulus auf
dem Höhepunkt seiner Theologie und Verkündigung zum Thema Eschatologie zu sagen hatte« (Horst Balz, 126).

Es beginnt schon in dem vorausgehenden Kapitel des *Rö-
merbriefes* damit, daß Paulus die Rettung nicht nur als
Befreiung vom Gesetz (7, 1–6) und von der Sünde (6, 1–23),
sondern zuerst als Befreiung vom Tod (5, 12–21) beschreibt.
Wir haben gesehen, daß sowohl »Sünde« als auch »Tod« Kategorien des Grundgeschehens sind, in denen bei Paulus die Rettung verkündigt wird. So ist es nicht überraschend, daß in die
Darstellung des »neuen Lebens« in *Kapitel 8* auch die außermenschliche Schöpfung eingeschlossen ist.

Paulus geht in der für uns wichtigen Erörterung (8, 18ff.) von
dem aus, was der Kolosserbrief erst als Interpretation hinzufügt
– *vom Leiden*. Das neue, durch Christus geschenkte Leben ist
nur vorhanden unter den Bedingungen dieser Zeit. Aber – sagt
Paulus –:

»*Nicht gleiches Gewicht haben die Leiden der gegenwärtigen Zeit mit der künftigen Herrlichkeit, die an uns offenbart
werden soll*« (8, 18).

Damit will Paulus weder das Leiden Christi noch das Mit-Christus-Leiden der Christen (8, 17) abwerten. Eher im Gegenteil: Diese Leiden markieren den Zusammenprall der Heillosigkeit dieser Welt mit dem Heil Gottes und verweisen deshalb auf die kommende Herrlichkeit. Die Verse 19ff. geben *drei »Beispiele«* für diese Erklärung des Leidens mit Christus: 1. das Leiden der *Schöpfung,* 2. das Leiden der *Christen,* 3. das Leiden des *Gottesgeistes* – jeweils als Anzeige der Gegenwart der kommenden Herrlichkeit. In unserem Zusammenhang ist natürlich das Beispiel 1 besonders wichtig:

»Späht doch das sehnsüchtige Harren der Schöpfung danach aus, daß Offenbarung der Kinder Gottes erfolgt. Denn der Nichtigkeit wurde die Schöpfung unterworfen, ungewollt, aber in Hoffnung (belassen), auf den blickend, der sie unterworfen hat. Darum wird sogar die Schöpfung als solche befreit werden von der Knechtschaft der Vergänglichkeit zur herrlichen Freiheit der Kinder Gottes. Denn wir wissen, daß die gesamte Schöpfung bis in die Gegenwart hinein ungemein seufzt und in Wehen liegt« (19–22).

Wir entnehmen diesem Passus zunächst, daß wichtige Elemente des Grundgeschehens auch hier wiederkehren. Auch Paulus sieht den Menschen und die außermenschliche Schöpfung in einer Schicksalsgemeinschaft, nicht getrennt voneinander. »Der Mensch ist immer schon als Glied der Schöpfung, die in sein Geschick mit verstrickt ist, verstanden« (Ulrich Luz, 379). »Leben hat stets kosmische Dimension, weil es immer in Schöpfung integriert ist« (Ernst Käsemann, 223). Beide Geschöpfe sind derselben »Nichtigkeit« unterworfen, allerdings mit dem Unterschied, daß die Schöpfung »ungewollt« durch den Menschen unterworfen worden ist. (Die Deutung auf Gott als Subjekt des Unterwerfens scheint mir sehr unwahrscheinlich.) Deshalb wird die Schöpfung nicht in den großen Schuldaufweis in Römer 1–3 einbezogen; dennoch herrscht auch in ihr »Sünde« und Tod wie in der Menschenwelt (Käsemann, 140.225).

Paulus bestätigt damit die Diagnose von 1. Mose 9, 1–7, wo auch von der Angst der außermenschlichen Schöpfung die

Rede war. Er geht aber darüber hinaus, indem er vom »sehnsüchtigen Harren der Schöpfung« spricht. Paulus nimmt damit an, daß die Schöpfung genauso wie er, der Christ, leidenschaftlich nach der neuen Welt begehrt, auf der Suche ist nach eschatologischer, endgültiger Freiheit. »Das kann auch nicht anders sein, wenn Gott an seiner Schöpfung festhält« (Käsemann, 225). Gemeinsam mit den Menschen seufzt die Schöpfung (Verse 22–23), der Christ »weiß sich *mit der unerlösten Schöpfung im Schrei nach vollkommener Freiheit solidarisch*« (Käsemann, 227).

Nicht nur die Schicksalsgemeinschaft der Natur mit den Menschen erinnert an das Grundgeschehen, auch die Differenz des Menschen zur Natur wird von Paulus deutlich gesehen. In Parallele zur Gottesebenbildlichkeit, die im Grundgeschehen den Menschen von der außermenschlichen Schöpfung unterscheidet, liegt die Differenz für Paulus darin, daß die Christen die Gabe des Geistes empfangen haben (8, 23), was von der Kreatur nicht gilt. Das hat Folgen: »So erschien ihm (dem Paulus) die Christenheit, welche die Kindschaft bezeugt und in der Leidensgemeinschaft auf Christus als kommenden Weltherrn hinweist, als *die große Verheißung für alle Kreatur* bis in die außermenschlichen Bereiche hinein« (Käsemann, 224).

So wie der Mensch durch das dominium terrae zum Besorger der Schöpfung eingesetzt ist, so ist er nun auch der, durch den das Heil in die zerstörte Schöpfung kommen soll. Gewiß, nicht die geistbegabten Menschen erlösen die Schöpfung. Aber die Schöpfung blickt auf uns Menschen und wartet auf das »Offenbarwerden der Herrlichkeit der Söhne Gottes« (8, 19). An der Art, wie wir mit dem Leiden umgehen, zeigt sich der Schöpfung, wie es um ihre Hoffnung bestellt ist, ob es sich um eine Illusion handelt oder nicht. Wenn wir das Leiden in der Welt vermehren – das Leiden der Menschen wie das Leiden der Natur –, dann sinkt die Hoffnung der Schöpfung. Wenn wir den Konflikt zwischen Mensch und Natur und den Konflikt zwischen Menschen verschärfen, dann verfällt die Schöpfung in Resignation. Wenn wir dagegen in Solidarität mit Natur und Mitmensch Leiden verringern, dann erwacht die Hoffnung der Schöpfung zu neuem Leben.

Damit haben wir eine *Radikalisierung* des alttestamentlichen *dominium* terrae vor uns. Es liegt in der Konsequenz der Paulusworte, daß wir nicht nur das dominium terrae mit jenen Schutz-Regeln aus 1. Mose 9 ausüben, darüber hinaus haben wir uns in unserem Verhältnis zur Schöpfung als »*große Verheißung für alle Kreatur*« zu zeigen und zu bewähren, indem wir das Leiden aller Geschöpfe — Mensch wie auch Kreatur — vermindern, wo immer wir können. Darin zeigt sich dann, daß unsere *Solidarität mit der Schöpfung* nicht nur die des gemeinsamen Leidens ist, sondern auch im Mitleiden und Vermindern des Leidens des Schwächeren besteht.

Dabei sind zwei Stufen des Leidens zu unterscheiden: a) Leiden, das weggearbeitet werden kann, b) Leiden, das nicht beseitigt werden kann. Solidarität bedeutet, daß die erste Stufe des Leidens mit allen, auch technischen Mitteln bekämpft wird (umweltschonende Technik), bedeutet aber auch, daß das dann verbleibende Leiden christologisch-eschatologisch als Anzeichen der kommenden Herrlichkeit des Reiches Gottes ausgehalten wird.

Dies ist übrigens die christologische Radikalisierung des dominium terrae, die Klaus Scholder im Vorwort zu dem Buch von John Cobb (14) gefordert hat. Nur daß sie entgegen der Meinung Scholders nicht auf vermehrten Einsatz von Technik hinausläuft und sich nicht mit »franziskanischen Vogelpredigten« stößt.

Schöpfung und Mensch: Solidarität im Konflikt

Die angedeuteten Versuche einer »ökologischen Auslegung« des Alten und Neuen Testaments können und sollen nicht suggerieren, daß unsere gegenwärtige ökologische Krise im Blick dieser Texte gewesen sei. Die Differenz von mehr als 2000 Jahren darf nicht unterschlagen werden, sie ist von uns ja auch in der Wirkungsgeschichte des dominium terrae berücksichtigt worden. Wenn wir nun auf diese Differenz eingehen, dann soll aber vorweg doch bemerkt werden, daß der Sprung über den »garstigen Graben« der 2000 Jahre in unserem Fall nicht so gravierend ist wie bei anderen biblischen Themen. Rettungsgeschehen ist einmalig und wiederholt sich nicht, Grundgeschehen aber bleibt in gewissem Umfang gleich – vom Anfang der Welt bis heute. Das heißt: Die Brücke des Verstehens und die Applikation der Texte für unsere Zeit muß bei Grundgeschehenstexten leichter fallen als bei Rettungstexten.

Dennoch ist klar, daß angesichts der Art und Weise, wie wir Menschen seit Beginn der Neuzeit die Natur behandelt haben, das Bild von 1. Mose 9 ein Idyll ist. Um das präzis zu verstehen, nehmen wir Kategorien auf, die wir schon in der Interpretation von 1. Mose 1 und 9 verwendet haben. Wir sprachen dort vom möglichen *Konflikt* in der Schöpfung (1. Mose 1) und dem ausgebrochenen Konflikt vor und nach der Flut (1. Mose 9).

Wir formulieren jetzt die Ergebnisse unserer Analyse von 1. Mose 9 noch einmal um in *die Sprache moderner Konflikttheorie.*

Das ist, solange es bewußt geschieht und der Auslegung damit nichts Wesensfremdes hinzugefügt wird, nicht illegitim. Jede heutige Auslegung verwendet – hoffentlich – moderne Kategorien.

1. Elemente einer Konflikttheorie

Der Norweger Johan Galtung hat einige Schneisen in das fast undurchdringliche Feld der Konfliktforschung geschlagen, denen wir hier folgen. Sie vereinfachen komplexere Sachverhalte, aber doch zutreffend.

Die erste Unterscheidung liegt darin, daß prinzipiell zwei Arten von Konflikten erkennbar sind: *symmetrische* und *asymmetrische* Konflikte. Wenn wir von einem *symmetrischen* oder gleichgewichtigen Konflikt sprechen, meinen wir einen Konflikt zwischen zwei Kontrahenten, zwei Konfliktpartnern, die auf gleicher Stufe stehen.

Auf gleicher Stufe, das bedeutet, daß beide Konfliktpartner von der gleichen Art sind, etwa zwei Nationalstaaten, zwei multinationale Konzerne, zwei gleichaltrige Kinder usw. Es bedeutet weiter, daß beiden Kontrahenten die gleichen Hilfsquellen zur Verfügung stehen, dieselbe Art von Waffen, ähnlich große Wirtschaftsmacht, gleiche körperliche Stärke usw. Einer der großen Konflikte unserer Zeit, der sogenannte Ost-West-Konflikt, ist ein symmetrischer Konflikt auf dem höchsten denkbaren Niveau – was die Sprengkraft betrifft.

Wenn wir von einem *asymmetrischen* oder ungleichgewichtigen Konflikt sprechen, meinen wir einen Konflikt zwischen ungleichen Partnern, die also auf verschiedenen Stufen stehen.

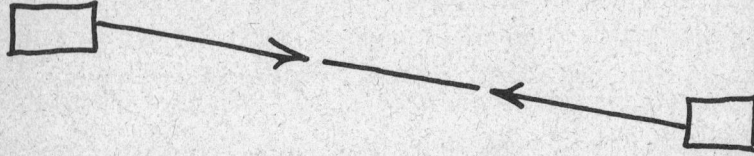

Auf verschiedenen Stufen, das bedeutet, daß beide Kontrahenten ungleicher Art sind, etwa ein Nationalstaat gegen einen einzelnen Bürger, ein multinationaler Konzern gegen einen Tante-Emma-Laden, Eltern gegen unmündige Kinder usw. Und es bedeutet, daß ungleiche Hilfsquellen zur Verfügung stehen: das Waffenarsenal der Sowjetunion gegen die Prager Reformkommunisten, die Wirtschaftsmacht der Bundesrepublik Deutschland gegen die Tanzanias, die Körperkraft eines Vaters gegen die eines dreijährigen Mädchens usw. Quantitativ betrachtet sind die meisten Konfliktkonstellationen, die wir auf der Welt finden, asymmetrisch; symmetrische Konflikte sind vergleichsweise selten.

Für die Regelung von Konflikten gibt es im Prinzip zwei Möglichkeiten: einmal das Auseinanderbringen oder Auseinanderhalten der Konfliktpartner, genannt: *dis-soziative* Strategie.

Oder eine verbindende Strategie, *as-soziativ* genannt, die Streitende vereint oder zumindest aufeinander zugehen läßt.

Es geschieht bewußt, daß nicht von der »Abschaffung« oder »Lösung« von Konflikten gesprochen wird. »Regelung« von Konflikten ist nicht nur realistischer – auch im Blick auf den Konflikt Mensch/Natur. Vermutlich gehört Konflikt – ähnlich wie Angst oder Aggression – zu den unaufgebbaren Elementen jeglichen Lebens. Konrad Lorenz hat das für die Aggression gezeigt; nicht von ungefähr kennt das Grundgeschehen sowohl solche Konflikte als auch Angst und Aggression. Man sollte deshalb Konflikte nicht so sehr »lösen« wollen; die Lösung aller Konflikte würde tödliche Langeweile hervorrufen. Selbstverständlich aber muß man einen *Umgang mit* Konflikten finden, der Konflikte weniger zerstörerisch macht. Und dafür gibt es prinzipiell die zwei Möglichkeiten: dissoziative und assoziative Strategien.

Eine aus der Geschichte bekannte dissoziative Strategie ist das System der »natürlichen Grenze« (Fluß, Gebirge) zwischen zwei konfligierenden Nationen. Dissoziativ gehen auch Eltern vor, die streitende Kinder in verschiedene Zimmer einsperren. In unserer kleingewordenen Welt, in der räumliche Entfernungen schnell und effektiv überbrückt werden können, funktioniert räumliche Dissoziation kaum noch; für Interkontinentalraketen ist selbst die natürliche Grenze eines Ozeans nicht existent. Deshalb werden andere Dissoziationstechniken wichtiger: die Abschirmung gegen unerwünschte Informationen, wie die Staaten des Warschauer Paktes oder auch die in der Bundesrepublik gelesene Massen-Presse sie praktizieren. Auch Ein- oder Ausreiseverbote dienen demselben Zweck.

Die geläufigste *assoziative* Technik ist die Verhandlung: Man setzt sich an einem Tisch zusammen und redet. Bündnisse zwischen Staaten dienen der Assoziation: In der Europäischen Gemeinschaft ist es Frankreich und Deutschland gelungen, aus »Erbfeinden« zu Bündnispartnern zu werden. Bei streitenden Kindern führen Gespräche unter Anleitung der Eltern oft zu besserer Regulierung des Konfliktes als die dissoziative Strategie.

Galtung hat nun nach Beobachtungen vieler Konfliktverläufe *zwei Regeln* gefunden, in denen die beiden Arten des Konfliktes mit den beiden Konfliktregelungstechniken verknüpft werden, kurz gesagt: zwei Konfliktregeln.

Konfliktregel 1:

Bei *symmetrischen* Konflikten sollten *assoziative* Techniken angewandt werden.

Diese Regel galt früher nicht so strikt wie heute. Früher hatten dissoziative Techniken auch im asymmetrischen Konflikt einen Sinn. Auf einer klein gewordenen Erde verlieren sie ihn: Die Amerikaner können sich nicht insgesamt auf den Mond versetzen, um sich von der Sowjetunion zu entfernen. Man sieht am Ost-West-Konflikt deutlich, daß gerade die peinliche Bemühung um die Symmetrie zu Kooperationen führt. Wie immer man die SALT-Gespräche beurteilen mag, es sind Verhandlungen und nicht Waffengänge. – Auch sonst läßt sich zeigen, daß für dissoziative Strategien der Raum (auch der soziale Raum) fehlt, wenn die Konflikte symmetrisch sind. Deshalb besteht in solchen Konflikten eine Art Zwang zur Assoziation.

Anders bei asymmetrischen Konflikten.
Konfliktregel 2:

> Bei *asymmetrischen* Konflikten ist eine Zwei-Phasen-Strategie zu empfehlen: zunächst eine *dissoziative Phase,* deren Ziel es sein muß, den Konflikt möglichst symmetrisch zu machen; dann nach der Regel 1 eine *assoziative* Phase.

Der Grund dafür, daß asymmetrische Konflikte nicht direkt assoziativ angegangen werden sollen, ist einfach: Bei Verhandlungen zwischen ungleichgewichtigen Partnern setzt der Mächtige doch meist seine Forderungen durch, und damit ist der Keim für die nächste Konfliktrunde gelegt. Bestes Beispiel sind viele »Friedensschlüsse« nach Kriegen, etwa der Frieden von Versailles. Der Sieger diktiert dem Besiegten das Verhandlungsergebnis. Heute erleben wir dasselbe in vielen Verhandlungen zwischen den reichen Industrieländern des Nordens und den armen Ländern des Südens, die trotz sogenannter »Zugeständnisse« oft nichts anderes als Diktate sind. Viele Länder des Südens werden deshalb – wie Tanzania es schon getan hat – zur Dissoziation greifen, auch wenn sie zunächst von Nachteil ist.

Ziel der dissoziativen Phase ist es, den Konflikt symmetrischer zu gestalten. Wie kann das geschehen? – Theoretisch gibt es dafür drei Möglichkeiten, die graphisch so verdeutlicht werden können:

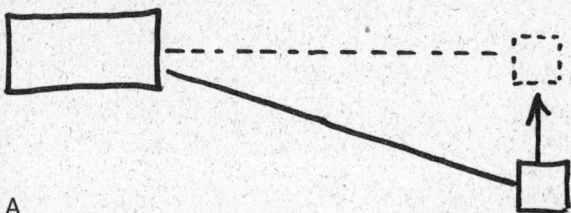

A
Der Schwache wird stärker, schließlich so stark wie der Starke (Symmetrie oben)

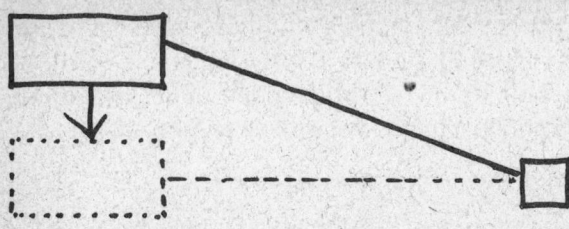

B

Der Starke wird schwächer, schließlich so schwach wie der Schwache
(Symmetrie unten)

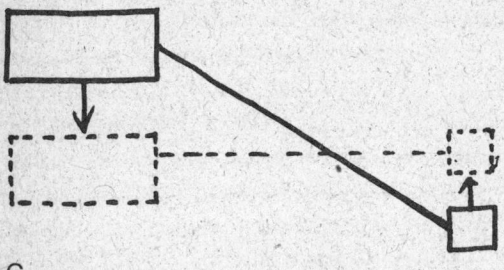

C

Der Schwache wird stärker, der Starke schwächer (Symmetrie auf mittlerem Niveau – eine Mischung von A und B)

Skeptiker werden sagen, daß alle drei Varianten selten seien. Immerhin gibt es für A ein gutes Beispiel: der Konflikt zwischen Unternehmern und Arbeitern in unserem Land seit dem letzten Jahrhundert. Ursprünglich war der Konflikt ein extrem asymmetrischer Konflikt: einzelne Arbeiter gegen die Macht des die Produktionsmittel besitzenden Unternehmers. Der Konflikt wurde symmetrischer gemacht durch die Koalition vieler Arbeiter in der Bildung der Gewerkschaften. Heute haben wir weitgehend Symmetrie zwischen Arbeitgebern und Gewerkschaften, und die dieser zweiten Phase angemessene Strategie ist assoziativ: die Tarifverhandlung. Hat der eine oder der andere Konfliktpartner den Verdacht, die Symmetrie sei nicht gewahrt, so geht er in die dissoziative Technik zurück: Streik oder Aussperrung – bis die Symmetrie wieder hergestellt ist.

Bei Staaten wird das Modell A als Bündnispolitik betrieben: Die militärisch der Sowjetunion klar unterlegene BRD macht sich durch ihre Mitgliedschaft in der NATO symmetrisch. Ebenso haben die Staaten der Dritten Welt auf den UNCTAD-Konferenzen eine Art internationaler Gewerkschaftsbildung ins Auge gefaßt.

Modell B – die Schwächung eines Starken – mag sich als Ergebnis eines Geschichtsverlaufes zutragen. Als willentliche Strategie scheint sie utopisch. Immerhin aber gilt Machtverzicht seit Jesu Zurückweisung irdischer Macht in der Versuchung durch den Teufel und seit der Bergpredigt als christliche »Strategie«. Vernünftigen Eltern wird geraten, sich in der »Familienkonferenz« auch von kleineren Kindern überstimmen zu lassen, und es hat schon Sieger in der Geschichte gegeben, die ihren Sieg nicht voll ausgekostet haben (Preußen 1866 gegenüber Österreich). Die Motive solch freiwilligen Verzichts auf Macht oder auf Ausübung von Macht mögen sehr verschieden sein; eines der Motive könnte Solidarität sein.

2. Der Konflikt zwischen Mensch und Natur

Erinnern wir uns an 1. Mose 9, 1–7, die Beschreibung und Regelung des in und nach der Flut ausgebrochenen Konfliktes zwischen den Menschen und der außermenschlichen Schöpfung.

Mit den Elementen der Konflikttheorie, die wir nun kennen, muß man den *Konflikt zwischen Mensch und Natur* in 1. Mose 9 als *asymmetrisch* bezeichnen.

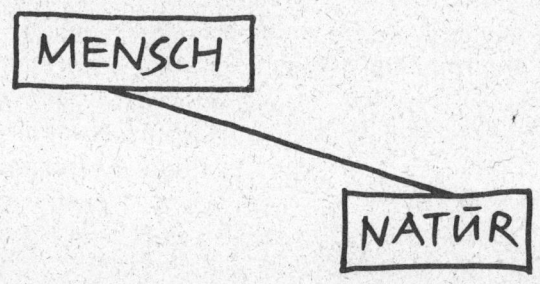

Die Natur ist den Menschen in die Hand gegeben (Tiertötung zu Nahrungszwecken; Angst der Kreatur vor den Menschen), das sieht die Priesterschrift ganz realistisch; darin manifestiert sich die auf die Erde gekommene »Gewalttat«. Als Regel in dieser Situation werden nun – konflikttheoretisch völlig einsichtig – nicht etwa »Harmonie zwischen Mensch und Natur« oder »Reintegration des Menschen in die Natur« genannt, sondern Maßnahmen, die wir als *»Schutzmaßnahmen«,* als Schutz besonders des Lebens der außermenschlichen Schöpfung herausgestellt haben und die leicht als *dissoziativ* verstanden werden können: das Gebot der Schächtung, das wenigstens das Leben der Erde schützt, wenn schon Tiere getötet werden müssen. Damit wird zwar nicht direkt eine Symmetrie oben (A) oder unten (B) bewirkt, aber immerhin wird verhindert, daß die Asymmetrie größer und tiefer wird: Der Schutz verhindert die Austilgung, die Zerstörung des schwächeren Partners, läßt ihn Atem holen, gibt ihm die Möglichkeit der »Rekreation«. Damit wird die Situation für die Natur nicht zum Idyll, aber immerhin besitzt die Natur noch die Kraft, auch den Menschen zu gefährden (Gott will von Tieren vergossenes Menschenblut einfordern), ohne selbst daran zugrunde zu gehen.

Um es zusammenzufassen: Die Neuregelung des dominium terrae nach der Flut stellt im Sinne unserer Konfliktregeln nicht eine zunehmende Symmetrisierung des Mensch-Natur-Konfliktes dar, sorgt aber doch dafür, daß die Asymmetrie des Konfliktes sich nicht verschärft.

Daß Symmetrie nicht angestrebt wird, hängt mit drei Umständen zusammen: 1. Schon in der ursprünglichen Schöpfung hat der Mensch als Bild Gottes und als Subjekt des dominium terrae eine herausragende Stellung, war also Asymmetrie (ohne Konfliktausbruch) angelegt. 2. Die »Gewalttat«, die zwischen Schöpfung und Flut in die Schöpfung kommt, ist vor allem Gewalt des Menschen. 3. Aufhebung auch der Asymmetrie zwischen Mensch und Natur ist für das Endgeschehen verheißen (Jesaja 11), kommt aber nicht durch das Handeln von Menschen, sondern durch die Tat Gottes zustande.

Die Entwicklung der Naturausbeutung, die wir in den ersten Kapiteln dargestellt haben, hat nun die Situation zwischen Mensch und Natur drastisch verändert. Heute ist der Konflikt *extrem asymmetrisch* geworden. Die außermenschliche Schöpfung kämpft an vielen Stellen um ihr Leben.

„Nein — diesmal machen wir es ohne Menschen!"

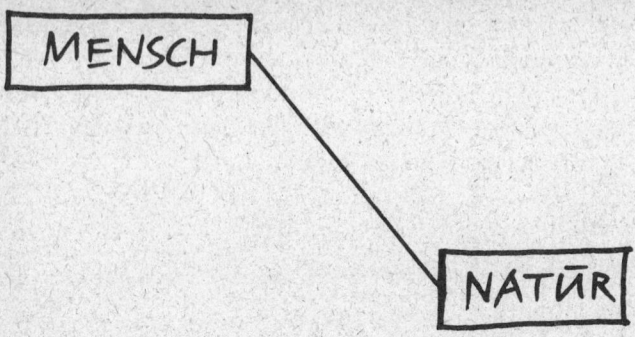

Es ist von starker Symbolik, daß das Schutzgebot für das Leben der außermenschlichen Schöpfung (das Verbot des Blutverzehrs, die Schächtung) nicht in das Christentum mitübernommen worden ist, damit auch nicht in das christliche Abendland und damit auch nicht in das Zeitalter von Naturwissenschaft und Technik. Es geht dabei nicht um die Einzelheit des Blutverzehrens; diese Einzelheit ist an bestimmte biologische Vorstellungen gebunden, die zeitbedingt sind. Es geht darum, daß die *Christen kein Äquivalent dafür erfunden haben,* daß es in ihrem Bereich keine Schutzmaßnahmen mehr für das Leben der außermenschlichen Schöpfung gab. Ein einziger *Franziskus* von Assisi und ein *Albert Schweitzer* halfen da nicht viel, obwohl wir uns heute solcher Gestalten erinnern müssen.

Die Differenz zwischen der – nun müssen wir sagen – *leichten* Asymmetrie des Konflikts in 1. Mose 9 und der *schweren* Asymmetrie heute geht aber noch tiefer: In 1. Mose 9 ist wenigstens noch klar, daß es sich um einen Konflikt mit zwei Konfliktpartnern handelt, auch wenn sie sich Schaden zufügen. Wir haben, indem wir die außermenschliche Schöpfung als »Material« des Menschen definiert haben, in und mit unserem Denken und Tun die gesamte Konstellation ausradiert. Die Heraushebung des Menschen als res cogitans aus dem Zusammenhang der Schöpfung mit all ihren Folgen hat uns vergessen lassen, daß es sich hier um einen *Konflikt* handelt und daß die an einem Konflikt Beteiligten immerhin noch »*Partner*« sind, wenn auch im Streit. Wir haben die Kommunikation mit der Natur abgebrochen, wenn man nicht Vergewaltigung noch als Kommunikation bezeichnen will. Wir haben der Natur die Erkenntnisse, die wir brauchten, mit Gewalt abgepreßt, um ihr noch mehr Gewalt antun zu können.

Damit haben wir die in den ersten Teilen dieses Buches detailliert dargestellte Situation nur noch einmal kurz mit konflikttheoretischen Kategorien beschrieben.

Nur eines ist der Analyse hier noch hinzuzufügen: Wie christliche Theologen sich an der Entstehung dieser Situation beteiligt haben, so halten manche sie auch heute durch, wenn sie etwa bestreiten, daß es so etwas wie ein Lebensrecht der Natur gäbe – so geschehen besonders durch USA-Theologen auf Konferenzen des Ökumenischen Rates der Kirchen; oder wenn sie die Erinnerung an Franz von Assisi als romantischen Unsinn abtun – so Klaus Scholder in dem schon erwähnten Vorwort zu John Cobbs Buch; oder wenn sie gar nicht zur Kenntnis nehmen, daß für die Kirchen die ökologische Frage mindestens denselben Rang haben muß, den die sogenannte Arbeiterfrage im letzten Jahrhundert hätte einnehmen müssen.

3. Leitbegriff: Solidarität im Konflikt zwischen Mensch und Schöpfung

Bisher war »*Ausbeutung*« der Leitbegriff für das Verhältnis des Menschen zur Natur. Es ist deutlich, daß – obwohl die Realität der Ausbeutung nicht bald aufhören wird – wir einen neuen Leitbegriff brauchen, der sowohl der Situation Rechnung trägt als auch theologisch angemessen ist.

Vorschläge sind dafür in den letzten Jahren viele gemacht worden: »Mitkreatürlichkeit« (Altner); »Nächstenliebe auch zur Natur« (Cobb); »Partnerschaft«; »Mit-Leiden« (White); »planetarische Solidarität« (Amery); »Kooperation zwischen Mensch und Natur« (Liedke) u. a. Es scheint mir nicht wichtig, welches Wort wir wählen; jeder Begriff hat seine Vor- und Nachteile. Wichtig ist, daß alle Vorschläge in dieselbe Richtung weisen (so schon Altner, 162ff.). Und diese Richtung wollen wir in unseren Kategorien beschreiben; die Wahl eines Begriffes ergibt sich dann daraus.

Der *erste Schritt* eines Umdenkens, Umwertens und eines neuen Verhaltens zur Natur ist: die außermenschliche Schöpfung (wieder) *als Konfliktpartner anerkennen.* Die Wiedereinsetzung der Natur als Partei des Konfliktes ist die Voraussetzung für alles Weitere. Solange die außermenschliche Schöpfung von uns nur als totes Material betrachtet wird, das uns beliebig zur Verfügung steht, wird alle Bemühung um Umweltschutz zu kurz greifen.

Dieser Schritt hat Folgen für die Art und Weise, wie wir von der Natur *sprechen.* Wir werden die Hinweise aufnehmen müssen, die wir etwa in der Philosophie Whiteheads gefunden haben, und auch der Natur »Subjektcharakter« zubilligen müssen. Oder den Hinweis Heisenbergs, daß wir uns in einem Wechselspiel mit der Natur befinden. Oder die informationstheoretische Überlegung, daß jeder Empfänger einer Information auch immer ein Sender ist, so daß der Unterschied zwischen Sender und Empfänger rein operational, nicht aber ontologisch ist. Das würde dann bedeuten, daß es auch in den Naturwissenschaften nicht mehr einseitig um »das Ans-Licht-Bringen der Bestätigung, die dem Objekt innewohnt, sondern um die gegenseitige Informationsvermehrung zwischen Forscher und Objekt geht. Ein Modellfall dafür ist etwa die Verhaltensforschung an hochentwickelten Tieren oder die menschliche Psychologie: Wenn Konrad Lorenz mit seinen Gänsen im Gras kauert oder wenn Sigmund Freud von seinen Patienten lernt, dann passiert informationstheoretisch etwas wesentlich anderes als in der klassischen Physik« (E. Weizsäcker). – Deshalb ist es auch wichtig, von der Natur in personalen Kategorien wie etwa »*Partnerschaft*« zu sprechen. Damit wird signalisiert, daß eine Bereitschaft besteht, das Verhältnis Mensch-Natur *wenigstens als Konflikt* wahrzunehmen.

An *zweiter Stelle* muß dann die Feststellung erfolgen, daß der Konflikt extrem asymmetrisch geworden ist. Die Existenzbedrohung des Konfliktpartners Natur und sein im Grundgeschehen verankertes Lebensrecht machen es erforderlich, die Asymmetrie aus ihrer Unerträglichkeit herauszuholen und den Zustand von 1. Mose 9 wieder anzupeilen. Im Bild:

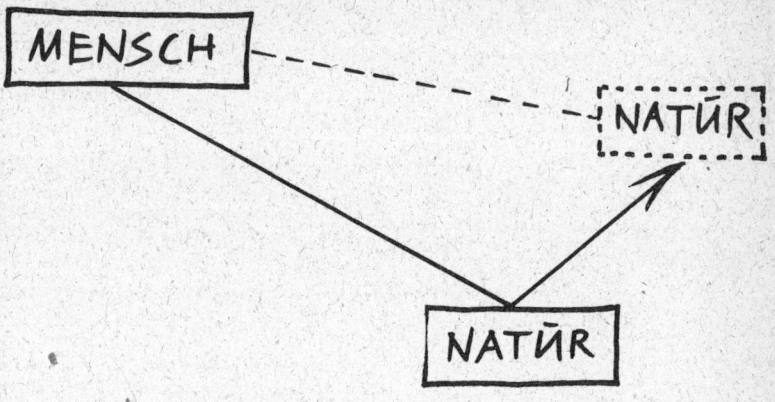

Das bedeutet *drittens,* daß die Position der Natur auf jeden Fall gestärkt werden muß, indem – wie wir schon anfangs andeuteten – die Manipulation der Natur zwar nicht aufgehoben, aber *reduziert* wird.

An dieser Stelle muß nun noch einmal darauf reflektiert werden, daß der Mensch im Grundgeschehen das *Bild Gottes* ist, eine Charakterisierung des Menschen, die auch nach Sündenfall und Flut weiter gilt und die durch Christus *erneuert* worden ist. Im Kolosserbrief 3, 10 lesen wir: »Ihr habt den neuen Menschen angezogen, der nach dem Bild seines Schöpfers zur Erkenntnis erneuert wird.« Wir sahen, daß Gottes Bild zu sein schon im Grundgeschehen bedeutete: Wie Gott sich um seine Schöpfung sorgend bemüht, so ist auch der Mensch für die ihm im dominium anvertraute Erde *verantwortlich.* Dies gilt nun auch für die durch Christus erneuerte Gottesebenbildlichkeit: *Christus selbst,* sein Umgang mit Mensch und Welt, ist das *Vor-Bild* für unseren Umgang mit der Schöpfung Gottes.

Christus hat aber den ebenfalls extrem asymmetrischen Konflikt zwischen Gott und den Menschen dadurch symmetrisch gemacht, daß in Christus Gott Mensch geworden ist. Christus hat einen umfassenden *Machtverzicht* geleistet, hat Knechtsgestalt angenommen, sich selbst erniedrigt bis zum Tod am Kreuz (Philipper 2, 7 ff.). Wir können heute sagen: Gott ist in Christus solidarisch mit uns Menschen geworden, er hat den Konflikt – jetzt: gelöst durch Symmetrie unten.

Natürlich ist die Konfliktsprache wie jede menschliche Sprache diesem Ereignis nicht angemessen. Denn Gott ist, obwohl er unten bei uns ist seit Jesus von Nazareth, doch »oben« Gott geblieben. Jesus ist als der Herr der Knecht, aber auch als der Knecht der Herr (um Karl Barths Sprache zu verwenden).

Wir Christen werden in unserem Verhältnis zur außermenschlichen Schöpfung dieses Paradox nicht abbilden können. Aber die Änderung unseres Verhaltens muß doch wenigstens in derselben Richtung liegen: *Solidarität mit der Schöpfung im Konflikt zwischen Mensch und Schöpfung. Wir* müssen die Not dieser Schöpfung artikulieren, weil die Schöpfung nur »seufzen« kann. *Wir* müssen das Leiden der Kreatur in den Hammerschlägen unserer Ausbeutung mitfühlen, weil die Schöpfung nicht für sich selbst sprechen kann. Stellvertretend für die Schöpfung müssen *wir* denken, reden und handeln, weil sie es selbst nicht tun kann. Hineinversetzen müssen *wir* uns in die Natur, der *wir* so große Zerstörungen zugefügt haben und sicher noch zufügen werden.

Solidarität mit der außermenschlichen Schöpfung Gottes heißt: ihr Leiden vermindern, ihre Not lindern, die Gewalt, die ihr angetan wird, reduzieren und ihr damit neue Hoffnung geben im Sinne der Paulusworte aus dem Römerbrief. Das geht über die auch notwendigen Schutzregeln von 1. Mose 9 hinaus, ebenso wie das Gebot der Liebe über die Zehn Gebote hinausgeht, indem es sie erfüllt und überbietet.

Auf der Suche nach einem neuen Umgang mit der alten Erde

Dieses Buch kann nur einen, für Christen allerdings wesentlichen, Aspekt der ökologischen Aufgabe behandeln: das Verhältnis des Menschen zur Natur/Schöpfung in der Sicht des christlichen Glaubens auf dem Grund des biblischen Zeugnisses. Diese Erörterung führte uns zuletzt zu der These, daß »Solidarität mit der Schöpfung im Konflikt zwischen Mensch und Schöpfung« die Leitlinie eines neuen Umgangs mit der Erde und ihrem Leben sein muß. In diesem Kapitel soll nun in Stichworten auf die Frage zugegangen werden: *Wie machen wir das?* Es wird keine erschöpfende Antwort gegeben werden können, sondern einige exemplarische Hinweise müssen genügen. Außerdem wird wieder – der Sachkompetenz des Autors entsprechend – weniger auf technische und ökologische Fragen eingegangen; hierfür kann auf gute Darstellungen verwiesen werden (siehe Literaturliste, S. 235 ff.).

Die ersten Hinweise sollen unter der Frage stehen:

1. Wer kann was tun auf der Suche nach . . .?

Obwohl unsere Analysen manchmal den Charakter einer Schelte des neuzeitlich-wissenschaftlichen Experten- und Spezialistentums angenommen haben, muß hier doch die Erkenntnis des Eingangskapitels festgehalten werden: Ohne die Experten und Spezialisten kommen wir in unserer Situation nicht weiter. Alle Bewußtseinsbildungarbeit wird nichts helfen, wenn nicht diejenigen, die noch am ehesten wissen, wie einzelne Teile der »großen Maschine« funktionieren, sich auf die Suche nach einem neuen Umgang mit der Erde begeben. Naturwissenschafts- und Technikfeindlichkeit kann nicht nützlich sein in der Situation, in der wir nun einmal uns und die uns anvertraute Erde mit dem Kleid der Technik und Industrialisierung bekleidet haben.

Wer kann was tun?

Die *Biologen* unter uns können ihre Einsichten, die der Lebendigkeit des Lebens immer näher standen als die der bisher die Naturwissenschaft dominierenden Physiker, zunächst einmal in ihrer eigenen Wissenschaft und Lehre zum Zuge bringen. Das heißt: alle jene Ansätze in den biologischen Disziplinen weiterzuentwickeln, die der objektivierenden, quantifizierenden Biologie entgegenlaufen, zum Beispiel die Freilandbeobachtung auszubauen gegenüber der Labormanipulation; den Gebrauch der Sinnesorgane als Erfahrungsquellen neben die Benutzung sinnesferner Meßinstrumente zu stellen; im Interesse des Nordens wie des Südens der Erde an der Deindustrialisierung der Landwirtschaft mitzuarbeiten und weniger mechanische, naturnähere Landbaumethoden zu erproben (der Fehlschlag der »Grünen Revolution«, das heißt: der technologischen Landwirtschaft für Entwicklungsländer, macht diese Forderung überdringlich) usw. Ich verweise auf die Schriften von Gerd von Wahlert und Günter Altner, die sich in Übereinstimmung mit nicht wenigen ihrer Biologiekollegen befinden.

Die *Physiker* unter uns könnten sich den neuen Einsichten aus der quantenphysikalischen Forschung (endlich) öffnen und auch technische Folgerungen für eine Naturwissenschaft ziehen, die am Leben teilnimmt, statt sich von ihm zu distanzieren, die das »Wechselspiel zwischen Mensch und Natur« (Heisenberg) ernst nimmt. Sie können den bisherigen Traum ihrer Wissenschaft (die Erdherrschaft) durch andere Träume unterlaufen, welche der Homogenisierung der Vielfalt auch des anorganischen »Lebens« die Leidenschaft für das einzelne gegenüberstellen, die »lebensgeschichtliche Besonderheit und bio-graphische Unvertretbarkeit« – wie Klaus Müller sagt, auf den ich hier vor allem verweise.

Für die *Ingenieure* und *Techniker* gilt, daß sie ihre Aufmerk-samkeit jenen Techniken zuwenden können, die »angepaßt«, oder besser: »angepaßter« sind an Natur und Schöpfung, weich, symbiotisch und (wahrscheinlich) billiger. Ernst F. Schumacher hat für die Entwicklung solcher Techniken mit sei-nem Londoner Institut Pionierarbeit geleistet. Sonnenenergie-anlagen, heute schon von der Industrie entwickelt und verkauft, können effizienter und wirtschaftlicher gemacht werden. Nicht nur wir, vor allem die Länder der Dritten Welt brauchen solche Techniken, die ihnen viele Vorteile bieten: von vornherein weni-ger Umweltzerstörung, bessere Verträglichkeit mit lokalen Kul-turen, variablere Anwendung in individuellen Situationen, we-niger Kapitaleinsatz, weniger Zentralisation.

Ökonomen, Betriebs- und Volkswirtschaftsfachleute, kön-nen die Ansätze solcher ökonomischer Betrachtungen weiter-führen, die sich nicht nur am Wachstum, sondern auch an Um-weltangepaßtheit, Ressourcenschonung und gerechter Vertei-lung orientieren. In den Industrieländern steht die Neuvertei-lung der Arbeit an, in der Dritten Welt die Schaffung einfacher Arbeitsplätze. Wie die anderen Spezialisten müssen auch die Ökonomen ihr Sonderbereichsdenken aufgeben und zuneh-mend die ökologischen und politischen Zusammenhänge ihres Tuns mitberücksichtigen. Die durch die Reihe der Berichte an den Club of Rome, angefangen von den »Grenzen des Wachs-tums« über »Menschheit am Wendepunkt« und »Das Ende der Verschwendung« bis zum RIO-Bericht von Jan Tinbergen über die Neuformierung der internationalen Ordnung und der Bariloche-Studien über die »Grenzen des Elends«, sichtbar gewordenen Probleme drängen auf politische Lösungen, die sich nicht auf die Zwangsmodelle von Herbert Gruhl und Wolfgang Harich beschränken können, sondern Demokratie und Ökologie verbinden müssen. Damit ist gesagt, daß die Politiker nicht nur Umweltschutzgesetze beschließen dürfen – so wichtig das ist –, sondern den zunehmenden Wählerwillen in Richtung ökologischer Vernunft ernst nehmen müssen. (Ich schreibe diese Zeilen einige Tage nach den ersten Erfolgen »Grüner Listen« in Niedersachsen und Hamburg.)

Was *Theologen,* Pfarrer, Religionslehrer und Jugendleiter tun können, kann in einem Satz gesagt werden: überprüfen, wo ihr Reden im Blick auf die Solidarität des Menschen mit der Schöpfung revidiert werden muß – im Sinne der Ausführungen dieses Buches.

Ich breche diese Liste hier ab. Jeder Leser möge sich für den Spezialbereich, in dem er tätig ist, weiter überlegen, was er tun kann. Nur für die *Erzieher* aller Sparten, Lehrer oder Erwachsenenbildner, möchte ich eine praktische Anregung geben. Wir wissen, daß neue Erkenntnisse und neues Verhalten weniger verbal als gestaltend und spielerisch erworben werden können. Deshalb möchte ich hier ein »*Energiespiel*« mitteilen, das auf Kursen mit kirchlichen Mitarbeitern entwickelt worden ist. Es ist ein Fragment, weil es nicht einfach gespielt werden soll, sondern etwa mit Gemeindegruppen oder Schulklassen für lokale Gegebenheiten passend *jeweils neu entwickelt* werden muß.

Das Spiel ist ganz einfach gehalten: Man benötigt den Spielplan, den man sich nach dem Muster auf S. 183 erstellen muß, und Halmasteine in zwei Farben, sagen wir blau und rot. Ab zwei Personen kann gespielt werden. Als »Würfel« dient eine Münze; Zahl heißt: ein Feld vorrücken; Wappen: zwei Felder vorrücken. Blau (die äußere Bahn) stellt eine Energiepolitik vor, wie sie gegenwärtig noch offiziell verfolgt wird; rot (innere Bahn) eine ökologische Energie(spar)politik – das Ganze ist mit dem Spaß versetzt, der unseren Auseinandersetzungen zu oft fehlt. Die Liste der Ereignisse folgt dem Spielplan. Bauen Sie das Spiel für ihre Verhältnisse um; erarbeiten Sie ein neues Spiel zum Thema »Müllbeseitigung« oder »Autofahren« (Adressen und Hinweise für Daten am Ende dieses Kapitels)! Viel Spaß!

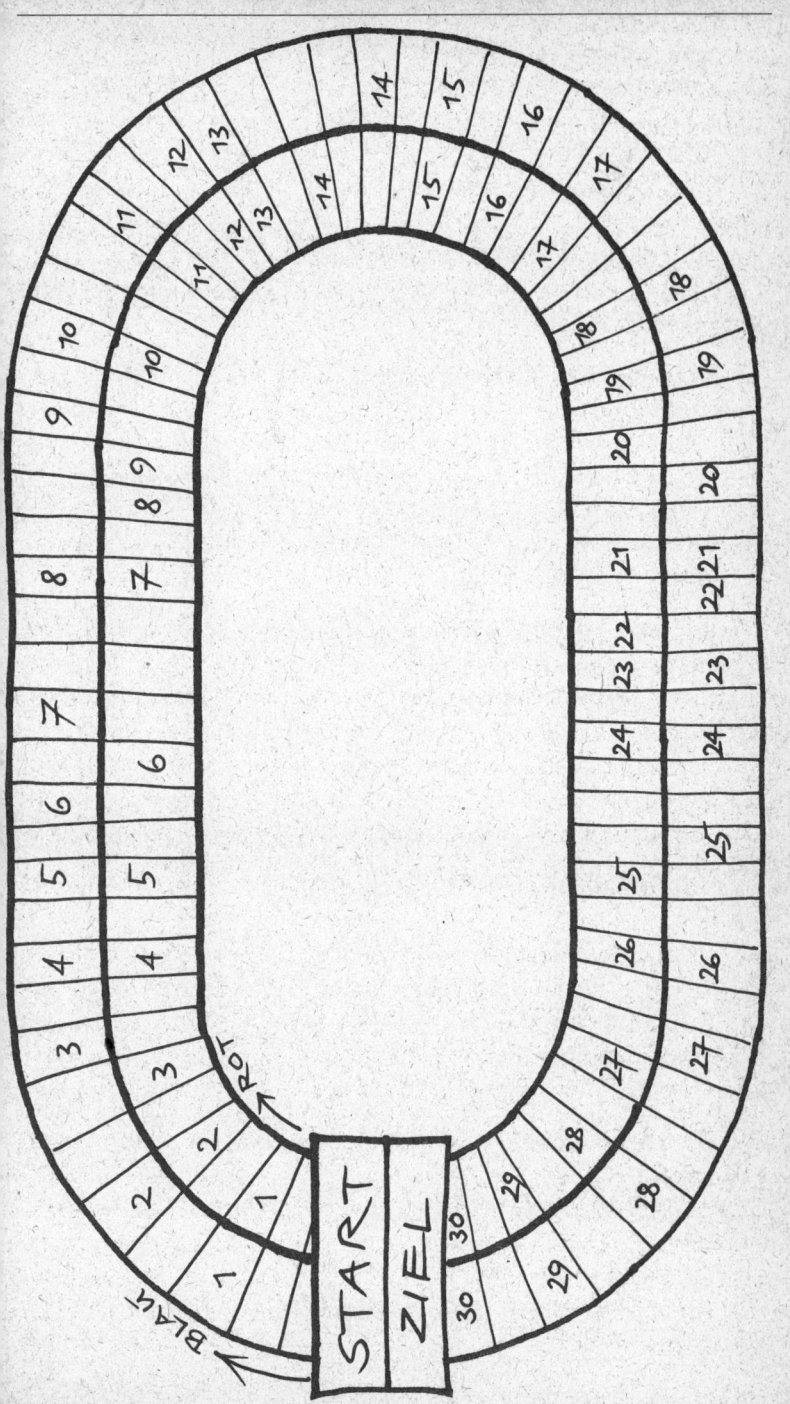

Ereignisliste

1   Du bekommst eine Ölrechnung: 20% mehr zu bezahlen als im Vorjahr:
blau beschließt: wir brauchen Kernenergie. 1 Feld vor.
rot fällt auf, daß heißes Wasser aus der Ölheizung im Sommer zu teuer ist. 1 Feld vor.

2   Während des Fußball-Länderspiels gegen Holland fällt der Strom aus.
blau: Du schickst ein Telex an das Bundesministerium für Forschung und Technologie und forderst neues Energieprogramm der Bundesregierung. 2 Felder vor.
rot: Du diskutierst mit deinen Freunden und Kollegen erstmals die Energiesituation. 1 Feld vor.

3   Der Arzt bescheinigt dir eine leichte CO-Vergiftung. Vermutete Ursache: Stoßverkehr am Feierabend.
blau: In deinem Landhaus erhältst du das Energieprogramm der Bundesregierung. Du setzt eine Runde aus zur Lektüre.
rot: Du mußt pausieren und entdeckst in der Zeitung einen Artikel über den Zusammenhang von Energieverbrauch und Luftverschmutzung. 1 Runde aussetzen zum Lesen.

4   Du gerätst in eine Demonstration von Kernenergiegegnern.
blau: Du kannst deshalb einen Vortrag über die Notwendigkeit von Kernenergie im Rotary-Club nicht halten. 2 Felder zurück.
rot: Du läßt dich auf eine Diskussion ein und erhältst Material über die mannigfachen Probleme von Kernkraftwerken (vielleicht das Gutachten der FEST). 2 Felder vor.

5   Du besuchst einen Freund, der dir sein sonnenbeheiztes Haus zeigt.
blau: Du erkennst schlagartig, welche Gefahren für die Energieversorgungsunternehmen unter deinen Kreditnehmern entstehen. 2 Felder vor.
rot: Du wunderst dich, daß du noch nichts davon gewußt hast. 1 Feld zurück.

6   Dir fällt (endlich) auf, daß Rauchen den Tatbestand der Umweltverschmutzung und der Körperverletzung erfüllt.
blau: Du kaufst dir einen energieintensiven Ventilator. 1 Feld zurück.
rot: Du reduzierst deinen Zigarettenkonsum merklich – und hältst trotz Schwierigkeiten durch. 3 Felder vor.

7   Dein Hausarzt stellt fest, daß dir wahrscheinlich wegen Bewegungsmangels ein Bandscheibenschaden droht.
blau: Du kaufst dir einen großen, bequemen Wagen mit höherem Benzinverbrauch (22 l pro 100 km). 1 Feld zurück.
rot: Du entschließt dich, Fußgänger zu werden, um mehr Bewegung zu haben. Du sollst sie haben: 7 Felder vor und 4 zurück.

8   Du liest in der Zeitung von einem Unfall im Kernkraftwerk Gundremmingen.
blau: Du forderst die Bundesregierung auf, mehr Sicherheitstechnologie in den Kernkraftwerksbau zu investieren. 2 Felder vor.
rot: Du trittst einer Bürgerinitiative gegen den Bau von Kernkraftwerken bei. 3 Felder vor.

9   Die OPEC-Konferenz beschließt eine 8%ige Erhöhung des Ölpreises.
blau: Du sagst es ja längst, daß wir Kernkraftwerke brauchen. 4 Felder vor.
rot: Du wirst in deinem Entschluß, gegen Kernkraftwerke zu arbeiten, irritiert. Wie soll man denn die Energielücke schließen? 1 Feld zurück.

10 Bürgerinitiative entdeckt überhöhte radioaktive Strahlung in der Nähe des Kernkraftwerk-Zauns von Obrigheim.
blau: Du bezweifelst die wissenschaftliche Stichhaltigkeit der »Amateurmessung«. Du hast es schon immer gewußt, daß es sich bei der Bürgerinitiative um Spinner handelt. 1 Feld zurück.
rot: Du schlägst in der Bürgerinitiative vor, den Landtagsabgeordneten von . . . einzuschalten. Er verspricht, der Sache nachzugehen. 2 Felder vor.

11 Dein Sohn und deine Tochter sind einer Bürgerinitiative beigetreten.

blau: Nach vielen Diskussionen mit ihnen überzeugen sie dich; du erklärst ebenfalls deinen Beitritt zur Bürgerinitiative. Du wechselst über auf Feld 13 *rot.*

rot: Du erkennst, daß Vorbild die beste Umwelterziehung ist, und wunderst dich nicht. *Kein Feld vor.*

12 Du erfährst, daß die Entsorgungsprobleme bei Kernenergie noch keineswegs gelöst sind.

blau: Du forderst, daß die Industrie schnellstens Probebohrungen an möglichen Standorten vornimmt. Wirf nochmal!

rot: Du organisierst mit der Bürgerinitiative eine Bewachung des Bohrungsplatzes. 5 Felder vor.

13 Du besichtigst das Probelager Asse II.

blau: Du gehst einen Schritt zu weit und fällst in den Schacht, Schacht, Schacht, Schacht . . . Gib auf!

rot: Deine schlimmsten Befürchtungen bekommen neue Nahrung. 1 Feld vor.

14 In der Bürgerinitiative gewinnen K-Gruppen die Oberhand.

blau: Du informierst den Verfassungsschutz. 3 Felder vor.

rot: Du willst eher das Risiko der Kernenergie als das Risiko des Kommunismus eingehen. Du wechselst über auf Feld 15 *blau.*

15 Du nimmst an einer bundesweiten Informationsfahrt über Kernenergieanlagen teil. Rücke weiter auf Feld 16.

blau:

rot:

16 Du besichtigst das Kernkraftwerk Esenshamm, dann fährst du weiter nach 17.

blau:

rot:

17 Du besichtigst die Kernkraftwerksbaustelle Brokdorf, dann fährst du weiter nach 18.

usw.

18 Du besichtigst das Kernkraftwerk Würgassen, dann fährst du weiter nach 19.

19 Du besichtigst den Bau des Kernkraftwerks Mülheim-Kärlich, dann fährst du weiter nach 20.

20 Du besichtigst die Baustelle des Schnellen Brüters in Kalkar, dann fährst du weiter nach 21.

21 Du besichtigst das größte Kernkraftwerk der Welt, Biblis. Dir bleibt die Spucke weg, und du setzt eine Runde aus.

22 Du besichtigst die NUCEM in Wolfgang bei Hanau, dann fährst du weiter nach 23.

23 Du besichtigst das Kernforschungszentrum in Karlsruhe, dann fährst du weiter nach 24.

24 Du besichtigst das Kernkraftwerk Obrigheim, dann fährst du weiter nach 25.

25 Du besichtigst das Kernkraftwerk bei Gundremmingen, dann fährst du weiter nach 26.

26 Du besichtigst den Bau des Kernkraftwerkes Phillipsburg am Rhein, dann fährst du weiter nach 27.

27 Du besichtigst die ersten Anfänge des Kernkraftwerkbaues in Grafenrheinfeld, dann fährst du weiter nach 28.

28 Du besichtigst das stillgelegte Kernkraftwerk in Niederaichach, dann fährst du weiter nach 29.

29 Dein Gemeindepfarrer hat an einem Kurs über Energiefragen teilgenommen.
blau: Du trittst aus der Kirche aus. Zurück auf Feld 13.
rot: Du gehst zum ersten Mal wieder in die Kirche. 1 Feld vor.

30 Demonstrativ baust du dir ein Haus in der Nähe des Kernkraftwerks Biblis.
blau: Bei einem Unfall hast du Pech. Dir fällt der Würfel aus der Hand.
rot: Glücklicherweise befandest du dich in Urlaub auf einem

Bauernhof in Schweden. Du bleibst in Schweden. Rücke weiter vor ins Ziel.

ZIEL   Gewonnen hat, wer überlebt.

Anregungen für weitere Spielideen dieser Art finden sich in dem Buch von Hartmut Bossel, Bürgerinitiativen entwerfen die Zukunft. Neue Leitbilder. Neue Werte. 30 Szenarien, 1978.

Hier sei zur Appetitanregung Bossels Doppelszenario *»Eingriffe in Ökosysteme«* wiedergegeben:

Ökonomistische Fortschreibung

Steigende Ansprüche, zunehmende Bevölkerung und damit auch wachsende Wirtschaft erhöhen die Belastung der Umwelt durch menschliche Aktivitäten ständig und führen zu steigender Beeinträchtigung der Funktionsfähigkeit noch existierender Ökosysteme:

Siedlung, Industrien und Verkehrswege verdrängen und zerschneiden natürliche Lebensbereiche und zerstören die Lebensgrundlage gewachsener Ökosysteme.

Luft- und Wasserverschmutzung, Müllablagerung, Grundwasserverseuchung und -absenkung. Rückstände von Schädlingsbekämpfungsmitteln und anderen Chemiestoffen, oft in Nahrungsketten millionenfach konzentriert,

Ökologische Alternative

Die Umweltverträglichkeit einer menschlichen Aktivität muß nach dem jeweiligen Stand der Wissenschaft gesichert sein, bevor sie begonnen werden darf. Bereits laufende Aktivitäten werden laufend auf ihre Umweltverträglichkeit überprüft und müssen bei Verdacht bis zu dessen Widerlegung ausgesetzt werden.

Da sich immer wieder erwiesen hat, daß der Stand der Wissenschaft unzureichend war, wurden Umweltforschung und ökologische Folgenabschätzung besonders stark gefördert. Bei diesen Forschungen wurden eine Reihe gefährlicher Synergismen und Spätfolgen vieler »harmloser« Prozesse aufgedeckt, so daß sich allgemein

werden von einzelnen Arten und ganzen Ökosystemen nicht mehr verkraftet und führen zu deren Aussterben bzw. Zusammenbruch.

Um verbleibende Ökosysteme, auf die der Mensch angewiesen ist, zu schützen, werden zum Teil komplexe Umweltschutztechnologien entwickelt, die allerdings hohen Aufwand an Ressourcen, Energie und Kapital erfordern.

Dem hohen Energiebedarf des Gesamtsystems entsprechen hohe Abwassermengen, die am Ort der Kraftwerke konzentriert über Trockenkühltürme an die Atmosphäre abgegeben werden. Diese Wärmeemissionen sowie weiterer Anstieg des Kohlendioxydanteils der Atmosphäre durch steigenden Verbrauch von fossilen Brennstoffen (vor allem Kohle) führen zunächst zu regionalen, später auch globalen Klimaveränderungen, wovon besonders Zonen am Rand der Dürregebiete kritisch betroffen werden.

Wachsender Flugverkehr in großer Höhe und weiterer Gebrauch von Sprühdosen führen zu Veränderungen der atmosphärischen Ozonschicht und zum Anstieg der Krebsfälle.

eine Einstellung durchgesetzt hat, die ökologischen Eingriffe auf ein absolutes Minimum zu reduzieren und dafür lieber Abstriche im materiellen Lebensstandard in Kauf zu nehmen.

Neubauten jeder Art sind mit wenigen Ausnahmen nur auf bereits früher bebautem Gelände möglich.

Wegen Einführung kleinerer energiesparender Fahrzeuge, hoher Benzinpreise, Verlagerung des Fernlastverkehrs von der Straße auf die Schiene, Rückgang des Verkehrs wegen weitgehender Dekonzentration der Produktion, Einführung einer Geschwindigkeitsbegrenzung bei 100 km/h und Bau sicherer Fahrrad- und Mopedwege für den Nahverkehr ist das Verkehrsaufkommen geschrumpft; der weitere Ausbau des Straßennetzes war nicht mehr erforderlich. Die Umweltverschmutzung durch den Verkehr hat entsprechend abgenommen.

Außer Luftbestandteilen und Wasser bei Umgebungstemperatur dürfen keinerlei Emissionen an die Umwelt abgegeben werden. Sie müssen zurückgehalten und rückgeführt werden.

Aus Energie- und Kostengründen konzentrieren sich Ressourcenförderung und Produktion in großen industriellen Komplexen an wenigen Punkten der Erde.

Mit dem wachsenden Materialdurchsatz steigt auch das Transportvolumen, insbesondere auf den Weltmeeren. Unvermeidbare Schiffskatastrophen der Tanker mit synthetischen Flüssigbrennstoffen und anderen Chemieprodukten verursachen immer wieder größere ökologische Katastrophen, die empfindliche Ökosysteme in einem weiten Bereich auf Jahre hinaus und zum Teil unwiederbringlich zerstören.

In den armen Ländern führt der Brennstoffbedarf zur Vernichtung der Wälder und der Buschvegetation, zur Verensteppung und zu weiterer Ausbreitung der Wüstengebiete.

Da diese Beeinträchtigungen und schließlich die Existenzvernichtung beim Produzenten oder Nutznießer nicht in Form von direkten Kosten zu Buche schlagen, bleiben die meisten Ökosysteme ohne wirksamen Schutz. Arten sterben aus, natürliche Gleichgewichte werden gestört, Schädlinge verlieren ihre na-

Produktionen, deren Rückstände nicht in irgendeiner Form rückgeführt oder wiederverwendet werden können, werden nur ausschließlich dann gestattet, wenn ihre Produkte lebensnotwendig sind. Unvermeidliche Rückstände werden konzentriert und so gelagert, daß nach dem Stand der Wissenschaft ein Einfluß auf die Umwelt für alle Zeiten ausgeschlossen werden kann.

Insbesondere der Kohlendioxydpegel der Luft wird ständig überwacht; global werden die zulässigen Emissionen so kontingentiert, daß sie der natürlichen Adsorption in den Weltmeeren entsprechen.

Die chemische Schädlingsbekämpfung ist weitgehend durch die biologische ersetzt.

Der Einsatz von Kunstdünger konnte durch sparsamere, aber effektivere Düngetechniken, durch biologische Düngeverfahren (stickstoffsammelnde Pflanzen, organischer Dünger, Kompost), durch neue Pflanzensorten und Anbaumethoden reduziert werden, so daß die Bodenqualität auch wieder besser wurde.

Der Wasserverbrauch wurde durch effizientere Nutzung und gelegentliche Rationie-

türlichen Feinde, breiten sich aus und können nur durch Einsatz chemischer Mittel unter Kontrolle gehalten werden; da sich resistente Stämme bilden, muß die Wirksamkeit dieser Mittel ständig erhöht werden.

Bedrohte Tier- und Pflanzenarten, deren Zahl ständig steigt, können teilweise in zoologischen und botanischen Gärten unter künstlichen Bedingungen vor dem Aussterben bewahrt werden. Für viele Insekten und viele Vogelarten ist dies nicht möglich. Gelegentliche Rettungsmaßnahmen kommen oft zu spät, weil sie erst einsetzen, wenn bereits die kritische Populationsschwelle unterschritten ist, bei der sich Arten nicht mehr regenerieren.

rung soweit reduziert, daß die Grundwasserspiegel wieder auf die ökologisch erforderlichen Höhen steigen konnten.

Das Abwärmeproblem konnte durch Abwärmenutzung und Fernwärme sowie Einschränkung der Stromerzeugung auf das Notwendige (Licht und Kraft) weitgehend entschärft werden.

Der größte Teil des Heizwärmebedarfs und des Elektrizitätsbedarfs der Kleinverbraucher stammt aus der Sonnenenergie.

Die Tier- und Pflanzenwelt kehrt in die ehemals emissionsverseuchten Gebiete und Gewässer zurück, so daß der Erholungswert der Landschaft auch in der Nähe von Industrieansiedlungen und Städten stark gestiegen ist.

2. Was können wir alle tun?

Das Spiel und die in ihm angesprochenen Sachverhalte können schon zur Antwort auf diese Frage beitragen. Es ist übrigens eine Absicht der Spielanlage, daß auch die Spieler des blauen Spielszenarios unter Umständen überleben können. Damit soll aller unterschwelligen Apokalyptik vorgebeugt werden; es geht nicht um absolut gut oder absolut böse; es geht um »Reduzierung der Manipulation der Schöpfung«.

Spiele sind nett. Besser ist das, was man altmodisch das »Vorbild« nennt. Im Bereich vorbildlichen Verhaltens sind nun viel mehr Menschen angesprochen als bei der Erörterung der ökologischen Aufgaben der Spezialisten.

Das »Vorbildsein« wird zur Zeit in der Diskussion zu oft mit Vorstellungen von »*Verzicht*« oder »Askese« verbunden. Das bringt meines Erachtens die Diskussion vorschnell auf ein moralinsaures Niveau, das vermeidbar ist. Auf dem für alle ökologischen Fragen zentralen Energiesektor etwa zeigt sich, daß das, was uns wirklich interessiert, die sogenannte Energiedienstleistung, trotz geringeren Energieaufwands gleichbleiben kann. Beispiel: Was Sie und mich interessiert, ist eine bestimmte Temperatur in einem Raum, zwischen 18 und 22 Grad Celsius (mehr ist ungesund). Ob ich diese Temperatur mit schlechter Isolierung und viel Heizöl oder mit besserer Isolierung und weniger Heizöl zustande bringe, ist keine Frage irgendeines »Verzichtes« – im Gegenteil: Langfristig (das heißt, wenn die Isolierungskosten sich amortisiert haben) ist es ein Gewinn für den Geldbeutel! Wir müssen unseren Lebensstil durchforsten nach solchen Situationen.

Eines der effektivsten und symbolkräftigen Arrangements in unserem Lebensstil ist *das Auto.* Nicht zu Unrecht hat die Werbung das Auto zum Mythos hochstilisiert (».. . und läuft und läuft und läuft!«). In ihm kulminiert die Kombination von Naturbeherrschung und (angeblichen) Freiheitsgraden des Menschen. Daß in Innenstädten und in Ferienstaus von diesem Vorteil nicht viel bleibt, dämmert allmählich. Erwägenswert – auch im Blick auf das »Vorbild« – ist folgendes: Widerstehen wir dem anhaltenden Trend zum Zweitauto pro Familie! Sicher, es gibt Situationen, in denen das Zweitauto unerläßlich für die Lebenskonstruktion einer Familie ist. Aber öfter ist eine Familie jahrelang ohne Zweitauto ausgekommen und könnte es deshalb auch wieder loswerden. Meist sollte allerdings das Auto des Mannes abgeschafft oder nicht erneuert werden. Die Frauen benötigen das Auto dringender, wenn man einmal von einer Durchschnittsfamilie mit zwei Kindern ausgeht, die zur weit entfernten Mittelpunktschule, zum Kinderarzt, zum Musikunterricht usw. gebracht werden müssen – und die Einkäufe. Die Männer könnten am Morgen und am Abend öffentliche Verkehrsmittel benutzen oder sich auch zu Fahrgemeinschaften zusammentun. Der nachfolgende Kasten spricht für sich:

Was »Kilometerfressen« kostet

Kosten für
500 Kilometer Fahrt

mit der **Bahn**

(250 km Rückfahrkarte,
2. Klasse)

44 DM   **66 DM**

1970   **1978**

mit dem
eigenen **Pkw**

(Einzelfahrer,
Mittelklasse –
wagen)

248 DM

150 DM

Vollkosten

67 DM   110 DM

davon reine
Betriebskosten

G
2724

»Wer sich mit seinem Auto auf Reisen begibt, sollte den Rechenstift tief im Koffer verstauen. Denn mit dem Start beginnt in aller Regel auch die Sünde gegen das Portemonnaie. Das gilt besonders für Einzelfahrer. Beweis: Eine Rückfahrkarte der Bundesbahn über 250 Kilometer (also hin und zurück 500 Kilometer) kostet auch nach der jüngsten Tariferhöhung nur 66 DM. Ein Wagen der unteren Mittelklasse frißt dagegen Kilometer für Kilometer knapp 50 Pfennig, wenn man alle Kosten, vom Benzin bis zur Abschreibung, einbezieht und von einer Jahres-Fahrleistung von 13 000 Kilometern ausgeht. So kostet die 500-Kilometer-Reise den Einzelfahrer 248 DM. Auch wenn man nur die reinen Betriebskosten rechnet – Benzin, Öl, anteilige Kosten für Bereifung, Reparaturen und Wertminderung –, schlägt die Fahrt immer noch mit 110 DM zu Buche. Billiger wird das Autofahren erst, wenn sich mindestens vier Personen in den Wagen setzen – ein Ausnahmefall, wie ein Blick auf die Autobahnen lehrt.«

Verzicht? – Natürlich, ein wenig Unbequemlichkeit handeln sich beide ein. Die Frau muß wegen des einen Autos manchmal eine Besorgung machen, die der Mann auf dem Weg nach Hause erledigt hätte. Der Mann muß ab und zu einen Termin umdisponieren, der per Auto noch hätte bewältigt werden können. Aber sonst: Die finanzielle Einsparung ermöglicht ab und zu ein Taxi. Der Gesundheitsvorteil des Zu-Fuß-Gehens ist nicht zu unterschätzen. Und die Nachdenk- und Meditationszeit beim Warten auf Bus oder Straßenbahn und die Teilnahme am Leben eines Busses während der Fahrt ist nicht aufzuwiegen gegen die Zeitersparnis bei der Fahrt im isolierten Blechhaus mit Rädern. Also wenig Verzicht, dafür aber Gewinn neuer Lebensdimensionen des Alltags. (Übrigens: Schlechte Nahverkehrsverhältnisse lassen sich durch Bürgerdruck verbessern, wenn es nur viele sind, die drücken.)

Bevor ich ein anderes Beispiel etwas ausführlicher darstelle, hier als *Zwischenspiel Hinweise auf Quellen,* von denen aus die Frage: Was können wir alle tun? – intensiver behandelt werden kann.

– Der Bundesverband Bürgerinitiativen Umweltschutz e.V. (Schliffkopfweg 31a, 7500 Karlsruhe 21) gibt einen »*Aktionskatalog*« heraus, außerdem kurze Blätter »Energie-Alternativen«: Nr. 1 Energie und Haushalt (ganz praktisch), Nr. 2 Energie einsparen, Nr. 3 Sonnenenergie, Nr. 4 Windenergie, Nr. 5 Landwirtschaft, Gartenbau und Energie. Eine andere Blätterreihe: Informationen zur Kernenergie.

– Der Umweltbeauftragte der Evangelischen Kirche in Deutschland, Pfarrer Kurt Oeser in 6082 Mörfelden (Brückenstraße 9), gibt im Auftrag der Konferenz der Umweltbeauftragten und Referenten der Gliedkirchen der Evangelischen Kirche in Deutschland eine Serie »*Umweltbriefe*« heraus, »Didaktische Handreichungen für Schule, Konfirmandenunterricht und Jugendarbeit« – jeweils 4 Seiten.

– Das *alternative adreßbuch* 1977 (bei: arbeitskreis alternatives adreßbuch, Obergasse 30, 6501 Oberolm) bringt Tips und Hinweise aus aller Welt; ähnliches gilt für die »*Alternativkataloge*«, die über das Gottlieb-Duttweiler-Institut (CH-8803 Rüschlikon) zu beziehen sind.

– Die *Ökumenische Initiative EINE WELT* (3008 Garbsen 1, Postfach 1227) mit ihren infos: info 1: Die Ökumenische Initiative; info 2: Das Auto in unserem Leben; info 3: Ernährung ist nicht nur Privatsache. (Vgl. zur Initiative auch unter 3, S. 199ff.)

– Viele Leser dieser Zeilen sind sicher papierverbrauchende

Wesen. Verlegen sie sich, wo immer es geht – und es geht fast immer –, auf »*umweltfreundliches Papier,* hergestellt aus 100% Altpapier«. Das Bundesinnenministerium schreibt dazu (»Umwelt Nr. 58, 1978«):

»Das Umweltschutzpapier wird zu 100% aus Altpapier ohne die das Abwasser stark belastende Entfärbung hergestellt. Die hellgraue Farbe des wiedergewonnenen Papiers entsteht durch die im eingesetzten Altpapier enthaltenen Druckfarben, die während des Herstellungsprozesses gleichmäßig verteilt werden.

Die Herstellung von umweltschonendem Papier auf der Basis von Altpapier trägt zu einer Verringerung der Luft- und Gewässerverschmutzungen bei und ermöglicht eine Einsparung an Rohstoffen und Energie. Der Umfang der Einsparung ist am Beispiel einer Schweizer Papierfabrik genauer untersucht worden. Die dabei ermittelten Werte zeigt die nachfolgende Aufstellung:

Rohstoff- und Energiebedarf für 1000 kg Papier			
Notwendiger Bedarf	**Papier erster Qualität**	**Papier gewöhnlicher Qualität**	**Umweltschutzpapier**
Holz	2385 kg (entspricht 3 Bäumen mittlerer Größe)	1710 kg (= 2 Bäume mittlerer Größe)	nur Altpapier
Frischwasser	bis 440 m³ (440 000 Liter)	bis 280 m³ (280 000 Liter)	maximal 1,8 m³ (1800 Liter)
Energie	7600 Kilowattstunden	4750 Kilowattstunden	2750 Kilowattstunden«

Sollte Ihr Papierwarengeschäft so rückständig sein, solches Papier noch nicht zu führen, verschaffen Sie sich und ihm die Adresse, bei der man es bekommen kann. Notfalls durch Anfrage an den Verlag dieses Buches, das aus umweltfreundlichem Papier hergestellt ist!

Nach diesem Zwischenspiel nun noch das Beispiel einer Energie-Aktion, die den Vorzug hat, Interessen der Länder der Dritten Welt sinnvoll mit Interessen der Industrieländer zu verknüpfen, also den angeblichen Widerspruch zwischen Entwicklungshilfe und Umweltschutz nicht kennt.

In den Jahren 1977/78 hat der Ökumenische Rat der Kirchen in seiner Abteilung »Kirche und Gesellschaft« das Programm *»Energy for my neighbour«* entwickelt. Der Gedanke ist von der Ökumenischen Initiative EINE WELT auf dem Kirchentag 1977 in Berlin präsentiert und von der damaligen Arbeitsgruppe 3 auch beschlossen worden:

»(a) Wir in den Industrieländern verbrauchen mehr Energie als wir sollten, und wir verbrauchen sie verschwenderisch. In unseren Häusern, im Verkehr, in unseren Büros, Industrien und Geschäften. Ca. 25% der Weltbevölkerung, die in den industrialisierten Ländern leben, verwenden ca. 75% der Weltenergie.

(b) Viele der sich entwickelnden Länder brauchen viel mehr Energie, als sie haben – um zu überleben. Einige unserer fernen Nächsten können nur $^1/_{100}$ dessen, was wir verbrauchen, bekommen. Was von uns aus gesehen sehr wenig Energie ist, ist von ihnen aus gesehen sehr viel.

Der Ökumenische Rat der Kirchen schlägt deshalb ein Ökumenisches Aktionsprogramm vor, das zunächst 3 Jahre laufen soll. Das Programm trägt den Titel ›Energy for my neighbour‹, es sieht drei Schritte vor:

1. Einsparung von Energie in Industrieländern (in Haushalten, Behörden usw.).

2. Einzahlung des durch (1) frei werdenden Geldes an den Fonds »Energy for my neighbour« des Ökumenischen Rates in Genf.

3. Aus dem Fonds Förderung und Aufbau von einfachen Energieerzeugern in der ›Dritten Welt‹ (Windmühlen für Wasserpumpen in tansanischen Dörfern, Biogasanlagen in Indien, einfache Wasserturbinen usw.).«

Resolution

»Wir, die Teilnehmer der Arbeitsgruppe 3 des Kirchentages 1977, fordern die Evangelische Kirche in Deutschland und ihre Gliedkirchen auf, das Ökumenische Programm ›Energy for my neighbour‹ aufzunehmen, zu unterstützen und den Gemeinden und Christen zu empfehlen. Um zu zeigen, daß es uns mit dieser Forderung ernst ist, werden wir als erste das Programm unterstützen. Dazu erscheint folgender Weg realistisch:

a) *Energieeinsparung* (Strom, Öl) von 2% pro Haushalt, Gemeindehaus, Kirche, Schule usw. – Jeder wird untersuchen, wie dies geleistet werden kann (bessere Einstellung von Ölbrennern, Senkung der Raumtemperaturen, sparsamerer Warmwasserverbrauch, rationeller Umgang mit elektrischen Haushaltsgeräten, Vermeidung unnötiger Fahrstuhlbenutzung usw.).

b) *Benzineinsparung* von 5% pro laufendes Auto (Auto ab und zu stehen lassen. 100–120 km/std Höchstgeschwindigkeit auch auf der Autobahn, Schaltfreudigkeit, keine Kavaliersstarts, präzise Vergasereinstellung usw.).

c) Feststellung der gesparten Geldbeträge, Addition und Überweisung auf das Konto . . .«

Inzwischen hat der ÖRK das Programm weiterentwickelt und versendet auf Anfrage eine Materialmappe mit den Einzelheiten (Dr. Lysaneas Maciel, Department on Church and Society, World Council of Churches, 150 Route de Ferney, CH-1211 Geneva 20, Switzerland, »Energy for my Neighbour«).

Auch »Brot für die Welt« hat den Gedanken in einer 1977 gestarteten »*aktion e*« – »einfach leben, einfach überleben, leben entdecken« aufgenommen und Material (ein Magazin,

Aufkleber, Faltblätter, Plakate, Selbstverpflichtungen für Familien und Gemeinden, Diaserie mit Text) im Anschluß an den Berliner Kirchentag entwickelt (Informationsreferat »Brot für die Welt«, Stafflenbergstraße 76, 7000 Stuttgart 1).

Vielleicht können die geschilderten Beispiele die Phantasie anregen, mehr zu versuchen.

3. Wie schaffen wir ein ökologisches Klima?

So wichtig und richtig das in diesem Buch entfaltete (theologische) Umdenken ist; so wichtig »Aktionen« als Beispiele, »Vorbilder«, kleine Schritte, Symbole sind – die ökologischen Aufgaben *überfordern* uns wahrscheinlich. Stehen wir doch alle in der wissenschaftlich-technischen Welt unter erhöhten Anforderungen in Beruf, Haus, Familie. Ist es uns zuzumuten, noch einen Imperativ dem allen hinzuzufügen? Theologisch gesprochen: Lauert nicht in den ökologischen Imperativen die Gefahr einer *neuen Gesetzlichkeit,* die letztlich nur unfrei macht? Und was hilft moralinsaure Umweltethik? – Damit, daß die Sache mit etwas Spaß betrieben wird wie beim »Energiespiel« oder bei vielen Aktionen der Bürgerinitiativen, ist dieses Problem nicht vom Tisch. Die wenigen Erfahrungen, die es hier gibt, zeigen aber, daß zum Anpacken der ökologischen Aufgaben so etwas wie die Erzeugung eines »ökologischen Klimas« gehört. Dieses Klima entsteht am ehesten in einer *Gemeinschaft,* die die Dringlichkeit der ökologischen Aufgaben sieht und sie möglichst gemeinsam angeht.

Die erstaunliche Zahl ökologisch motivierter *Gemeinschaften* nicht nur in den USA, sondern auch in den europäischen Ländern hat hier ihren Grund. In den meisten Fällen verbindet sich das ökologische Engagement mit dem Engagement für die Dritte Welt. Genannt seien: die ökumenische Aktionsgruppe »*Brot und Fische*« im schwedischen *Västeras,* zu der heute etwa 25 Leute unterschiedlichster Bildung zwischen 18 und 51 Jahren gehören. Sie leben in Groß- und Kleinfamilien. Die Finanzierung der Aktion geschieht (neben der Berufsausübung) durch Sammeln und Handel mit Gebrauchtwagen, das heißt mit Konsumgütern, die in unserer Überflußgesellschaft nicht mehr gebraucht werden. Vom erlösten Geld werden Befreiungsbewegungen in Rhodesien, Südafrika, Namibia mit Medizin und Kleidung unterstützt.

Oder: In einem alten *Bauernhof bei Isny* leben sieben junge Leute verschiedenster beruflicher Herkunft in einer Großfamilie. Sie wollen 200 Schafe halten und weiden; der Weidebetrieb alter Art soll ergänzt werden durch Beweidung von Gebieten der Umgebung, die zu veröden drohen. Das Ziel dieser Großfamilie ist bessere Selbstverwirklichung durch neue, das heißt einfache und gesunde Lebensformen.

Oder: Technikumstudenten in Burgdorf bei Bern schlossen sich zur »*Burgdorfer Initiative*« zusammen. Sie fordern einen autofreien Sonntag im Monat. (Ihre Initiative ist inzwischen allerdings abgeschmettert worden durch einen Volksentscheid – Mißerfolge bleiben auch in Sachen Ökologie nicht aus!)

Oder: Die *Ökumenische Initiative EINE WELT*. Diese lose verbundene Gruppe will Modelle eines ökumenischen und daher weltgerechten, einfachen, solidarischen und gesprächsbereiten Lebens erproben und andere zu ähnlichem anstiften. Wer eine dreifache Selbstverpflichtung übernimmt, darf sich zur Initiative zählen. Die Verpflichtungen betreffen das eigene Konsumverhalten, die eigene finanzielle Situation und die persönliche Zivilcourage: »(1) Wir werden Entwicklungen verlangen und unterstützen, durch die bisher Benachteiligte in ihren Lebenschancen gefördert werden. Wir werden uns um Modelle bemühen, an denen in ökumenischer Gemeinschaft gelernt werden kann, Mitverantwortung im entwicklungspolitischen und umweltpolitischen Bereich wahrzunehmen. (2) Wir werden unseren Konsum überprüfen: Wir werden ihn einschränken und in ein vertretbares Verhältnis zu den begrenzten Vorräten der Erde, dem Bedarf der Benachteiligten und der Umweltzerstörung bringen. Wo immer möglich, werden wir ihn auf Waren umstellen, deren Ertrag die Produzenten in Entwicklungsländern eigenständiger macht. (3) Wir werden einen spürbaren Teil unseres Geldes im Sinne dieser Initiative verwenden, in der Regel wenigstens 3% des Nettoeinkommens. Persönliche Umstände können eine andere Selbsteinschätzung nach oben oder nach unten notwendig machen. Wir werden das Geld folgenden Zwecken zuführen: entwicklungspolitischen Modellen, durch die die Eigenständigkeit und Handlungsfähigkeit derer gefördert wird, die in Armut und ohne eigene Gestaltungsmöglichkeiten leben müssen, bewußtseinsbildenden und politischen Aktionen in der BRD.«

Nun kann nicht jeder einer solchen Gemeinschaft beitreten oder auch nur die Selbstverpflichtungen der ökumenischen Initiative übernehmen. Wir müssen daher *kleinere Modelle* entwickeln, die in jedem Haus, in jeder Familie und von einzelnen realisierbar sind. In dieser Perspektive möchte ich – wieder als Beispiel – etwas darstellen, das den Namen *»Die einfache Mahlzeit als ökologische Symbolhandlung«* trägt und im Bereich der christlichen Kirchen durch die Verbindung mit dem Abendmahl wichtig werden kann.

Eine Handlung, die ökologische Symbolkraft haben soll, muß Teil eines Handelns sein, das ökologisch sinnvoll ist; das solidarisch ist mit der Natur, indem es sie nicht mehr als nötig ausbeutet; das Gleichgewichte achtet; das »verzichten« kann; das sich nicht gegenüberstellt, sondern mitspielt; das offen ist; das kommunikativ ist; das Sterben und Leiden nicht ausschließt; das weiß, daß Teilen (das Nord-Süd-Problem) ein ökologisches Prinzip ist.

Eine »einfache Mahlzeit« ist eine Tischgemeinschaft, die auf *wenige einfache Elemente* reduziert ist. Negativ gesagt: keine »Eßtechnik« mit drei oder vier komplizierten Gängen, nicht viel Besteck und Geschirr; insofern nicht viel Arbeit, die die einen für die anderen investieren müssen; auch weniger Wasserverbrauch und Umweltverschmutzung durch die Geschirrspülmaschine. Positiv gesagt: einige Grundnahrungsmittel, Brot, das gebrochen wird, ein einfacher, aus der Hand zu essender Käse; etwas Obst; Wein und Saft als gemeinsame Getränke. Man sitzt um einen gemeinsamen Tisch; die Runde ist so, daß jeder mit dem anderen sprechen kann, aber nicht muß. Es gibt lebendiges, auf den Tisch zentrierendes Licht von Kerzen. Eine Art privater Festlichkeit entsteht.

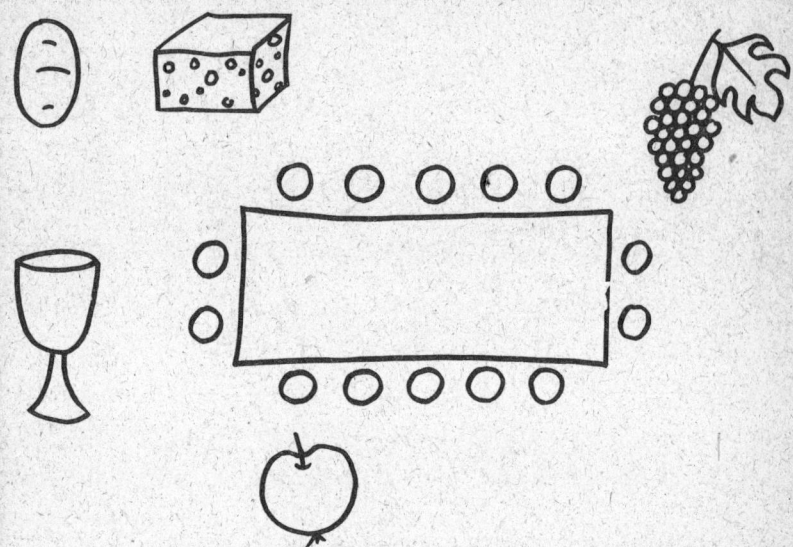

Wie kann die einfache Mahlzeit ein ökologisches Symbol sein? – (Die folgenden Beobachtungen sind aus der Praxis einfacher Mahlzeiten gewonnen, nicht aus reinem Nachdenken. Vielleicht sind sie über Papier nicht voll mitteilbar.)

Erste Beobachtung: Die Situationen, die wir heute in der Welt haben, daß einer ißt und zwei ihm zuschauen, ist bei einer einfachen Mahlzeit nicht vollziehbar. Würde nur jeder Dritte etwas von Brot, Käse und Wein bekommen, so wäre die Tischgemeinschaft gesprengt. In der einfachen Mahlzeit wird *geteilt, was da ist.* Wenn es wenig ist, bekommt jeder wenig, dann entsteht wenigstens die Gleichheit des Mangels.

Teilen ist eine ökologische Grundbedingung; teilen, was da ist. Im einfachen Mahl ist Teilen eine Selbstverständlichkeit und kein moralischer Appell. Das Abendmahl der Kirche ist in dieser Hinsicht exemplarisch: Jeder erhält gleich viel Brot, jeder gleich viel Wein.

Zweite Beobachtung: Die Reduzierung auf Einfaches motiviert die Mahlteilnehmer zu *sorgsamem Umgang* mit den Nahrungsmitteln, mit der Schöpfung. Reste bleiben nicht individuell auf einem Teller, so daß sie nicht weiter verwertbar sind; deshalb sind Holzbrettchen für die einfache Mahlzeit auch bes-

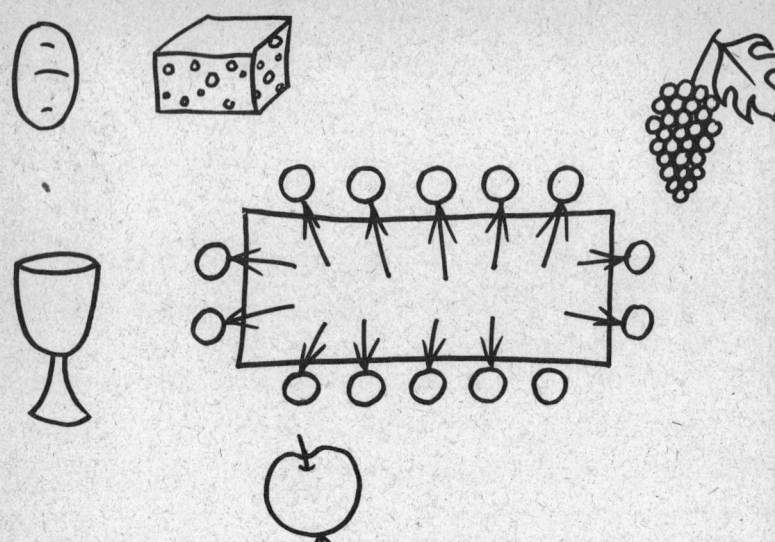

ser als Teller. Von den Eßwerkzeugen wird allenfalls ein Messer gebraucht; darüber hinaus fällt die technische Vermittlung weg. Man hat in der Hand, man bricht und fühlt das Brot, Käse und Obst. So geht man sorgsam um mit Elementen der unterworfenen und ausgebeuteten Natur. Damit ist die Ausbeutung der Natur nicht aufgehoben – auch Schneiden und Brechen bereiten Schmerzen –, aber doch symbolisch reduziert.

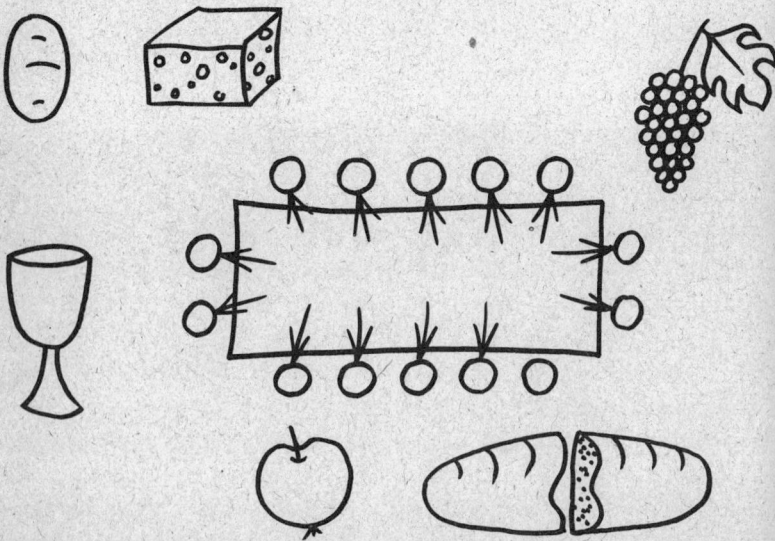

Dritte Beobachtung: Die einfache Mahlzeit ermöglicht und fordert Kommunikation, Gespräch, Austausch. Sie ist das genaue Gegenbild jener vielen von uns geläufigen Kantinenmahlzeiten, bei denen jeder quasi seinen eigenen Tisch abholt, ihn möglichst schnell leert und ohne nach rechts und links zu blicken ißt. Die einfache Mahlzeit hat, braucht und gibt Zeit. Die Kommunikation des Teilens, eine Kommunikation *über Dinge,* flankiert und unterstützt die Kommunikation des Gesprächs, ja oft ermöglicht sie die verschüttete Gesprächskommunikation erst wieder. Ein Satz Günter Howes wird hier wahr: »Während die Sprache in einer gespaltenen Welt ihre Verständigungsfunktion zu verlieren droht, ermöglichen und erzwingen die Dinge eine unerwartete Mitmenschlichkeit.« Die Ökologie der zwischenmenschlichen Beziehungen wird nicht weniger wichtig sein als die Ökologie des Mensch-Welt-Verhältnisses.

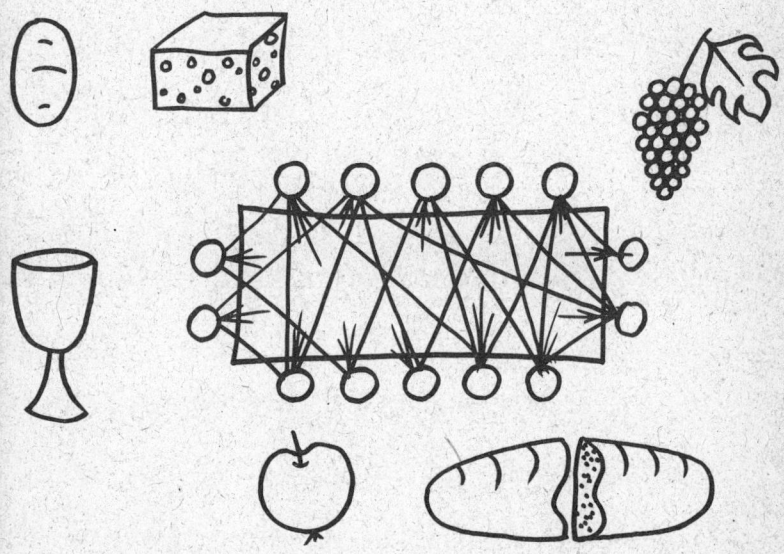

So – und sicher auch auf andere Weise – kann die einfache Mahlzeit zum *ökologischen Symbol* werden. Allerdings müssen wir sie feiern.

Es ist nun kein Zufall (s. oben S. 201) und ein großer Vorteil, daß die einfache Mahlzeit nicht nur ökologisches Symbol werden kann, sondern auch in großer Nähe zum *eschatologischen*

Symbol des Mahles steht. Jesu Mahlgemeinschaft ist eine einfache Mahlzeit. »Jesus sagt zu ihnen: Kommt, haltet das Mahl! . . . Jesus kommt, nimmt das Brot und gibt es ihnen und ebenso den Fisch« (Johannes 21, 12–13). »Und es begab sich, als er mit ihnen zu Tische saß, nahm er das Brot, sprach das Dankgebet darüber, brach es und gab es ihnen« (Lukas 24, 30). Alle Beobachtungen zur einfachen Mahlzeit treffen auch für das Mahl des Herrn zu. Mehr: Auch das Abendmahl der Kirche – würde es richtig gehalten – ist ein ökologisches Symbol. Es ist ein merkwürdiger Zufall, daß die Urchristenheit – nicht aus ökologischen Gründen – das Symbol des Fisches für Jesus Christus gewählt hat. Wir machen ihn uns in unserer Darstellung zunutze. Dabei zeichnen wir einen richtigen Fisch, denn: Ökologie und Eschatologie schließen sich nicht aus.

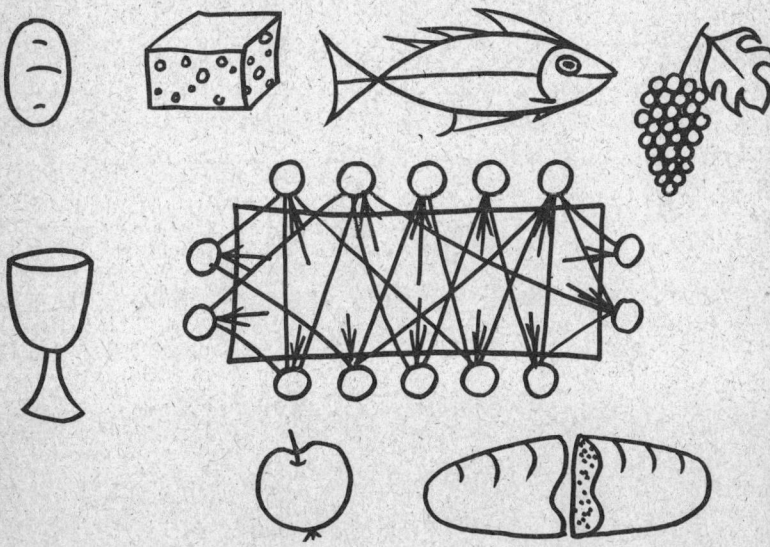

»Würde das Abendmahl richtig gehalten«, heißt: Das Abendmahl müßte sich noch mehr aus seiner sakralen Stilisierung als einmaliger Akt im Jahr heraus- und in die Form des in jedem Gottesdienst gefeierten Gemeinschaftsmahles hineinbewegen, bei welchem jeder Teilnehmer des Mahles Brot und Wein in die Hände nimmt und weiterreicht – nicht nur der Pfarrer. Daraus ergeben sich weitreichende andere Änderungen.

Vierte Beobachtung: Jesus, der Herr des eschatologischen Mahles, sagt von sich: »Der Menschensohn ist nicht gekommen, um sich dienen zu lassen, sondern um zu dienen« (Markus 10, 45) und: »Ich bin in eurer Mitte als der Dienende« (Lukas 22, 27). Diakonein bezeichnet die häusliche Dienstleistung, vor allem die Aufwartung des Sklaven für die am Tisch versammelten Gäste (Roloff). Wenn Jesus also Mahlgemeinschaft gewährt, so ist dies ein Akt des Dienens für andere. Vom Dienen Jesu her ist auch das Verhalten der Mahlteilnehmer untereinander bestimmt (Lukas 22, 26–27). Ökologie braucht *Dienst* untereinander, über das Teilen hinaus.

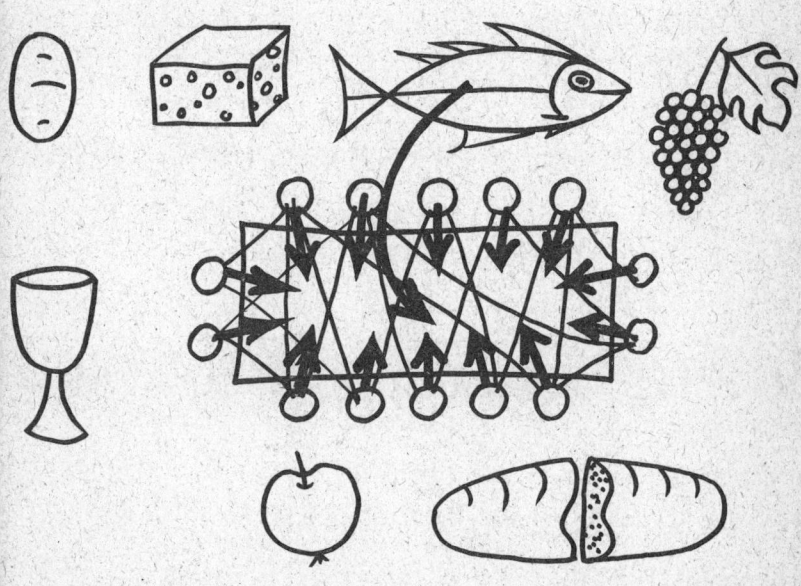

Fünfte Beobachtung: Beim eschatologischen einfachen Mahl wird deutlich, was immer gilt; nämlich, daß wir Menschen *Gäste* sind, nicht Besitzer oder Eigentümer der Erde. Selbst wenn es äußerlich anders aussieht, »kommt doch alles von dir, und aus deiner eigenen Hand haben wir dir gegeben; denn wir sind Gäste vor dir wie alle unsere Väter« (1. Chronik 29, 14–15). Gäste benehmen sich wie Gäste. Sie maßen sich nicht an, »maîtres et possesseurs de la nature« zu sein.

Sechste Beobachtung: Eucharistie heißt das eschatologische Mahl, weil Jesus beim Brechen des Brotes und beim Austeilen des Weines dankt. *Gäste danken* dem Gastgeber; im Tischgebet danken wir Menschen Gott für unsere Nahrung. Im Abendmahl weitet sich der Dank aus in den Jubel über die Anwesenheit des kommenden Herrn, die auch die Befreiung der Schöpfung ankündigt. Freude ist ein auch ökologisch wichtiges Element des einfachen Mahles, festliche Musik. Allerdings, in der Festlichkeit lauert eine Gefahr: »Die größte Veränderung überhaupt, die im Laufe der Geschichte an der Meßfeier geschehen ist, war der Verzicht auf das materielle Mahl und der Übergang zu einer Form der Feier, in der die Eucharistia, das Dankgebet, im Vordergrund steht« (Jungmann). Diese Entwicklung beginnt in den Mahlgebeten der Didache: »Die Gemeinschaft der miteinander Essenden vermag sich nur noch als gleichnishafte Vorausdarstellung der kommenden eschatologischen Gemeinschaft, nicht mehr jedoch als gegenwärtige eschatologische Realität zu verstehen« (Roloff).

Demnach muß das einfache Mahl als ökologisches und eschatologisches Symbol erst noch gewonnen werden.

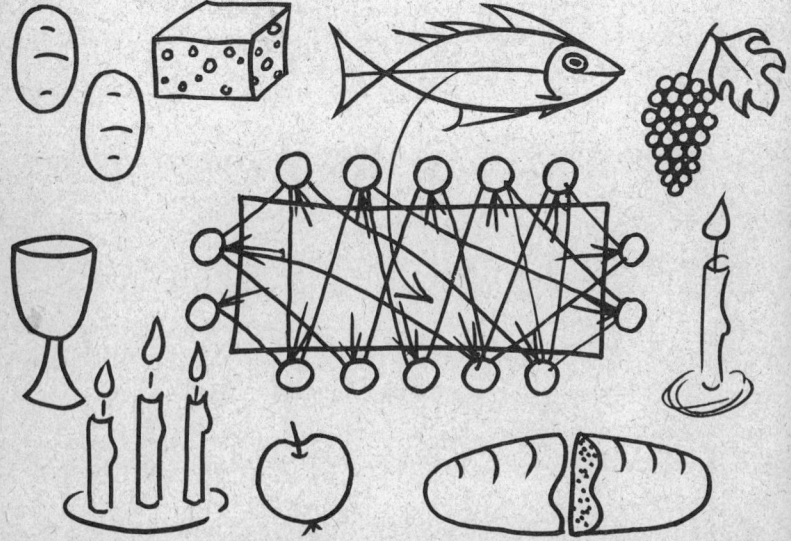

Es kann auch gewonnen werden, und zwar sowohl in »rein ökologischer« Form, die zum Beispiel bei Abendessenseinladungen praktiziert werden kann oder einmal in der Woche in einer Familie, sogar allein kann man es feiern, als auch in den Abendmahlsfeiern unserer Gemeinden (Kirchenräume eignen sich wegen der nicht vorhandenen Tische schlecht, leider), die von der anderen Seite herkommend die ökologische Symbolik auch des Abendmahles wieder deutlich machen. Die Tischgespräche – auch beim Abendmahl sollte ein Gespräch die Tischrede (Predigt) ergänzen – sind eine einzigartige Form, ökologische Aufgaben und unser neues Sein als Christen aufeinander zu beziehen und nichtgesetzlich zu verbinden.

Die »einfache Mahlzeit als ökologische Symbolhandlung« ersetzt nicht Aktionen und nicht die Umbesinnung und das Umdenken; sie könnte aber ein Baustein zur Schaffung eines ökologischen Klimas sein, den gerade wir Christen zu der Suche nach einem neuen Umgang mit der Erde beibringen können.

Im Bauch des Fisches

Meditation unseres Ortes in der Schöpfung – heute

Unsere Beziehungen zur Schöpfung sind nicht nur Unterwerfen und Herrschen. Jede Epoche der Menschheitsgeschichte hat auch eine Form der Weltangst, die ihrem »Welt«bild entspricht. Die ökologische Krise gebärt eine Gestalt der Weltangst, die man mit einem alten biblischen Bild aussagen kann: im Bauch des Fisches.

Als wir Menschen durch Kopernikus gelernt hatten, daß unser Ort in der Welt nicht die Mitte der Welt ist, und als die Psychoanalyse uns klarmachte, daß das »Ich« nicht »Herr im eigenen Haus« ist (Weizsäcker, Garten, 441), da sah unsere Weltangst so aus: Alles könnte sich auflösen. Völlig verloren waren wir in diesem unendlichen Universum und in den Labyrinthen unserer Seelen.

»Verlorenes Ich, zersprengt von Stratosphären,
Opfer des Ion –: Gamma-Strahlen-Lamm –
Teilchen und Feld –: Unendlichkeitschimären
Auf deinem grauen Stein von Notre-Dame.
Die Tage gehn dir ohne Nacht und Morgen,
Die Jahre halten ohne Schnee und Frucht
Bedrohend das Unendliche verborgen –
Die Welt als Flucht.
Die Welt zerdacht. Und Raum und Zeiten

Und was die Menschheit wob und wog,
Funktion nur von Unendlichkeiten –
Die Mythe log.«

So spricht Gottfried Benn diese Weltangst aus. Und sie endet mit der wehmütigen Erinnerung an die »ferne zwingende erfüllte Stunde, die einst auch das verlorne Ich umschloß«.

Sicher wurde diese Weltangst weder von den Chinesen noch von den Indern, noch von den Indios, noch von den Afrikanern oder den Eskimos geteilt; ihre Ängste waren und sind anderer Art. Aber bei uns westlich-nordatlantischen Menschen begleitete diese Weltangst des Verlorenseins im All den aggressiven Drang zur Unterwerfung des Restes der Menschheit und zur Ausbeutung der Erde. Sicher nicht zufällig, sondern mit innerem Zusammenhang.

Seit einigen Jahren aber –
  seit wir in Müllawinen zu ersticken drohen,
  seit wir mit unseren Autos nach wenigen Kilometern zügiger Fahrt in Staus steckenbleiben,
  seit der Smog das freie Atmen behindert,
  seit die Technik eher als Zwangsjacke denn als Instrument der Befreiung zu gelten hat,
  seit wir wissen, daß das Öl knapp wird
  und Kupfer, Zink, Blei, Aluminium und Antimon
  und Wasser und Holz und Luft –

seitdem hat sich unsere Weltangst gewandelt. Sie ist zur Erstickungsangst geworden; der Planet Erde wird uns zu klein, wir versuchen in den Weltraum auszuweichen; die »Grenzen« werden überall und jederzeit beschworen. Die – neben Kopernikus und Freud – dritte Kränkung des menschlichen Selbstbewußtseins in der Neuzeit, Darwins Erkenntnis, daß die anderen Geschöpfe unsere Schwestern und Brüder sind, hat uns eingeholt. Aber auf grausame Weise, weil wir sie zu lange verdrängt haben. Jetzt holt sie uns nicht mit lieblichen Bildern vom Miteinander von Mensch und Schöpfung ein, sondern als Bedrohung: Wir sind eingeklemmt »im Bauch des Fisches«.

Das Schicksal des Propheten Jona wird uns damit zum Sinnbild: Auch er findet sich »im Bauch des Fisches« wieder. Manche halten sich und uns für so anpassungsfähig, daß ihnen diese Lage nicht als bedrohlich erscheint. Christoph Meckel läßt seinen Jona sagen:

»Es läßt sich leben im Wal, ich hab es erfahren. Einst verfinsterte Meertage lebt ich im Wal, und ich sag euch: es läßt sich leben im Wal. Nach ein paar Monden vernahm ich das Donnern der Wasser nicht mehr, die draußen um Walhaut rollten, und der Gestank ward Duft den Nüstern, die mir im Walbauch wuchsen.«

Andere – und ich zähle mich zu ihnen – erinnern sich, daß die Ortsangabe »im Bauch des Fisches« im Psalm des Jona als Grab verstanden wird: »Drunten war ich in der Erde, die ihre Riegel hinter mir für immer schloß.« Sie erinnern sich, daß Jona diesen Zustand mit Bildern aus der Schöpfung beschreibt: »All deine Brandungen und Wogen sind über mich hereingebrochen . . . Umfangen haben Wasser mich bis an die Kehle, das Urmeer, es umringt mich. Schilf hält mein Haupt umschlungen.« Sie, die anderen, verstehen, daß der Tod nicht das reine Aufhören ist, als das wir uns den Tod vorstellen, sondern daß das Lebend-dem-Tod-Anheimgegebenwerden im Bauch des Fisches auch Tod ist. Und die realistische Einschätzung unserer Situation führt sie dazu, nicht zu anpassungsfreudig auf unseren Ort im Bauch des Fisches zu blicken. Kann doch die ökologisch begründete Erstickungsangst sich jeden Tag grausam bewahrheiten, wenn zur »langsamen Guillotine« der Umweltzerstörung der schnelle Blitz des atomaren Feuers kommt. Danach werden wir dann nicht mehr sagen: Es läßt sich leben im Wal – weil wir nichts mehr sagen können.

Im Bauch des Fisches – das scheint eine treffende Bezeichnung unserer Situation zu sein.

Im Bauch des Fisches, das lehrt uns die Geschichte von Jona, ist aber bei Gott nicht das letzte Wort. Es ist nicht nur die Drohung des Grabes, das Eingeschlossensein in die gnadenlosen Folgen unserer Erdherrschaft; es ist auch der Beginn der Rettung. Für eine Menschheit, die es vergessen hat, Archen zu bauen für die große Flut, ist der Bauch des großen Fisches immerhin nicht das endgültige Aus, so eingeklemmt und atemberaubend der Aufenthaltsort auch sein mag. Es gibt eine Hoffnung, daß uns geschieht, wie es Jona geschah: Gott sprach zum Fisch, und er spie Jona aufs Trockene.

Diese Hoffnung gilt um so mehr, als durch Christus befreite Menschen der Schöpfung zur Verheißung der Freiheit dienen sollen, wenn Paulus die Hoffnung richtig auslegt. Ein ungewohnter Gedanke für anthropozentrisch denkende Christen: Gott will seine Schöpfung nicht aufgeben, er will ihr treu bleiben, er will sich an die Zusagen nach der großen Flut halten, er will alles Geschaffene befreien. Muß er nicht deshalb den Menschen befreien, wenn durch den Menschen als Gottes Bild Freiheit in die Welt kommen soll? – Endlich wäre einmal nicht die Schöpfung für den Menschen da, sondern der Mensch für die Schöpfung.

Garantien gibt es nicht. Noah sandte ängstlich die Taube aus; Jona rechnete sicher nicht damit, daß er aufs Trockene käme; Jesus von Nazareth konnte nicht wissen, daß er nach drei Tagen und drei Nächten im Schoß der Erde wieder zum Leben aufstehen würde. Wir wissen nicht, ob der Fischbauch der ökologischen Krise uns wieder freigeben wird. Wir hoffen.

Hoffnung ist das Hören einer Melodie aus der Zukunft, sagt ein lateinamerikanischer Befreiungstheologe. So bruchstückhaft wir die Melodie zukünftiger Freiheit hören – die Wasser donnern im Bauch des Fisches –, vielleicht können wir (zuerst leise, damit wir die Melodie noch hören) ein wenig mitsingen und sogar tanzen nach der Melodie. Dieser Gesang und dieser Tanz – das wären Zeichen der Hoffnung.

Mit Jona muß so etwas vor sich gegangen sein im Bauch des Fisches. Zum Erstaunen aller Ausleger stimmt er nämlich – im Fisch steckend – einen Lobpsalm an. (Woher er die Luft nimmt zum Singen?)

»Du hast aus dem Grab herausgeführt mein Leben«
– wie Noah aus der Arche geführt wird,
wie Israel aus Ägypten geführt wird
und aus Babylon,
wie Christus uns aus dem Tode führen wird –

»*Jahwe mein Gott.*
Ich aber,
mit der Stimme des Lobes
laut will ich singen dir,
was ich gelobte, bezahlen –
die Befreiung ist dein!«

Die Hoffnung beruht nicht darauf, daß die Drohung und der Ernst der Lage verharmlost oder ignoriert werden. Es bleibt dabei, daß »Brandungen und Wogen« der großen Flut über uns hinweggehen und wir ängstlich zusammengekauert im Fischbauch stecken – aber auf einmal sind es nicht irgendwelche Wasser, sondern: *deine* Brandungen und Wogen.

»Die Geschichte der Befreiung beginnt da, wo der Unfreiheit wirklich standgehalten wird. Die Geschichte der Erfahrung Gottes beginnt da, wo Gott ernstlich in Frage steht. Die Geschichte der Freude beginnt, wo einer mit seinem Leiden Ernst macht« (Ernst Lange).

Wenn wir das könnten, zu sagen: Deine Wogen und Wellen, deine Sintflut! Wenn wir wissen, daß auch die ökologische Krise wie Auschwitz und Vietnam im Herrschaftsbereich der Schöpfung Gottes liegt, dann wird zwar alles noch unerträglicher, aber dann haben wir auch die Chance zu sagen: Die Befreiung ist dein! Verstehen werden wir das nicht. Aber die Melodie hören und vielleicht tanzen?

Engagements in den ökologischen Aufgaben würden dann erste tappende Schritte dieses Tanzes sein, Zeichen der Hoffnung – für uns und für die Schöpfung.

Im Bauch des Fisches: Das ist Finsternis und Lichtschein der Hoffnung, das ist ohrzerreißendes Wassergetös und die Melodie der Zukunft, das ist Erstickungsangst und mit der Schöpfung solidarischer Schrei nach Freiheit; das ist: im Bauch *deines* Fisches.

ANHANG:
BIBLISCHE TEXTE - ÖKOLOGISCH WICHTIG

Psalm 104

1 Lobe, meine Seele, Jahwe!
 Jahwe, mein Gott, du bist sehr groß!
 In Pracht und Hoheit hast du dich gekleidet;
2 du bedeckst dich mit Licht wie mit einem Mantel.
 Der den Himmel ausspannt wie ein Zeltdach,
3 der im Wasser seinen Hochsitz bälkt.
 Der Wolken sich zum Wagen macht,
 auf Flügeln des Windes einherfährt;
4 der Winde zu seinen Boten bestellt,
 zu seinen Dienern Feuer und Lohe.–
5 Der die Erde auf ihre Festen gegründet,
 nun wankt sie nie und nimmer.
6 Das Urmeer bedeckte sie wie ein Kleid,
 über den Bergen standen die Wasser.
7 Vor deinem Schelten sind sie geflohen,
 vom Hall deines Donners verscheucht.
8 Sie stiegen auf in die Berge, fielen ab in die Täler:
 an den Ort, den du ihnen gesetzt.
9 Eine Grenze hast du gelegt – die überschreiten sie nicht;
 nie kehren sie wieder, die Erde zu bedecken! –
10 Der Quellen ausschickt in die Täler –
 zwischen Bergen gehen sie dahin:
11 sie tränken alles Getier des Feldes,
 Wildesel löschen ihren Durst.
12 An ihnen wohnen die Vögel des Himmels,
 zwischen Zweigen erheben sie ihren Gesang. –
13 Der die Berge tränkt von seinem Hochsitz aus,
 vom Naß deiner Kammern wird die Erde satt.
14 Der Gras sprießen läßt für das Vieh
 und Saatgrün für den Ackerdienst des Menschen,
 damit er Brot aus der Erde bringe
15 und Wein, der das Herz des Menschen erfreut.
 Daß er strahlen lasse sein Antlitz vom Öl
 und das Brot das Herz des Menschen stärkt.
16 Es trinken sich satt die Bäume Jahwes,
 die Libanonzedern, die er gepflanzt,
17 wo die Vögel nisten,
 der Storch, dessen Haus die Zypressen.
18 Die hohen Berge gehören dem Steinbock.
 Felsen bieten den Klippdächsen Schutz. –

19 Der den Mond geschaffen zur Zeitbestimmung,
   die Sonne, die ihren Untergang kennt.
20 Bringst du Finsternis, so wird es Nacht.
   In ihr regt sich alles Getier des Waldes.
21 Die Löwen brüllen nach Raub,
   fordern von Gott ihre Speise.
22 Strahlt die Sonne auf, ziehen sie heim,
   lagern sich in ihre Höhlen.
23 Da geht der Mensch zu seiner Arbeit,
   zu seinem Tagewerk bis zum Abend.
24 Wie zahlreich sind deine Werke, Jahwe!
   Du hast sie alle in Weisheit vollbracht;
   erfüllt ist die Erde von deinen Schöpfungen. –
25 Da ist das Meer: groß, weit und breit;
   dort ist ein Gewimmel – ohne Zahl:
   Tiere, groß und klein.
26 Dort ziehen Schiffe ihre Bahn,
   der Lewiathan, den du gemacht,
   damit zu spielen. –
27 Sie alle warten auf dich,
   daß du ihnen Nahrung gibst zur rechten Zeit.
28 Du gibst ihnen, sie lesen auf.
   Du öffnest deine Hand, sie sättigen sich am Guten.
29 Verbirgst du dein Antlitz, so sinken sie dahin;
   nimmst du fort ihren Odem, verscheiden sie
   und kehren zurück zu ihrem Staub.
30 Sendest du aus den Hauch, werden sie geschaffen.
   Du erneuerst die Ackerflächen. –
31 Jahwes Ehre sei ewig!
   Er freue sich seiner Werke!
32 Der die Erde anblickt, daß sie erzittert,
   die Berge anrührt, daß sie rauchen.
33 Ich will singen Jahwe, solange ich lebe;
   ich will spielen meinem Gott, solange ich bin.
34 Möge ihm gefallen mein Dichten!
   Ja, ich freue mich in Jahwe!
35 Verschwinden sollen die Sünder von der Erde
   und die Gottlosen nie mehr sein!
   Lobe meine Seele, Jahwe!
   Hallelujah.

(Übersetzung: Hans-Joachim Kraus)

1. Mose 1,1–2,4a (Priesterschrift)

(1,1) Im Anfang hat Gott Himmel und Erde geschaffen.
(2) Die Erde aber war (noch) sinnlos und untauglich, und Finsternis war über der Urflut, und der Atem Gottes war in Bewegung über den Wassern.
(3) Da sprach Gott: »Es werde Licht!«; und es wurde Licht.
(4) Und Gott sah, daß das Licht gut war. Und Gott schied das Licht von der Finsternis. (5) Und Gott nannte das Licht Tag, während er die Finsternis Nacht nannte.
Und es wurde Abend, und es wurde Morgen, der erste Tag.
(6) Und Gott sprach: »Es sei eine Feste inmitten der Wasser, so daß sie zwischen Wasser und Wasser (andauernd) scheidet!« Und dementsprechend geschah es: (7) Gott machte die Feste, so daß sie schied die Wasser, die unterhalb von der Feste sind, von den Wassern, die oberhalb von der Feste sind; (8) und Gott nannte die Feste Himmel; und Gott sah, daß es gut war.
Und es wurde Abend, und es wurde Morgen, der zweite Tag.
(9) Und Gott sprach: »Es seien die Wasser gesammelt von unter dem Himmel weg an einem Ort, so daß das Trockene sichtbar ist!« Und dementsprechend geschah es: die Wasser wurden gesammelt unter dem Himmel weg an ihren Sammelplätzen (?), so daß das Trockene sichtbar ward; (10) und Gott nannte das Trockene Erde, während er die Ansammlung der Wasser Meer nannte; und Gott sah, daß es gut war.
(11) Und Gott sprach: »Es lasse die Erde Grün grünen: Kraut, das Samen bildet, nach seinen Arten, und Fruchtbäume, die Früchte bringen, nach ihren Arten, in denen ihr Same ist, auf der Erde!« Und dementsprechend geschah es: (12) die Erde brachte Grün hervor: Kraut, das Samen bildet, nach seinen Arten, und Bäume, die Früchte bringen, in denen ihr Same ist, nach ihren Arten; und Gott sah, daß es gut war.
(13) Und es wurde Abend, und es wurde Morgen, der dritte Tag.
(14) Und Gott sprach: »Es seien Leuchten an der Himmelsfeste, um zu scheiden den Tag von der Nacht, und sie sollen dienen als Zeichen, und zwar für festgesetzte Zeiten, für Tage und Jahre, (15) und sie sollen dienen als Leuchtkörper an der Himmelsfeste, um auf die Erde zu leuchten!« Und dementsprechend geschah es: (16) Gott machte die beiden großen Leuchten, die größere Leuchte zur Herrschaft über den Tag und die kleinere Leuchte zur Herrschaft über die Nacht, und die Sterne; (17) und Gott setzte sie an die Himmelsfeste, um auf die Erde zu leuchten (18) und um zu herrschen über den Tag und die Nacht und um zu scheiden das Licht von der Finsternis; und Gott sah, daß es gut war.
(19) Und es wurde Abend, und es wurde Morgen, der vierte Tag.
(20) Und Gott sprach: »Es sollen wimmeln die Wasser an Gewimmel, lebendigen Wesen, während Fluggetier fliegen soll über die Erde an der Vorderseite der Himmelsfeste!« Und dementsprechend geschah es: (21) Gott schuf die großen Seeungeheuer und jedes sich regende Lebewesen, von denen das Wasser wimmelt, nach seinen Arten, und alles geflügelte Fluggetier nach seinen Arten;

und Gott sah, daß es gut war; (22) und es segnete Gott sie mit den Worten: »Seid fruchtbar und werdet zahlreich und füllt die Wasser im Meer, während das Fluggetier zahlreich werden soll im Bereich der Erde.«

(23) Und es wurde Abend, und es wurde Morgen, der fünfte Tag.

(24) Und Gott sprach: »Es bringe die Erde hervor Lebewesen nach seinen Arten: Vieh und Kriechgetier und Wildgetier der Erde nach seinen Arten!« Und dementsprechend geschah es: (25) Gott machte das Wildgetier der Erde nach seinen Arten und das Vieh nach seinen Arten und alles Kriechgetier des Erdbodens nach seinen Arten; und Gott sah, daß es gut war.

(26) Und Gott sprach: »Laßt uns Menschen machen als unser Bild, zu unserem Abbild, so daß sie herrschen über die Fische des Meeres und über die Vögel des Himmels und über das Vieh und über alles Wildgetier der Erde und über alles Kriechgetier, das auf der Erde kriecht!« (27) Und Gott schuf den Menschen als sein Bild: als Bild Gottes schuf er ihn, Mann und Frau (so) schuf er sie; (28) und es segnete sie Gott, und es sprach zu ihnen Gott: »Seid fruchtbar und werdet zahlreich und füllt die Erde und unterwerft sie und herrscht über die Fische des Meeres und über die Vögel des Himmels und über jedes Tier, das sich auf der Erde regt!«; (29) und Gott sprach: »Siehe, ich gebe euch alles Samen spendende Kraut, das auf der Oberfläche der ganzen Erde ist, und alle Bäume, an denen Samen spendende Baumfrüchte sind – euch soll es zur Nahrung dienen, (30) und allem Wildgetier der Erde und allen Vögeln des Himmels und allem, was auf der Erde kriecht, was Lebendigkeit in sich hat, gebe ich alles Blattwerk des Krautes zur Nahrung!« Und dementsprechend geschah es. (31) Und Gott sah an alles, was er gemacht hatte, und siehe, es war sehr gut.

Und es wurde Abend, und es wurde Morgen, der sechste Tag.

(2,1) So wurden zum Abschluß gebracht Himmel und Erde und all ihr Dienst. (2) Und Gott brachte am siebten Tag seine Arbeit, die er getan hatte, zum Abschluß, indem er am siebten Tage ruhte von all seiner Arbeit, die er getan hatte. (3) Und Gott segnete den siebten Tag, indem er ihn heiligte; denn an ihm ruhte er von all seiner Arbeit, die Gott geschaffen hatte durch sein Tun. (4 a) Dies ist die Entstehungsgeschichte von Himmel und Erde, als sie geschaffen wurden.

(Übersetzung: nach Odil Hannes Steck)

1. Mose 9, 1–7 (Priesterschrift)

1 Und Gott segnete Noah und seine Söhne und sprach zu ihnen:
Seid fruchtbar und mehret euch und füllt die Erde!
2 Furcht und Schrecken vor euch
soll über alle Tiere der Erde kommen
und über alle Vögel unter dem Himmel
und über alles, was auf der Erde kriecht und über alle Fische im Meer;
in eure Hand sind sie gegeben.

3 Alles, was sich regt und lebt soll euch zur Nahrung dienen,
   wie das grüne Kraut übergebe ich euch alles.
4 Nur Fleisch mit seiner Seele, seinem Blut,
   sollt ihr nicht essen.
5 Euer eignes Blut aber will ich einfordern;
   von allen Tieren will ich es einfordern,
   und von den Menschen untereinander
   will ich das Leben des Menschen einfordern.
6 Wer Menschenblut vergießt,
   dessen Blut soll durch Menschen vergossen werden;
   denn nach dem Bilde Gottes hat er den Menschen gemacht.
7 Ihr aber, seid fruchtbar und mehret euch,
   breitet euch aus auf der Erde und herrscht über sie!

(Übersetzung: Claus Westermann)

1. Mose 2–3 (Jahwistischer Erzähler)

(2,4b) Als Jahwe Gott Erde und Himmel machte (5) und es alles Gesträuch des
Feldes noch nicht gab auf Erden und alles Kraut des Feldes noch nicht sproßte,
weil Jahwe Gott (noch) nicht hatte regnen lassen auf die Erde, und (als) es noch
keinen Menschen gab, den Erdboden zu bebauen, (6) und (noch) ein Quell-
strahl (?) aufstieg aus der Erde und die ganze Oberfläche des Erdbodens tränk-
te, (7) da bildete Jahwe Gott den Menschen aus Erdkrume vom Erdboden und
blies Lebensodem in seine Nase; so wurde der Mensch ein lebendes Wesen.
(8) Dann pflanzte Jahwe Gott einen Garten in Eden im Osten und verbrachte
dorthin den Menschen, den er gebildet hat. (9) Und Jahwe Gott ließ aus dem
Erdboden wachsen allerlei Bäume, begehrenswert anzusehen und gut zu essen, und den Baum des Lebens inmitten des Gartens und den Baum der Erkenntnis von Gut und Böse. (10) Ein Strom aber geht aus von Eden, den Garten
zu bewässern, und von dort teilt er sich und wird zu vier Armen: (11) der Name
des ersten ist Pischon; er ist es, der das ganze Land Hawila umfließt, wo es Gold
gibt, (12) und das Gold jenes Landes ist köstlich; dort gibt es Bdellionharz und
Schohamstein; (13) der Name des zweiten Flusses aber ist Gichon; er ist es,
der das ganze Land Kusch umfließt; (14) der Name des dritten Flusses ist
Hiddekel; er ist es, der östlich von Assur fließt; und der vierte Fluß, das ist der
Euphrat. (15) Und Jahwe Gott nahm den Menschen und setzte ihn in den Garten Eden, um ihn zu bebauen und zu bewahren.
(16) Und Jahwe Gott gebot dem Menschen: »Von allen Bäumen des Gartens
darfst du essen; (17) von dem Baum der Erkenntnis von Gut und Böse aber
sollst du nicht essen; denn sobald du von ihm ißt, wirst du sterben!«
(18) Und Jahwe Gott sprach: »Es ist nicht gut, daß der Mensch allein ist; ich will
ihm eine Hilfe machen, die zu ihm paßt.« (19) Da bildete Jahwe Gott aus dem
Erdboden alle Tiere des Feldes und alle Vögel des Himmels und brachte sie zum

Menschen, um zu sehen, wie er sie nennen würde; und ganz wie der Mensch sie nennt, so soll ihr Name sein. (20) Und der Mensch gab allen Namen allem Vieh und allen Vögeln des Himmels und allem Wildgetier des Feldes; aber für den Menschen fand man keine Hilfe, die zu ihm paßte. (21) Da ließ Jahwe Gott einen Tiefschlaf auf den Menschen fallen, so daß er einschlief, und nahm eine von seinen Rippen und verschloß ihre Stelle mit Fleisch. (22) Und Jahwe Gott baute die Rippe, die er aus dem Menschen genommen hatte, aus zu einer Frau und brachte sie zum Menschen. (23) Da sprach der Mensch: »Diese ist endlich Gebein von meinem Gebein und Fleisch von meinem Fleisch; diese soll Frau genannt werden; denn vom Manne ist sie genommen!« (24) Darum wird ein Mann seinen Vater und seine Mutter verlassen und wird an seiner Frau hangen, und sie werden ein Fleisch. (25) Und es waren die beiden, der Mensch und seine Frau, nackt, aber sie schämten sich nicht voreinander.

(3,1) Die Schlange aber war klüger als alle Tiere des Feldes, die Jahwe Gott gemacht hatte. Sie sprach zur Frau: »Sollte Gott wirklich gesagt haben: Ihr dürft nicht von allen Bäumen des Gartens essen!?« (2) Da sprach die Frau zur Schlange: »Wir dürfen essen von den Früchten der Bäume des Gartens, (3) aber von den Früchten des Baumes, der in der Mitte des Gartens steht, hat Gott gesagt: Eßt nicht davon und rührt sie nicht an, damit ihr nicht sterbt!« (4) Da sprach die Schlange zur Frau: »Ihr werdet mitnichten sterben! (5) Vielmehr weiß Gott: sobald ihr davon eßt, da werden eure Augen aufgetan, und ihr werdet sein wie Gott, wissend Gut und Böse.« (6) Und die Frau sah, daß von dem Baum gut zu essen und daß er eine Lust für die Augen wäre und begehrenswert, insofern er klug macht; und sie nahm von seinen Früchten und aß und gab auch ihrem Manne bei ihr, und er aß.

(7) Da wurden beider Augen aufgetan, und sie erkannten, daß sie nackt waren; da nähten sie Feigenlaub zusammen und machten sich Schurze. (8) Als sie nun das Geräusch hörten, wie Jahwe Gott sich bei der Abendbrise im Garten erging, da versteckten sich der Mensch und seine Frau vor Jahwe Gott inmitten der Bäume des Gartens. (9) Jahwe Gott aber rief den Menschen und sprach zu ihm: »Wo bist du?« (10) Der aber sprach: »Ich habe einen Laut von dir gehört im Garten, da fürchtete ich mich, weil ich nackt bin, und verbarg mich.« (11) Er aber sprach: »Wer hat dir gesagt, daß du nackt bist? Hast du etwa von dem Baum gegessen, von dem ich dir gebot, von ihm nicht zu essen?« (12) Da antwortete der Mensch: »Die Frau, die du mir beigesellt hast, sie hat mir gegeben von dem Baum, so daß ich aß.« (13) Da sprach Jahwe Gott zur Frau: »Was hast du da getan?« Die Frau antwortete: »Die Schlange hat mich getäuscht, so daß ich aß.«

(14) Da sprach Jahwe Gott zur Schlange: »Weil du dies getan hast, verflucht bist du fort von allem Vieh und allem Wildgetier des Feldes; auf deinem Bauche sollst du kriechen und Erdkrume sollst du fressen alle Tage deiner Lebenszeit. (15) Und Feindschaft will ich setzen zwischen dir und der Frau, zwischen deinem Nachwuchs und ihrem Nachwuchs; er wird dir nach dem Kopf haschen und du wirst ihm nach der Ferse schnappen.« (16) Und zur Frau sprach er: »Ich will zahlreich machen deine Mühsal in deiner Schwangerschaft; in Beschwer

sollst du Kinder gebären; zu deinem Manne hin sei dein Verlangen; er aber soll herrschen über dich!« (17) Und zum Menschen sprach er: »Weil du auf die Stimme deiner Frau gehört hast und gegessen hast von dem Baum, von dem ich dir geboten hatte: Du sollst nicht von ihm essen!, verflucht ist der Erdboden um deinetwillen; mit Mühsal sollst du von ihm essen alle Tage deiner Lebenszeit. (18) Dorngestrüpp und Disteln soll er dir tragen, und das Kraut des Feldes sollst du essen; (19) im Schweiße deines Angesichts sollst du Brot essen, bis du zum Erdboden zurückkehrst, weil du von ihm genommen bist; denn Erdstaub bist du und zum Erdstaub sollst du zurückkehren.«

(20) Der Mensch aber nannte den Namen seiner Frau Hawwa (Eva); denn sie wurde die Mutter aller Lebenden. (21) Und Jahwe Gott machte dem Menschen und seiner Frau Fellkleider und bekleidete sie. (22) Und Jahwe Gott sprach: »Siehe, der Mensch ist geworden wie unsereiner, daß er Gut und Böse weiß; nun aber: daß er nicht seine Hand ausstrecke und auch noch vom Baum des Lebens nehme und esse und ewig lebe!« (23) So wies ihn Jahwe Gott aus dem Garten Eden fort, daß er den Erdboden bebaue, von dem er genommen war. (24) Und er vertrieb den Menschen und ließ östlich vom Garten Eden die Cheruben sich lagern und die Flamme des zuckenden Schwertes, um den Weg zum Baum des Lebens zu bewachen.

(Übersetzung: Odil Hannes Steck)

Psalm 8

2 Jahwe, unser Herrscher, wie herrlich ist dein Name in aller Welt!
  Der du deinen Glanz gelegt hast auf die Himmel.
3 Aus dem Munde der Kinder und Säuglinge
  hast du ein Bollwerk erbaut
  um deiner Feinde willen, um ein Ende zu bereiten
  dem Feind und dem Rächer.
4 Wenn ich deine Himmel schaue, deiner Finger Werk,
  den Mond und die Sterne, die du dahingesetzt
5 – Was ist der Mensch, daß du sein gedenkst
  und das Menschenkind, daß du dich seiner annimmst!
6 Du machst ihn wenig geringer als himmlische Wesen
  und mit Ehre und Hoheit kröntest du ihn.
7 Du setztest ihn zum Herrscher über deiner Hände Werk,
  alles legtest du ihm zu Füßen:
8 Schafe und Rinder zumal
  und auch die Tiere des Feldes,
9 Vögel des Himmels und Fische des Meeres
  – was die Wege der Wasser durchzieht.
10 Jahwe, unser Herrscher, wie herrlich ist dein Name in aller Welt!

(Übersetzung: Hans-Joachim Kraus)

Jesaja 11, 1—9

1 Ein Reis wird hervorgehen aus Isais Stumpf
   und ein Schoß aus seinen Wurzeln hervorsprießen.

2 Und auf ihm wird ruhen Jahwes Geist,
   Geist der Weisheit und der Einsicht,
   Geist des Planens und der Heldenkraft,
   Geist der Erkenntnis und Jahwefurcht,

3 und er wird sein Wohlgefallen an der Furcht Jahwes haben.
   Und er richtet nicht nach dem Augenschein
   und entscheidet nicht auf bloße Gerüchte hin,

4 sondern mit Gerechtigkeit hilft er den Geringen zum Recht
   und wird in Gradheit eintreten für die Armen im Land
   und schlägt den Gewalttätigen mit dem Stab seines Mundes
   und tötet den Frevler mit seiner Lippen Hauch.

5 Und Gerechtigkeit ist der Gürtel seiner Hüften
   und Treue der Schurz seiner Lenden.

6 Da wird der Wolf beim Lamm zu Gast sein
   und der Leopard beim Böcklein lagern.
   Da werden Kalb und Jungleu miteinander fett,
   und ein kleiner Knabe hütet sie.

7 Da befreunden sich Kuh und Bär,
   und beieinander lagern ihre Jungen.
   Da frißt der Löwe Strohhäcksel wie das Rind,

8 und der Säugling vergnügt sich am Loch der Viper.
   Und nach der jungen Otter
   streckt das (entwöhnte) Kind seine Hand aus.

9 Nichts Böses und nichts Verderbliches wird man tun
   auf meinem ganzen heiligen Berg:
   Denn das Land wird voll sein von Erkenntnis Jahwes
   wie von Wassern, die das Meer bedecken.

(Übersetzung: Hans Wildberger)

Offenbarung des Johannes 21—22

(21,1) Und ich sah einen neuen Himmel und eine neue Erde; denn der erste Himmel und die erste Erde sind verschwunden, und das Meer ist nicht mehr. (2) Und ich sah die heilige Stadt, das neue Jerusalem, von Gott her aus dem Himmel herabkommen, gerüstet wie eine Braut, die für ihren Mann geschmückt ist. (3) Und ich hörte eine laute Stimme vom Throne her sagen: »Siehe da, die Hütte Gottes bei den Menschen; und Er wird bei ihnen wohnen, und sie werden sein Volk sein, und Gott selbst wird bei ihnen sein. (4) Und er wird alle Tränen abwischen von ihren Augen, und der Tod wird nicht mehr sein, und kein Leid

noch Geschrei noch Schmerz wird mehr sein; denn das Erste ist vergangen.«
(5) Und der auf dem Throne saß, sprach: »Siehe, ich mache alles neu.« . . . (Beschreibung der Stadt)
(23) Und die Stadt bedarf nicht der Sonne noch des Mondes, daß sie ihr scheinen; denn der Lichtglanz Gottes erleuchtet sie, und ihre Leuchte ist das Lamm.
(24) Und die Völker werden in ihrem Lichte wandeln, und die Könige der Erde bringen ihre Herrlichkeit in sie. (25) Und ihre Tore werden nicht geschlossen werden am Tage – denn dort wird es keine Nacht mehr geben – (26) und man wird die Herrlichkeit und die Pracht der Völker in sie bringen. (27) Und nicht wird irgend etwas Unreines in sie eingehen, noch wer Greuel und Lüge übt, sondern nur die, welche im Lebensbuch des Lammes geschrieben stehen.
(22,1) Und er zeigte mir einen Strom des Wassers des Lebens, klar wie Kristall, der vom Throne Gottes und des Lammes ausging. (2) Inmitten ihrer Straße und auf beiden Seiten des Stromes standen Bäume des Lebens, die zwölf Früchte tragen, indem sie jeden Monat ihre Frucht bringen; und die Blätter dienen zur Heilung der Völker. (3) Und nichts dem Fluche Verfallenes wird es mehr geben. Und der Thron Gottes und des Lammes wird in ihr sein, und seine Knechte werden ihm dienen, (4) und sie werden sein Angesicht schauen, und sein Name wird auf ihren Stirnen sein. (5) Und es wird keine Nacht mehr geben, und sie bedürfen nicht des Lichtes einer Lampe noch des Lichtes der Sonne; denn Gott der Herr wird über ihnen leuchten, und sie werden herrschen in alle Ewigkeit.

(Übersetzung: Zürcher Bibel)

Kolosserbrief 1, 15–20

(15) Er ist das Bild des unsichtbaren Gottes, der Erstgeborene aller Schöpfung;
(16) denn in ihm wurde alles geschaffen im Himmel und auf Erden, das Sichtbare und Unsichtbare, Throne, Herrschaften, Gewalten, Mächte; durch ihn und auf ihn hin ist alles geschaffen. (17) Und er ist vor allem, und alles findet in ihm seinen Zusammenhalt, (18) und er ist das Haupt des Leibes, der Kirche. Er ist der Anfang, der Erstgeborene von den Toten, damit er in allem Erster werde;
(19) denn in ihm gefiel es aller Fülle Wohnung zu nehmen (20) und durch ihn und auf ihn hin alles zu versöhnen, Frieden schaffend durch das Blut seines Kreuzes, sei es dem auf der Erde, sei es dem im Himmel.

(Übersetzung: Eduard Schweizer)

Römerbrief 8, 18–28

(18) Denn ich urteile: Nicht gleiches Gewicht haben die Leiden der gegenwärtigen Zeit mit der künftigen Herrlichkeit, die an uns offenbart werden soll.
(19) Späht doch das sehnsüchtige Harren der Schöpfung danach aus, daß Of-

fenbarung der Kinder Gottes erfolgt. (20) Denn der Nichtigkeit wurde die Schöpfung unterworfen, ungewollt, aber in Hoffnung (belassen), auf den blikkend, der sie unterworfen hat. (21) Darum wird sogar die Schöpfung als solche befreit werden von der Knechtschaft der Vergänglichkeit zur herrlichen Freiheit der Kinder Gottes. (22) Denn wir wissen, daß die gesamte Schöpfung bis in die Gegenwart hinein ungemein seufzt und in Wehen liegt. (23) Doch nicht bloß das. Auch wir selbst vielmehr, welche den Geist als Erstlingsgabe erhielten, auch wir seufzen noch miteinander, die (volle) Kindschaft erwartend, die Erlösung unsres Leibes. (24) Denn gerettet wurden wir im Horizont der Hoffnung. Geschaute Hoffnung bleibt aber nicht Hoffnung. Denn was braucht jemand noch zu dulden, wenn er doch schon sieht? (25) Wenn wir aber erhoffen, was wir nicht sehen, strecken wir uns in Geduld wartend aus. (26) In gleicher Weise kommt auch der Geist unserer Schwachheit zur Hilfe. Denn wir wissen nicht, was wir beten sollen, wie es sich gebührt. Der Geist selber tritt jedoch mit unaussprechlichen Seufzern für uns ein. (27) So weiß, der die Herzen erforscht, was das Anliegen des Geistes ist, weil er Gottes Willen gemäß für die Heiligen eintritt. (28) Wir aber sind uns bewußt, daß denen, die Gott lieben, alles zum Guten mitwirkt, nämlich denen, die der Erwählung entsprechend berufen sind.

(Übersetzung: Ernst Käsemann)

Jona 2, 2–10

Jona betete zu Ihm seinem Gott aus dem Fischleib,
er sprach:
Ich rief aus meiner Drangsal zu Ihm,
und er antwortete mir,
ich flehte aus dem Bauche des Gruftreichs,
du hörtest meine Stimme.
Mich hat der Strudel geworfen
ins Herz der Meere
mich umringte der Strom,
alle deine Brandungen,
deine Wogen,
über mich sind sie gefahren.
Schon sprach ich, ich sei vertrieben
von deinen Augen hinweg, –
dürfte ich nur je wieder blicken
zur Halle deines Heiligtums!
Die Wasser umtobten mich
bis an die Seele,
mich umringte die Abgrundflut,
Tang war gewunden
mir ums Haupt.
Zu den Wurzelschnitten der Berge
sank ich hinab,
das Erdland, seine Riegel
auf Weltzeit hinter mir zu, –
da hobst aus dem Schlamme mein Leben
Du, mein Gott.
Als meine Seele in mir
verschmachten wollte,
habe ich Dein gedacht,
und zu dir kam mein Gebet,
zur Halle deines Heiligtums.
Die der Dunstgebilde warten des Wahns,
deren Huld müssen die lassen!
Ich aber,
mit der Stimme des Lobs
will ich schlachtopfern dir,
was ich gelobte, bezahlen, –
die Befreiung ist Dein!

Er sprach zum Fisch,
und der spie Jona aufs Trockene.

   (Übersetzung: Ernst Lange nach Martin Buber)

Literaturhinweis

Eine eindringende theologiegeschichtliche Bearbeitung erfährt das Thema Umweltkrise in der 1976 abgeschlossenen Magisterschrift von Udo Krolzik „Zur Umweltkrise und ihrer Entstehung unter besonderer Berücksichtigung theologiegeschichtlicher Bezüge". Das vorliegende Buch von Gerhard Liedke fußt in seinem historischen Teil (Seite 41–48 und Seite 63–67) auf dieser Arbeit, die im Herbst 1979 unter dem Titel „Umweltkrise – Folge des Christentums?" im Kreuz Verlag erschienen ist. In seinem Vorwort zu dem Buch von Udo Krolzik schreibt Professor Dr. Dr. Günter Altner: „Wer die tieferen Ursachen der Umweltkrise wirklich erkennen will, der muß mit Krolzik in die mittelalterliche Theologie zurückgehen. Dort wird er entdecken, daß das Gelingen der Erdherrschaft des Menschen an die Voraussetzung des Gottesgedankens gebunden ist . . . Die Unverfügbarkeit jener dem Leben immer wieder seine Zukunft eröffnenden Wirklichkeit Gottes vermag nur der zu erfahren, der von dem mechanistischen Traum des Seinwollens wie Gott läßt. Es ist beeindruckend, wie die historische Analyse von Udo Krolzik in diese Perspektive einmündet."

Anmerkungen und Literatur

Zum Abschnitt »*Zur Lage*«

Rachel Carson, Der stumme Frühling, zuerst 1962; bei dtv-München 1968. – Eine detaillierte Darstellung der Schäden durch chemische Pflanzenschutzmaßnahmen; führte zum DDT-Verbot in den USA und in anderen Ländern.

Georg Picht, Mut zur Utopie, Die großen Zukunftsaufgaben, München: Piper, 1969. – Zwölf Radiovorträge, in denen die ökologische Problematik in den Zusammenhang der anderen großen Weltprobleme gestellt wird.

Paul R. Ehrlich/Anne H. Ehrlich, Bevölkerungswachstum und Umweltkrise. Die Ökologie des Menschen (zuerst 1970), Frankfurt: S. Fischer, 1972. – Die bis dahin kompetenteste Abhandlung der demographischen, ökologischen und politischen Probleme der ökologischen Krise.

Don Widener, Kein Platz für Menschen (zuerst 1970), Fischer Taschenbuch 1972. – Der kalifornische Journalist und Publizist verarbeitet eine aufsehenerregende Fernsehserie zu einer plastischen Darstellung einzelner Szenen des Umweltdramas.

Gordon Rattray Taylor, Das Selbstmordprogramm. Zukunft oder Untergang der Menschheit, Frankfurt: Fischer, 1971. – Allgemein verständliche Darstellung vieler Einzelkatastrophen, aus denen sich die Krise zusammensetzt.

Barry Commoner, Wachstum und Umweltkrise (zuerst 1971), Gütersloh: Bertelsmann, 1973. – Hier werden auch die ökonomischen Fragen aufgenommen und mit den biologisch-physikalischen Daten in Zusammenhang gebracht. Zu den vier Gesetzen der Ökologie vgl. kritisch: John Passmore, Man's Responsibility for Nature, London, 1974, S. 173 ff.

Barbara Ward/René Dubos, Only one Earth. The Care and Maintenance of a Small Planet. Penguin Books, 1972. – Nichtoffizieller Bericht einer 152köpfigen Beratergruppe (aus 58 Ländern); Material zur Vorbereitung der großen Umweltkonferenz der Vereinten Nationen in Stockholm.

D. Meadows u. a., Die Grenzen des Wachstums, 1972, rowohlt taschenbuch. – Computersimulationen verschiedener möglicher Verläufe des künftigen Zusammenhangs von Nahrungsmittelproduktion, Ausbeutung der Rohstoffe, Bevölkerungswachstum, Industrieproduktion und Umweltverschmutzung. Erster Bericht an den Club of Rome. These vom »Nullwachstum«.

Mihailo Mesarović/Eduard Pestel, Menschheit am Wendepunkt. Zweiter Bericht an den Club of Rome, 1974. – Regionalisierung des Weltmodells, These vom »organischen Wachstum«.

Dennis Gabor u. a., Das Ende der Verschwendung. Zur materiellen Lage der Menschheit. Ein dritter Bericht an den Club of Rome, 1976. – Detaillierte Untersuchungen unserer Zukunft im Blick auf Energie, Materialien und Nahrungsmittel – mit Empfehlungen für jeden Bereich.

Jan Tinbergen, Wir haben nur eine Zukunft. Reform der Internationalen Ordnung. RIO-Report an den Club of Rome (zuerst 1976), Opladen 1977. – Endlich eine Analyse der weltpolitischen Zusammenhänge mit der Ölkrise an den Club of Rome.

Henry Cavanna (Hrsg.), Die Schrecken des Jahres 2000, Stuttgart: Klett, 1977. – Expertenbeiträge von einer Tagung der Fondation Nationale des Sciences Humaines in Paris; die ökologischen Probleme werden durchweg für relativ leicht lösbar gehalten.

Umwelt. Informationen des Bundesministeriums des Inneren zur Umweltplanung und Umweltschutz (Referat Öffentlichkeitsarbeit, Rheindorfer Straße 198, 5300 Bonn). – Kostenlos zu beziehendes 1–2-Monatsbulletin mit amtlichen Erfolgsmeldungen in Sachen Umweltschutz; nützlich für Adressen; Berichte auch über Maßnahmen der Länderregierungen.

Von Uppsala nach Nairobi. Ökumenische Bilanz 1968–1975. Offizieller Bericht an die Vollversammlung in Nairobi 1975. epd-dokumentation Band 15, Bielefeld-Frankfurt, 1975. – Darin der Bericht über die Aktivitäten der Abteilung »Kirche und Gesellschaft«, speziell über das Projekt »Die Zukunft der Menschheit in einer wissenschaftlich-technischen Welt«, S. 123 ff.

Bericht aus Nairobi 75. Offizieller Bericht, Lembeck-Verlag, Frankfurt, 1976. – Hier besonders der Bericht der Sektion VI »Menschliche Entwicklung: Die Zwiespältigkeit von Macht und Technologie und die Qualität des Lebens«, S. 96 ff. – S. 146 ff.: Birchs Vortrag.

The Churches and the Nuclear Debate, anticipation, November 1977 No. 24. – Zeitschrift der Abteilung »Kirche und Gesellschaft«, Nummer über die Kernenergiediskussionen im Ökumenischen Rat der Kirchen und in verschiedenen Mitgliedskirchen.

Faith, Science and The Future. World Conference 1979. – Vorbereitungsheft für die geplante Konferenz mit Themen, Auswahlverfahren der Teilnehmer, Genf 1977.

Ernst Weizsäcker, Humanökologie und Umweltschutz (Studien zur Friedensforschung 8), Stuttgart/München, 1972. – Eine der ersten Publikationen, in denen theologische Aspekte aufgegriffen wurden, besonders in dem Artikel von G. Liedke, Von der Ausbeutung zur Kooperation, S. 36 ff.

Günter Altner, Schöpfung am Abgrund, Neukirchen, 1974. – Gute Übersicht über die an Kirche und Theologie in Sachen Ökokrise zu stellenden Fragen.

Helmut Aichelin/Gerhard Liedke (Hrsg.), Naturwissenschaft und Theologie. Texte und Kommentare, Neukirchen, 1974. – Überblick über die Gesprächslage zwischen Theologie und Physik/Biologie, sowie über die Geschichte des Gespräches.

Günter Howe, Gott und die Technik, Hamburg: Furche, 1971. – Nach seinem Tod veröffentlichte Heidelberger Vorlesungen von Günter Howe, in denen besonders die wechselseitige Beeinflussung von Physik und Theologie herausgestellt wird.

A. M. Klaus Müller, Die präparierte Zeit. Der Mensch in der Krise seiner eigenen Zielsetzungen, Stuttgart: Radius-Verlag, 1972. – Aus den Erfahrungen der Physiker-Theologen-Gespräche der Forschungsstätte der Evangelischen Studiengemeinschaft geschriebene Kritik am Physikalismus der heutigen Welt, mit faszinierenden theologischen Ausblicken.

Naturwissenschaft, Theologie und Kirche. Informationen über Gesprächs-
kreise und Institutionen, die sich mit dem Naturwissenschaft-Theologie-Ge-
spräch befassen, zusammengestellt von G. Liedke (FEST), epd-dokumentation
(grün), Nr. 45/1976 (zu beziehen bei: Evang. Pressedienst, Friedrichstraße 2–6,
6000 Frankfurt 17).

Alternative Möglichkeiten für die Energiepolitik. Ein Gutachten der FEST
(Mai 1977), Heidelberg. Interdisziplinäre Betrachtung der Energiesituation der
Bundesrepublik Deutschland aus kirchlicher Verantwortung.

Dazu:

Drei Bände: Materialien zum Gutachten (hrsg. von W. Lienemann, U. Ratsch,
A. Schuke, F. Solms), Heidelberg, 1977. Zu beziehen durch: Forschungsstätte
der Evangelischen Studiengemeinschaft, Schmeilweg 5, 6900 Heidelberg.

Karl J. Narr, Kulturleistungen des frühen Menschen, in: Günter Altner
(Hrsg.), Kreatur Mensch. Moderne Wissenschaft auf der Suche nach dem
Humanum, dtb-München, 1973, S. 60 ff. – In diesem Band auch die zusammen-
fassende Darstellung von Gerhard Heberer, Die Evolution des Menschen,
S. 35 ff.

Robert Jungk, Der Jahrtausendmensch. Bericht aus den Werkstätten der
neuen Gesellschaft, Bertelsmann, München-Gütersloh-Wien, 1973. – Breite, gut
lesbare Zusammenstellung der Ansätze einer Neueinstellung zur Natur und
einer Neukonstruktion der technischen Lebenswelt in der Zukunft, besonders
S. 313 ff. »Werkzeugkasten«.

Günter Altner, Grammatik der Schöpfung, Stuttgart-Berlin: Kreuz-Verlag,
1971. – Altners These: die neue Sprache der Theologie muß die Entwicklung als
Schöpfung aussagen.

Christian Gremmels, Der Gott der zweiten Schöpfung, Kohlhammer, T-
Reihe, 1971. – Die Erfahrung der unvollendeten Welt als Thema der Schöpfungstheologie, der Mensch als Mitarbeiter Gottes.

Christian Link, Die Welt als Gleichnis, München: Kaiser, 1976. – Eine Heidelberger Habilitationsarbeit, die versucht, die Debatte über die »natürliche Theologie« wieder aufzunehmen und einen tragfähigen Begriff von Schöpfung zu
gewinnen. Vom 3. Artikel des Credo her werden die »Schöpfungsordnungen«
rehabilitiert, S. 231 ff.

Alexandre Ganoczy, Der schöpferische Mensch und die Schöpfung Gottes,
Mainz: Grünewald, 1976. – Ein katholischer Theologe zur Neufassung des
Schöpfungsbegriffs.

Christofer Frey, Dogmatik. Studienbücher Theologie, Gütersloh: Gerd
Mohn, 1977. – Gute Einführung in die Probleme der Theologie der Schöpfung,
S. 190 ff.

Zum Kapitel »*Die außermenschliche Schöpfung als untermenschliches Material des Menschen*«

Georg Picht, Technik und Überlieferung. Die Überlieferung der Technik, die Autonomie der Vernunft und die Freiheit des Menschen. Hamburg: Furche, 1959. – Picht will den Bann des Vergessens, der über der Technikgeschichte liegt, aufsprengen durch Vergegenwärtigung ihrer Überlieferung.

Georg Picht, Der Begriff der Natur und seine Geschichte I / Vorlesung in Heidelberg im Wintersemester 1973/1974. – Der Weg des Naturbegriffes von den Griechen über die Römer ins Abendland.

Friedrich Gogarten, Verhängnis und Hoffnung der Neuzeit. Die Säkularisierung als theologisches Problem, Stuttgart, 1958. – Gogarten zeigt auf, daß die biblische Entgötterung der Welt zu den Wurzeln der Neuzeit gehört. Er untersucht legitime Säkularisation und nichtlegitimen Säkularismus.

Franz Maria Feldhaus, Die Technik der Antike und des Mittelalters, Hildesheim-New York: Georg Olms, 1971 (erstmals Potsdam 1930). – Der Klassiker der Technikgeschichtsschreibung; über die Angabe des Titels hinaus wird auch der Ferne und Nahe Orient behandelt, sowie die Stein-, Bronce- und Eisenzeit. Das Buch endet mit Leonardo da Vinci.

Lynn White junior, Die mittelalterliche Technik und der Wandel der Gesellschaft, München: Heinz Moos, 1968. – In diesem Band sind drei bahnbrechende Untersuchungen des amerikanischen Mittelalterforschers vereint: am wichtigsten für uns die zweite über die landwirtschaftliche Revolution und die dritte über die Entwicklung des Maschinenbaues.

Udo Krolzik, Umweltkrise – Folge des Christentums? Stuttgart-Berlin: Kreuz Verlag, 1979. – Dieser Arbeit verdankt der Abschnitt 3 dieses Kapitels (S. 40–48) den Duktus und Einzelheiten zur Handarbeit, zur Landwirtschaftsentwicklung und zur mittelalterlichen Technik.

F. J. Dijksterhuis, Die Mechanisierung des Weltbildes, Berlin-Göttingen-Heidelberg: Springer, 1956. – Die klassische Darstellung der Entwicklung der Naturwissenschaften von der Antike über das Mittelalter zur »Geburt der klassischen Naturwissenschaften«, endend mit Isaac Newton.

Jürgen Mittelstraß, Neuzeit und Aufklärung. Studien zur Entstehung der neuzeitlichen Wissenschaft und Philosophie, Berlin-New York: de Gruyter, 1970. – Im Dreischritt von »Vernünftiger Selbständigkeit« – »Vernunft und Erfahrung« – »Methodische Vernunft« wird die Entwicklung vom Anfang der Neuzeit bis zu Leibniz behandelt.

Günter Howe, Mensch und Physik, Witten-Berlin, 1963. – Noch immer faszinierende Einführung in die Probleme zwischen Theologie und Naturwissenschaft, geschichtlicher Abriß.

Christian Link, Subjektivität und Wahrheit. Die Grundlegung der neuzeitlichen Metaphysik durch Descartes, Stuttgart: Klett-Cotta, 1978. – Dieser Darstellung der Descartesschen Entscheidungen verdanken wir zentrale Einsichten.

Carl Friedrich von Weizsäcker, Der Garten des Menschlichen. Beiträge zu einer geschichtlichen Anthropologie, München: Hanser, 1977. – Vor allem der

Aufsatz: Der Naturwissenschaftler, Mittler zwischen Kultur und Natur, S. 91 ff.

Zum letzten Abschnitt dieses Kapitels vgl. auch Klaus Müller, Die präparierte Zeit, s. oben S. 228.

Zum Kapitel »*Die Machbarkeit der Welt und der göttliche Herrschaftsauftrag an den Menschen*«

Die Arbeit von Krolzik, s. oben S. 230, ist auch für den 1. Abschnitt dieses Kapitels (S. 63–70) grundlegend wichtig. K. hat meine früheren Thesen zur Auslegung des dominium terrae (s. oben S. 228) überholt, indem er die Materialbasis erweitert, besonders in den Kirchenväterbelegen, anders als ich werte (vgl. Krolzik S. 109, Anm. 216), hilfreiche Einteilungen findet (73) und vor allem die Rolle des Hugo von St. Victor entdeckt hat (77 ff.). Außerdem verdanke ich Krolzik die Texte von Lilje und Tillich (s. oben S. 70).

Lynn White junior, Die historischen Wurzeln unserer ökologischen Krise, zuerst 1967 in »Science« gedruckt, jetzt in: M. Lohmann (Hrsg.), Gefährdete Zukunft, dtv-taschenbuch 920, 1973. – Die Schuld des Christentums an der Umweltkrise aus mittelalterlicher Entwicklung begründet.

Carl Améry, Das Ende der Vorsehung. Die gnadenlosen Folgen des Christentums, Hamburg: Rowohlt, 1972. – These: Das Christentum ist für die Umweltkrise verantwortlich. Sehr plastisch die eingebauten sechs »Übungen«, besonders »Moby Dick in Marienbad«, S. 217 ff.

Friedrich Wagner, Weg und Abweg der Naturwissenschaft, München: Beck, 1970. – Aus diesem Buch ist die Darstellung des Denkens Francis Bacons wichtig, S. 66 ff. »Fortschrittsglaube und Wissenschaftswelt«.

Urs Bitterli, Die »Wilden« und die Zivilisierten: Grundzüge einer Geistes- und Kulturgeschichte der europäisch-überseeischen Begegnung, München: Beck, 1976.

Dee Brown, Begrabt mein Herz an der Biegung des Flusses, Droemer/Knaur, 1972. – Die Geschichte der Ausrottung der nordamerikanischen Indianer, Stamm für Stamm.

André Dumas, The Ecological Crisis and the Doctrine of Creation, in: The Ecumenical Review 1975, Nr. 1, S. 24 ff. – Vorgetragen auf einer Konsultation des Ökumenischen Rates der Kirchen in Montreux 1974; gute, knappe Übersicht.

Rudolf Bultmann, Glauben und Verstehen I–IV, Tübingen: Mohr-Siebeck, 1933–1965. – Sowie: Geschichte und Eschatologie, Tübingen, 1958.

Ole Jensen, Theologie zwischen Illusion und Restriktion. Analyse und Kritik der existenz-kritizistischen Theologie bei dem jungen Wilhelm Herrmann und bei Rudolf Bultmann, München: Kaiser, 1975. – Siehe auch: Unter dem Zwang des Wachstums. Ökologie und Religion, München: Kaiser, 1977 (eine volkstümliche Version der ersten Arbeit).

Gerhard von Rad, Das formgeschichtliche Problem des Hexateuch (1938), in: Gesammelte Studien. Theologische Bücherei, München: Kaiser, 1958, S. 9 ff. – Darin auch: Das theologische Problem des alttestamentlichen Schöpfungsglaubens. – Diese beiden Arbeiten sind der erste Anstoß zur »Credothese«, vgl. S. 11 »Das kleine geschichtliche Credo«.

Martin Noth, Überlieferungsgeschichte des Pentateuch, Stuttgart: Kohlhammer, 1948. – In dieser Arbeit ist die »Credothese« mit den »Themen« der 5 Bücher Mose und ihrer Herkunft entfaltet worden.

Gerhard von Rad, Theologie des Alten Testaments, Band I. Die Theologie der geschichtlichen Überlieferungen Israels, München: Kaiser, 1957. – In Aufbau und Ausführung liegen genau die »Themen« des kleinen Credo zugrunde.

Claus Westermann, Das Loben Gottes in den Psalmen, Göttingen: Vandenhoeck & Ruprecht, 1954. – Westermann merkt (Anm. 65) selbst die Parallelen zur Credothese an.

Gerhard Liedke, Schöpfung und Erfahrung, in: epd-dokumentation (grün), 31/1975, S. 8 ff. – Analyse der »Credothese«.

Karl Barth, Kirchliche Dogmatik. Die Lehre von der Schöpfung, III/1, 1974. – Hier S. 103 ff. die große Auslegung von 1. Mose 1 und 2.

Zum Kapitel »*Ansätze des Umdenkens in Theologie, Philosophie und Naturwissenschaft*«

Claus Westermann, Der Segen in der Bibel und im Handeln der Kirche, München: Kaiser, 1968. – Durch das Alte und Neue Testament hindurch wird hier die Eigenständigkeit des Segenshandeln Gottes verfolgt. Vgl. auch C. Westermann, Das Alte Testament und die Theologie, in: G. Picht/E. Rudolph (Hrsg.), Theologie – was ist das? Kreuz-Verlag, 1977, S. 49 ff. Und: G. Liedke, Gott segnet und rettet, in: C. Frey/W. Huber, Schöpferische Nachfolge (Tödt-Festschrift), Heidelberg: FEST, 1978, S. 519 ff.

Gerhard von Rad, Weisheit in Israel, Neukirchen, 1970. – Hier baut von Rad die weisheitliche Sicht der Schöpfung aus, die sich im Band I der Theologie des Alten Testaments bereits andeutet.

Claus Westermann, Genesis, s. unten S. 233.

Claus Westermann, Schöpfung, Stuttgart–Berlin: Kreuz-Verlag, 1971. – Kurze Darstellung der Erträge des großen Kommentars.

Claus Westermann, Erträge der Forschung: Genesis 1–11, Wissenschaftliche Buchgesellschaft Darmstadt, 1972. – Die Auslegungsgeschichte der ersten 11 Kapitel der Bibel.

Rolf Rendtorff, Machet Euch die Erde untertan. Mensch und Natur im Alten Testament, in: Evangelische Kommentare 1977/11, S. 659 ff.

Werner Heisenberg, Das Naturbild der heutigen Physik, in: Bayrische Akademie der Schönen Künste (Hrsg.), Die Künste im Technischen Zeitalter, 1956, S. 31 ff. – Reflexion über die nachdescartessche Situation der Physik.

Carl Friedrich von Weizsäcker, Die Einheit der Natur, München: Hanser, 1971. – Darin vor allem: »Der zweite Hauptsatz und der Unterschied von Vergangenheit und Zukunft« (172 ff.) und »Die Quantentheorie« (S. 223 ff.).

Gerd von Wahlert, Der Mensch als Bestandteil der Evolution, in: Aichelin/

Liedke, Naturwissenschaft und Theologie, Neukirchen, 1974, S. 235 ff. – Interpretation des entscheidenden Darwin-Textes.

Martin Heidegger, Die Technik und die Kehre, opuscula 1, Pfullingen: Neske, 1962. – Heideggers Interpretation der neuzeitlichen Technik und die Hoffnung auf Rettung wird hier knapp und dicht artikuliert.

Alfred North Whitehead, Abenteuer der Ideen (erstmals 1933), Frankfurt: Suhrkamp, 1971, mit einer Einleitung von Reiner Wiehl, die sehr gut informiert. – Dies ist eine gut verständliche Darstellung der Philosophie Whiteheads. Sonst: Process and Reality, 1929.

John B. Cobb, Der Preis des Fortschritts, München: Claudius, 1972. – Ein Prozeßtheologe zur Umweltethik. Geleitwort von Klaus Scholder, das die These Cobbs rundweg bestreitet.

Conrad Bonifazi, Eine Theologie der Dinge (1967), Stuttgart: Klett-Cotta, 1977. – Ein amerikanischer Religionswissenschaftler meditiert über das Verhältnis von Mensch und unbelebter Natur auf der Basis der Natur- und Humanwissenschaften.

Thomas Sieger Derr, Ecology and Human Liberation, Genf, 1973.

Paul Verghese, Mastery and Mystery, Bucharest, 1974, Paper 10 (Archiv Genf).

Martti Lindquist, Economic Growth and the Quality of Life. An Analysis of the Debate within the World Council of Churches 1966–1974, Helsinki 1975 – bes. »Man and Nature«, S. 109 ff.

Zum Kapitel »*Ökologische Auslegung der Schöpfungstexte des Alten Testaments*«

Claus Westermann, Genesis. Biblischer Kommentar Band I/1, 1974. – Die 824 Seiten Auslegung der Urgeschichte bilden die Basis für die exegetischen Erörterungen des vorliegenden Buches. Vor allem die religionsgeschichtliche Seite und die Unterscheidung zwischen Urgeschehen und Geschichte ist hier ausgearbeitet.

Odil Hannes Steck, Die Schöpfungsgeschichte der Priesterschrift, Göttingen: Vandenhoeck und Ruprecht, 1975. – Auslegung von 1. Mose 1, 1 und 2, 4a.

Werner H. Schmidt, Die Schöpfungsgeschichte, Neukirchen, 1967. – Die Zerlegung von 1. Mose 1 in »Wortbericht« und »Tatbericht« wird hier mustergültig vorgeführt.

Jacob Milgrom, The Biblical Diet Laws as an Ethical System, in: Interpretation XVII, 1963, S. 288 ff.

Ernst von Weizsäcker, Erstmaligkeit und Bestätigung als Komponenten der pragmatischen Information, in: ders. (Hrsg.), Offene Systeme I, Stuttgart: Klett, 1974, S. 82 ff.

Hans-Joachim Kraus, Psalmen. Biblischer Kommentar, Band XV/1 und 2, Neukirchen, 1978, 5. Auflage.

Odil Hannes Steck, Die Paradieserzählung, Neukirchen, 1970. – Auslegung von 1. Mose 2–3.

Claus Westermann, Bebauen und Bewahren, in: Aichelin/Liedke, Naturwissenschaft und Theologie, 1974, S. 203 ff. – Darin S. 211 ff., die Auslegung der Vogelszene am Ende der Flut. Vgl. Othmar Keel, Vögel als Boten, Freiburg/Göttingen, 1977.

Rainer Albertz, Weltschöpfung und Menschenschöpfung, Stuttgart: Calwer-Verlag, 1974. – Albertz stellt die Unterscheidung beider Schöpfungstraditionen in Deuterojesaja, Hiob und in den Psalmen heraus.

Nach Abschluß des Manuskriptes erschien:

Odil Hannes Steck, Welt und Umwelt. Biblische Konfrontationen, Stuttgart–Berlin–Köln–Mainz: Kohlhammer, 1978. S. 54 ff. – Besprechung der jahwistischen Urgeschichte, des Psalms 104 und der Urgeschichte der Priesterschrift unter ökologischem Gesichtswinkel. – Siehe Vorwort dieses Buches.

Zum Kapitel »Vom Alten zum Neuen Testament: Die Befreiung der Schöpfung«

Hans Wildberger, Jesaja. Biblischer Kommentar, X/1, 1972.

Hermann Gunkel, Schöpfung und Chaos in Urzeit und Endzeit. Eine religionsgeschichtliche Untersuchung über Gen 1 und ApJoh 21, 1895. – Hier wird die These von der Spiegelbildlichkeit von Urzeit und Endzeit vertreten, die oft wiederholt wurde.

Eduard Schweizer, Der Brief an die Kolosser, Benziger/Neukirchener, Evangelisch-Katholischer Kommentar zum Neuen Testament, 1976. – Darin: S. 44 ff. zum Hymnus sowie der Exkurs S. 100–104 und der Ausblick S. 215 ff.

Horst R. Balz, Heilsvertrauen und Welterfahrung. Struktur der paulinischen Eschatologie nach Römer 8, 18–39, München: Kaiser, 1971. – Genaue Analyse der Römerbriefpassage, S. 36 ff.

Ernst Käsemann, An die Römer. Handbuch zum Neuen Testament 8 a, Tübingen: Mohr (Siebeck), 1973. – Zu unserer Stelle S. 219 ff.

Ulrich Luz, Das Geschichtsverständnis des Paulus. München: Kaiser, 1968. – Erörterung der Denk- und Zeitstrukturen von Röm 8, 18 ff. auf S. 369 ff.

Klaus Scholder, Geleitwort zu John Cobb, Der Preis des Fortschritts, s. oben S. 233.

jetzt auch: Odil Hannes Steck, Welt und Umwelt, s. oben, S. 173 ff. »Die natürliche Welt und Umwelt im Neuen Testament«.

Zum Kapitel »Schöpfung und Mensch: Solidarität im Konflikt«

Johan Galtung, Theorien des Friedens, in: Krieg oder Frieden, München: Piper, 1970, S. 133 ff.

Walter L. Bühl, Konflikt und Konfliktstrategie, München: Nymphenburger, 1972. – Ein Reader zur Konfliktsoziologie mit Beiträgen von Simmel, Galtung, Rapoport, Schelling u. a.

Heinz Eduard Tödt, Die Ambivalenz des technischen Fortschritts als Herausforderung für die christliche Theologie, in: Das Angebot des Lebens, Gütersloh: Gerd Mohn, 1978, S. 87 ff. – Vgl. vor allem S. 104 ff.

Vgl. Günter Altner, s. oben S. 228, 229.

Vgl. John Cobb, S. oben S. 233

Vgl. Gerhard Liedke, Von der Ausbeutung zur Kooperation, s. oben S. 228

Carl Améry, Natur als Politik. Die ökologische Chance des Menschen, Hamburg: Rowohlt, 1976. – Das positive Pendant zu Amérys erstem Buch (s. oben S. 231); bes. »An die Kirchen«, S. 207 ff.

Walter Dirks, Der revolutionäre Heilige. Zur Spiritualität des Franz von Assisi, in: Süddeutsche Zeitung 9./10. Oktober 1976, Feuilleton. – Eine ausgezeichnete Erwägung darüber, was uns Franziskus heute lehren könnte.

Karl Barth, Kirchliche Dogmatik, III/4, S. 397 ff. – In dem Abschnitt »Ehrfurcht vor dem Leben« beruft Barth sich auf Albert Schweitzer und Franz von Assisi.

Zum Kapitel »*Auf der Suche nach einem neuen Umgang mit der alten Erde*«

Robert Jungk, Der Jahrtausendmensch, München–Gütersloh–Wien, Bertelsmann, 1973. – Der umfassende Bericht über die Suche nach Anzeichen ökologisch-hoffnungsvoller Entwicklungen.

E. F. Schumacher, Es geht auch anders. Jenseits des Wachstums. Technik und Wirtschaft nach Menschenmaß, München–Basel: Desch, 1974. – Die wichtigsten Arbeiten des Pioniers von »Small is beautiful«.

Amilcar O. Herrera, Hugo D. Scolnik u. a., Grenzen des Elends. Das BARILOCHE-Modell: So kann die Menschheit überleben, Frankfurt: S. Fischer, 1977. – Ein Gegenmodell zu den Studien an den Club of Rome aus der 3. Welt, in dem demonstriert wird, daß »die gesamte Menschheit innerhalb von etwas mehr als einer Generation zu einem angemessenen Lebensstandard gelangen könnte« (236).

Edward Goldsmith/Robert Allen, Planspiel zum Überleben (A Blueprint for Survival), Stuttgart: DVA, 1972. – Dezentralisierung als Ausweg aus der Krise.

Friedrich Cramer, Fortschritt durch Verzicht, München: Nymphenburger, 1975. – Ein Max-Planck-Direktor mit der These: Fortschritt ist auf Verzicht angewiesen.

Magazin Brennpunkte 5: Kleintechnologie kontra Wirtschaft?, Fischer Taschenbuch, 1976. – Autoren: Schumacher, Vester, Altner, Illich u. a.

Energieversorgung der Dritten Welt, in: blätter des iz3w (informationszentrum dritte welt), Nr. 70, Juni 1978, S. 19–38. – Knappe Darstellung dessen, was man heute wissen kann.

Peter Laudan (Hrsg.), Genießen – Regieren – Verteilen. Planung für eine humane Welt, Gelnhausen–Berlin, 1970. – Phantasievolle Zukunftsperspektiven.

Yona Friedman, Machbare Utopien. Absage an geläufige Zukunftsmodelle, Frankfurt: S. Fischer, 1977. – Gegen den Utopismus der Weltmodelle wird die Hypothese von der »armen Welt« gesetzt (auch als Bildergeschichte), S. 203 ff.

Erhard Eppler, Ende oder Wende. Von der Machbarkeit des Notwendigen, Kohlhammer, 1975. – Gesamtpanorama eines aktiven Politikers, der auch als Christ argumentiert.

Ivan Illich, Selbstbegrenzung. Eine politische Kritik der Technik, Hamburg: Rowohlt, 1975. – These: Konvivialität zwischen Mensch und Werkzeug.

Horst Siebert, Das produzierte Chaos. Ökonomie und Umwelt, Stuttgart: Kohlhammer, 1973. – Analysen eines Ökonomen, Übersicht.

H. C. Binswanger/W. Geissberger/T. Ginsburg (Hrsg.), Der NAWU-Report: Wege aus der Wohlstandsfalle. Strategien gegen Arbeitslosigkeit und Umweltkrise, Frankfurt: S. Fischer, 1978.

Neuer Lebensstil – Verzicht oder Veränderung?, Auf der Suche nach Alternativen für eine menschlichere Gesellschaft, hrsg. von Horst Zilleßen und Karl-Ernst Wenke, Opladen: Westdeutscher Verlag, 1978. – Berichte über Alternativgruppen.

Magazin Brennpunkte 10: Hans-E. Bahr: R. Gronemeyer, Anders leben – überleben, 1977. – Autoren: Senghaas, Galtung, Jungk, Freire, Illich u. a.

Magazin Brennpunkte 11: Die tägliche Revolution. Möglichkeiten des alternativen Lebens in unserem Alltag, 1978. – Autoren: Goldsmith, Arbeitsgruppe »Angepaßte Technologie«, Altner, Cartwright u. a.

The (updated) Last WHOLE EARTH CATALOG, June 1975, 558 Santa Cruz Avenue, Menlo Park, California 94025. – Alles über Alternativen: Land Use, Shelter, Industry, Craft, Community, Nomadics, Communications, Learning.

Th. Leuenberger/R. Schilling, Die Ohnmacht des Bürgers. Plädoyer für eine nachmoderne Gesellschaft, Frankfurt: S. Fischer, 1977. – Politologische Aspekte, aber speziell S. 193 ff. »Nachmoderne Technik«.

Günter Altner, Theologie und Schöpfung – Die Erfahrung des Lebendigen durch die moderne Biologie, in: epd-dokumentation (grün), 31/1975, S. 39 ff. – Was Biologen tun können.

Klaus Müller, Traum einer neuen Wissenschaft, in: Lutherische Monatshefte 6/1978, S. 342 ff. – Was Physiker sich vornehmen können.

Textbuch zum Projekt: Herausforderung durch die Umweltkrise – Auf der Suche nach einem neuen Lebensstil, Evangelische Erwachsenenbildung, Marienstraße 11, 3000 Hannover 1. – Ein Lesebuch, hektographiert.

Didaktischer Informationsdienst: Macht Euch die Erde untertan? Zum Beispiel Brokdorf, Verbund der Katechetischen Ämter und Religionspädagogischen Institute Norddeutschlands. – Dokumentation, Literatur, Dias, Filme.

entwurf 4/77. Religionspädagogische Mitteilungen, Fachverbände evangelischer Religionslehrer in Württemberg und Baden (Marie-Alexandra-Straße 22, 7500 Karlsruhe 1). – Eine Nummer über Ökologiefragen für den Religionsunterricht.

»Der Mensch und seine Umwelt«, Ein Lernspiel von der Coca-Cola Company, Essen (zu beziehen über Druckereigesellschaft Fritz Busche, 4600 Dortmund; nicht billig und sehr vorfabriziert).

Hartmut Bossel, Bürgerinitiativen entwerfen die Zukunft. Neue Leitbilder. Neue Werte. 30 Szenarien, fischer alternativ, 1978.

Georg Fuhrmann, Was sollten und was können die Kirchen tun?, in: epd-dokumentation (grün), 44/1977 (»Das FEST-Gutachten zur Energiepolitik in der Diskussion«), S. 22 ff.

C. Buddeberg, D. Langmaack, E. Leinert, G. Liedke, E. Reccius, Baustelle Gottesdienst. Das gottesdienstliche Mahl in der wissenschaftlich-technischen Welt. Erfahrungsbericht einer Arbeitsgruppe von 1971–1977, Heidelberg 1977 (zu beziehen bei: Forschungsstätte der Evangelischen Studiengemeinschaft, Schmeilweg 5, 6900 Heidelberg).

Jürgen Roloff, Heil als Gemeinschaft. Kommunikative Faktoren im urchristlichen Herrenmahl, in: P. Cornehl/H. E. Bahr (Hrsg.), Gottesdienst und Öffentlichkeit, Hamburg: Furche, 1970.

Zur Meditation: »Im Bauch des Fisches«

Carl Friedrich von Weizsäcker, Der Garten des Menschlichen, München-Wien, 1977.

Gottfried Benn, Gedichte. Dritter Band, Wiesbaden, 1960, S. 215 ff. (Verlorenes Ich).

Klaus Wagenbach, Lesebuch. Deutsche Literatur der sechziger Jahre, Berlin, 1971, S. 155 (Christoph Meckel, Worte des Jonas).

Hans Walter Wolff, Studien zum Jonabuch. Neukirchen, 1965.

Ernst Lange, Die verbesserliche Welt. Möglichkeiten christlicher Rede erprobt an der Geschichte vom Propheten Jona, Stuttgart–Berlin, 1968.

Quellenangaben

Seite 14
aus: AKWESASNE NOTES, Mohawk Nation via Rooseveltown, New York 13683, USA. Deutscher Text von »Der Überblick«, Quartalsschrift der Arbeitsgemeinschaft Kirchlicher Entwicklungsdienst, Hamburg.

Seite 15
von Vladimir Rencin, Hradec Kralovec.

Seite 19
aus: Löwensteiner Materialdienst: Die Zukunft der Welt und die Hoffnung der Christen, Hrsg. von der Evangelischen Tagungsstätte Löwenstein, Oktober 1973.

Seite 32 f
aus: Alternativkatalog Heft 2 der Dezentrale, Könitz 1976.

Seite 172
von Hans Moser, in der Schweizer satirischen Zeitschrift Nebelspalter.

Seite 188 ff
aus: Hartmut Bossel, Bürgerinitiativen entwerfen die Zukunft, © Fischer Taschenbuch Verlag GmbH, Frankfurt a. M. 1978.

Seite 193
aus: Globus-Kartendienst, Hamburg.

Seite 197
von Brot für die Welt, Stuttgart.

Jörg Zink · Eine Handvoll Hoffnung

Biblische Reden
189 Seiten, kartoniert

»Jörg Zink stellt sich der ökologischen Frage aus theologischer Sicht mit unerhörtem Ernst! Hoffnung kann sich nur erfüllen in Verantwortung vor Gott, der die gefährliche Selbstsicherheit des Menschen durchschaut und das letzte Wort behält. Wir sollen vordenken und mitdenken, bevor es zum Nachdenken zu spät!«
Anhaltspunkte

Jörg Zink · Kostbare Erde

Biblische Reden über unseren Umgang mit der Schöpfung
220 Seiten, kartoniert

»Zinks Buch bietet keine neue ›Theologie der Schöpfung‹ an. Aber es markiert Punkte, an denen sich fragende und sensible Christen orientieren können, wenn sie nach neuen Wegen durch die gefährdete Schöpfung suchen. Ihr Heil und das der Welt liegt in einem, Christus. Zu diesem leicht lesbaren Buch sollten alle greifen, die spüren, daß Überlebensfragen Christen besonders angehen: alle, die Denk- und Formulierungshilfen für ihren Glauben heute suchen: alle, die mit jungen Menschen arbeiten und nach überzeugenden Antworten auf Gegenwartsfragen Ausschau halten: Pfarrer und Mitarbeiter, die nach brauchbaren Ideen und Elementen für Gottesdienste und für die Gruppenarbeit suchen.«
Monatsgruß

Claus Westermann · Schöpfung

Themen der Theologie Band 12 als erweiterte Studienausgabe
199 Seiten, kartoniert

»Claus Westermann zeigt, wie die ursprüngliche Intention der biblischen Urgeschichte heute ganz neu an Bedeutung gewinnt, weil der durch sich selbst bedrohte und gefährdete Mensch wieder nach seinen Grenzen und über seine Grenzen hinaus nach Anfang und Grund seiner Existenz und Geschichte fragt. In der Deutung, die der Autor gibt, gewinnt der Schöpfungsglaube für den Menschen unserer Zeit die ursprüngliche Dimension zurück: Sinngebung der Geschichte und eine Begründung der bedrohten menschlichen Existenz von Gott her.«
Mitarbeiterhilfe

Kreuz Verlag

Buchreihe

Erich Fromm hat gesagt: „Ich halte die Symbolsprache für die einzige Fremd-sprache, die jeder von uns lernen sollte. Wenn wir sie verstehen, kommen wir mit dem Mythos in Berührung, der eine der bedeutsamsten Quellen der Weisheit ist."

C. G. Jung hat nachgewiesen, daß der Mythos in den Träumen auch derjenigen Menschen lebendig ist, die bewußt von ihm keine Kenntnis haben. Er stellte die Hypothese auf, daß es ein kollektives Unbewußtes gibt, das den Erfahrungs-schatz der Menschheit an den einzelnen vermitteln kann. Auf der Basis tiefenpsy-chologischer Erkenntnismethoden lassen sich Mythos, Realität, der einzelne und das Kollektiv sinnvoll aufeinander beziehen und miteinander ins Gespräch brin-gen. Die Autoren der Reihe »Symbole« fühlen sich dem Ansatz C. G. Jungs ver-pflichtet. Jeweils von einem Symbol oder Mythos ausgehend, zeigen sie den Ho-rizont der Wirklichkeit, der von ihm erhellt wird. Zugleich erschließen sie einen neuen Zugang zur Bibel, deren Geschichten unmittelbar zum heutigen Menschen sprechen, eben weil ihre Sprache symbolisch ist.

»Die vorliegenden Bände leisten in ihrer Komposition aus farbenprächtigen Medi-tationsbildern und verständlich-unmittelbar ansprechendem Text einen Beitrag, Mythen und Symbole neu ernstzunehmen.«
Publik-Forum

Es sind erschienen:

Verena Kast, Paare
Ulrich, Mann, Schöpfungsmythen
Gerhard Marcel Martin, Weltuntergang
Ingrid Riedel, Farben
Paul Schwarzenau, Das göttliche Kind
Uwe Steffen, Jona und der Fisch
Uwe Steffen, Drachenkampf

Jeder Band: ca. 190–220 Seiten, mit Farbtafeln, kartoniert mit vierfarbigem Umschlag

Kreuz Verlag